Die Reihe Film stellt das Werk von Regisseuren, bestimmte Genres oder andere übergreifende Themen des internationalen Films in Monografien vor. Dabei werden die einzelnen Bände unter wechselnden Perspektiven und verschiedenen Aspekten erarbeitet. Eine umfangreiche Filmobibliografie gehört zu jedem Band.

Lina Wertmüller, 1928 in Rom als Arcangela Felice Assunta Wertmüller von Elgg geboren, stammt aus einem Schweizer Adelsgeschlecht. Nach einem Studium an der Theaterakademie in Rom gründet sie eine eigene Truppe und schreibt Stücke. Tourneen mit einer Marionettenbühne mit vorwiegend avantgardistischem Programm zeichnen sich durch besonderen Mißerfolg aus. Es folgt ein Jahrzehnt der Theaterarbeit in verschiedenen Funktionen, ehe sie bei Fellinis *Otto e mezzo* (1962) Regieassistentin wird. Von Fellini gefördert, kann sie 1963 ihren ersten Film realisieren: I BASILISCHI, ein am italienischen Neorealismus orientiertes Porträt junger Leute in Apulien. Obwohl der Film internationale Beachtung findet, bleiben er und seine Stilvorgabe für Lina Wertmüller einmalig und peripher. Als sie fast zehn Jahre später – nach einem Episoden-Film mit Nino Manfredi und Musikfilmen, die mit Rita Pavone für das Fernsehen entstehen – mit MIMÌ METALLURGICO FERITO NELL'ONORE (Die Versuchungen des Mimì) wieder die internationale Bühne betritt, hat sie ihren eigenen Stil gefunden. Die Sujets der Filme neigen extremen Situationen des gesellschaftlichen Miteinanders in Liebe und Arbeit, Politik und politischem Verbrechen zu und werden dargeboten in ausgesucht grotesker Überzeichnung. Als Exzentrikerin des aktuellen Kinos unverwechselbar, hat Lina Wertmüller vor allem mit der farcenhaft-sardonischen Darstellung des KZ in PASQUALINO SETTEBELLEZZE (Sieben Schönheiten 1975) ebenso entschiedene Ablehnung wie lebhafte Zustimmung ausgelöst. In den USA Mitte der siebziger Jahre als große Entdeckung gefeiert, bleibt Lina Wertmüller in Italien eine Außenseiterin. In Deutschland werden ihre Filme erst seit Mitte der achtziger Jahre wahrgenommen; die meisten bleiben noch zu entdecken.

Die Autoren

Wolfgang Jacobsen (1953, Lübeck). Studium Germanistik, Theaterwissenschaft, Kunstgeschichte. Magisterarbeit über Alexander Kluge und Rainer Werner Fassbinder. Seit 1981 freier Mitarbeiter der Stiftung Deutsche Kinemathek, Berlin. Journalistische Arbeiten für Rundfunk und Presse. Lebt in Berlin.

Gertrud Koch (1949, Garmisch). Studium Germanistik, Soziologie, Philosophie und Erziehungswissenschaften. Seit 1969 Filmkritiken in »Frankfurter Rundschau« u. a. Lehraufträge für Filmtheorie an verschiedenen Universitäten. Aufsätze zu einer feministischen Film- und Kinotheorie u. a. filmwissenschaftlichen Themen. Mitherausgeberin von »Frauen und Film«. Lebt in Frankfurt.

Christa Maerker (1941, Berlin). Kulturredaktion »Spandauer Volksblatt«. Seit 1966 Mitarbeiterin für Zeitungen, Hörfunk, Fernsehen. Fernsehfilme u. a. über John Wayne, James Cagney, Irmgard Keun, George Tabori, Stadtporträt Warschau. Drehbuchautorin (»Die Schweizermacher«). Lebt in Berlin.

Helke Sander (Berlin). Theaterregie in Finnland. Studium an der Deutschen Film- und Fernsehakademie Berlin. Regisseurin, Autorin, Schauspielerin. Professorin an der Hochschule für Bildende Künste, Hamburg. Lebt in Hamburg.

Giovanni Spagnoletti (1949, Mailand). Wissenschaftlicher Mitarbeiter am Germanistischen Seminar der Universität Rom. Hrsg. von »Tutti i Film di Fassbinder« (mit Enrico Magrelli. Mailand 1984), »Junger Deutscher Film 1960-1970« (Mailand 1985). Aufsätze u. a. für »Bianco & Nero«, »Cineforum«, »Altrocinema«. Lebt in Rom.

Lina Wertmüller

29.80
3188

Reihe Film 40

Mit Beiträgen von
Wolfgang Jacobsen
Gertrud Koch
Christa Maerker
Helke Sander
Giovanni Spagnoletti

Carl Hanser Verlag

Die Reihe Film wird herausgegeben
in Zusammenarbeit mit der
Stiftung Deutsche Kinemathek
von Peter W. Jansen und Wolfram Schütte

Redaktionsschluß: 31. Dezember 1987

Reihe Film 40
ISSN 0172-8267
ISBN 3-446-15155-9
© 1988 Carl Hanser Verlag München Wien
Jeder Nachdruck dieses Buches, besonders auch auszugsweise
Nachdrucke, bedürfen der schriftlichen Zustimmung des Verlags.
Umschlagfoto: Paul Schirnhofer
Reproduktionen: Repro Knopp, Inning
Gesamtherstellung: Appl, Wemding
Printed in Germany

Inhalt

Daten
Von Wolfgang Jacobsen

Schönheit und Schrecknis

Von Helke Sander

»Schieß endlich, bevor ich mir vor allen in die Hosen mache«, sagt der Mann vor dem Erschießungskommando. Wir lachen und warten auf eine gnädige Auflösung, wir warten darauf, daß der Schrecken vorübergehen möge. Tatsächlich wird der Mann aber gleich darauf exekutiert. Das Lachen ist genauso wirklich wie der folgende Mord. Das ist Lina Wertmüller.

Gefühlsmäßig bereitet sie ständig Wechselbäder. Intellektuell ergibt das die These, daß einfache Lösungen nicht zu haben sind. KZ – das ist die Geschichte der Leiden und der Opfer. KZ ist Tod. Der Tod besteht aber aus Alltag, aus dem Versuch zu überleben, aus den grauenhaften und widerlichen Details eben dieser Versuche. Sie sind grauenhaft, weil darin gehandelt wird wie im wirklichen Leben, mit allen Berechnungen, Intrigen und aus der Normalität entliehenen Vorurteilen, zum Beispiel den von Männern gegenüber Frauen und umgekehrt. Das Normale wird so ein Teil des Grauenhaften. In der Literatur hat diese Groteske im KZ, die geradezu lustigen Geschichten bei der Vernichtung Tadeus Borowski beschrieben (»This way to the gas, ladies and gentlemen«), der, selber Auschwitz-Häftling, sich einige Jahre nach seiner Rettung mit Gas umbrachte.

Lina Wertmüller traut sich, die Gleichzeitigkeit von Schönheit und Schrecknis zu zeigen, und genau das wird ihr verübelt. Ihr Mut wird ihr verübelt. Sie wäre erträglicher, würde sie nur eine moralisch einwandfreie Haltung demonstrieren. Sie zeigt den deutschen Wald, in dem exekutiert wird. Sie zeigt ihn als den gleichen Wald, in dem zu Herzen gehend gesungen wird und dessen Nebelschleier auch gleichzeitig wunderschön sind. Sie kann sich auf die Gleichzeitigkeit auch keinen Reim machen, aber sie unterschlägt auch nichts. Dadurch wird sie auf geradezu brutale Art herausfordernd und anstrengend, weil sie nicht Autorität ist und nicht für andere entscheidet. Ihre Henker sind nicht nur Henker. Die

Opfer sind nicht gut. Die liebenswürdigen Seiten der Täter werden voll ausgespielt, ohne daß sie deswegen aufhören, ihre grauenhaften Taten zu vollbringen. Eine KZ-Kommandantin erweckt so plötzlich Mitgefühl, und ein Opfer wird systematisch in seiner Kleinlichkeit gezeigt. Rigoros wird sein korruptes Verhalten aufgedeckt und die Frage des Zusammenspiels, auch des unfreiwilligen und der Mittäterschaft, stellt sich. Wir sehen Opfer, die nicht zu Helden werden können oder wollen. Wertmüller schafft die seltene Balance, individuelles Tun und gesellschaftlichen Hintergrund als sich ständig gegenseitig beeinflussend darzustellen, ohne daß dies den handelnden Personen bewußt sein müßte. Kaum identifizieren sich die Zuschauer mit ihren Helden,

Dreharbeiten Pasqualino Settebellezze

Dreharbeiten Un complicato intrigo

begehen er/sie schon wieder eine neue Gemeinheit. Sie stellt die Zuschauer ständig vor die Wahl, aus diesen vorgezeigten Widersprüchen zu lernen oder es zu lassen.

Lina Wertmüller hat das seltene Talent, Geschichten erzählen zu können, die immer von realen einfachen und allseits bekannten Konflikten der Menschen handeln. Sie hat Mitgefühl mit ihnen – ohne je sentimental zu sein – und beschreibt bis zur Absurdität die Verwicklungen, in die die Leute hineinschlittern. Sie sieht die Konsequenzen der Handlungen und hört auch da nicht auf, sie zu beschreiben, wo andere den süßen Schleier des guten Geschmacks ziehen wollen. Sie erzählt die hinreißende Geschichte des jungen Pärchens, das sich liebt. Immer, wenn die beiden sich sehen, wollen sie mit-

9

einander schlafen, auch noch nach Jahren. So beschert die Liebe der Frau nicht nur jedes Jahr ein Kind, manchmal sogar zwei oder drei, sondern sie verliert dabei ihre Haare, Zähne und ihre Figur – was der Liebe keinen Abbruch tut. Nach wie vor liebt sie ihren Mann. Der kann seine aus großer Unwissenheit so groß gewordene Familie bald nicht mehr ernähren. Er ist ohne Arbeit und wird zum Streikbrecher, und er schließt sich den Faschisten an, weil die ihm Arbeit geben. Wertmüller führt die Probleme auf die Spitze, sie zeigt, wie Liebe Politik wird. Sie macht vorher nicht Verfilmtes und in der patriarchalen Kultur nicht Dargestelltes sichtbar. In dem Film UN COMPLICATO INTRIGO DI DONNE, VICOLI E DELITTI entscheiden sich die Frauen, die ihre Männer und ihre Kinder lieben, in einem Konflikt für die Kinder. Diese Entscheidung kostet den Männern das Leben. In der Geschichte werden ihre Kinder durch Drogen kaputtgemacht. Sie finden heraus, daß ihre Männer in den Drogenhandel verwickelt sind. Sie bringen ihre geliebten Männer um, nachdem sie die Chance gehabt, sie aber nicht ergriffen hatten, von den Drogen zu lassen. Dieser Film handelt von einem Problem, das sich besonders in Italien stellt. Aber der Konflikt ist real und läßt sich mühelos übertragen auf die Männer, die für die Kernkraft, Rüstung, Gentechnologie arbeiten.

Lina Wertmüller erfüllt geradezu in idealer Weise die Lust auf opulentes Erzählkino. Sie ist ein Publikumsrenner – in anderen Ländern – und gilt darum bei vielen Leuten als »trivial«.

Sie ist auf die gleiche Weise trivial, wie es Shakespeare war. Es wurde immer nach seiner Schwester gefragt: hier ist sie. Ein Glücksfall.

(Begründung der Jury zum Kunstpreis Berlin 1987)

Grotesken für Schrillstimme in Moll

Von Gertrud Koch

> *Der Witz ist der verkleidete Priester,*
> *der jedes Paar traut.* (Jean Paul)

Lina Wertmüller, zumindest darin sind sich ihre Kritiker einig, hat Sinn für das Groteske. Kaum einer ihrer Filme, der nicht durch maßlose Verzerrung sich auszeichnet, die oft bruchlos vom Grotesken ins Obszöne kippt. Dabei ist sie gleich weit entfernt von Fellinis barockem Reich des Fülligen, das als Zeichen sinnlicher Gelüste und oraler Befriedigung fungiert, wie von Pasolinis asketisch-sakralisierenden Steigerungen des Körperlichen ins Groteske, das aus der Erfahrung des Stigmas resultiert. Die Wortgeschichte des »Grotesken« ist römischen Ursprungs und bezieht sich auf die bizarren Ornamente aus Pflanzen, Tieren, Zauberwesen und Menschen, mit denen die römischen unterirdischen Grotten ausgestaltet waren. In der Renaissance wurden diese Ornamente wiederentdeckt und dienten Raffael als Vorbilder für seine Ausschmückungen der päpstlichen Loggien im Jahre 1515.

Seither ist der Begriff des Grotesken nicht nur umgangssprachlich in Umlauf, sondern auch Bestandteil ästhetischer Theorien und Theoreme geworden. Was das Groteske als ästhetische Erscheinungsform die Filme Lina Wertmüllers mitumschließen läßt, ist, so scheint mir, genau das Schillernde daran. Friedrich Schlegel, der Romantiker, sah im Grotesken bereits eine Ästhetik des Chaos und des Satanischen, aber eben auch: »Nichts ist witziger und grotesker als die alte Mythologie und das Christentum; das macht, weil sie so mystisch sind.«[1]

Das verweist bereits auf die »moderne« Ästhetik der Groteske, aber eben auch auf ihre problematischen Züge, auf ihre Nähe zum Mythos. Freilich wird der Mythos in der Groteske ins Negativ gedreht: der Mythos ist nicht mehr sakraler

Bestandteil, sinnstiftende Deutung, sondern Spuk, Zauberei, Chaos, das Satanische; dunkle böse Kräfte sind es nun, die aus den Menschen Puppen, Marionetten, Automaten machen. Dic »alte Mythologie« der Antike, die traditionelle des Christentums, die »moderne« der politischen Utopie: in Lina Wertmüllers Reich der Groteske greifen sie unauflösbar ineinander. Es gibt kaum einen Film der Regisseurin, in dem nicht jede Menge aktueller politischer Anspielungen auf die Situation Italiens vorhanden ist, und dennoch fällt nicht nur in den Filmen selbst, sondern auch bei Lina Wertmüllers Äußerungen in Interviews und Gesprächen auf, daß sie ihr letztes Argument gern aus der Anthropologie bezieht: einer sexuellen Anthropologie. »Man muß einmal festhalten, daß in der erotischen Welt immer jemand einen Quäler, einen Folterer sucht«[2], sagt sie zum sadomasochistischen Paar in PASQUALINO SETTEBELLEZZE, und in TRAVOLTI werden die Masken und Panzer der gesellschaftlichen Zurichtung auf der einsamen Insel Schicht für Schicht abgesprengt, bis die Akteure dieser Robinsonade auf ihren naturhaften Kern, ihre Liebesfähigkeit, stoßen. Aber diese Passage erweist sich als wenig dauerhaft, mit der Rückkehr in die Gesellschaft werden auch die alten Verhältnisse wiederhergestellt. Überhaupt

Notte d'estate

Pasqualino Settebellezze

fällt in den Filmen auf, daß sie sich oft im Kreis zu bewegen scheinen. Am Ende landen viele Figuren wieder da, wo sie begonnen haben, freilich um Hoffnungen ärmer und an Enttäuschungen reicher.

Auch das ist durchaus eine Bewegung der Groteske: eine Weltdeutung wird bis zu ihrem Scheitern durchgespielt, ohne daß sich eine Alternative auftut; die Deutung bleibt am Ende stehen, aber eben in einem grotesk verzerrten Verhältnis zu ihrer Intention. Insofern ist die Groteske die Kunst, einen Schwebezustand der Ambivalenz zu erzeugen, aus dem es keinen Ausgang gibt. Hinter den dröhnenden und schrillen Farben der wertmüllerschen Spektakel ist dieser nihilistische Zug der Goteske meist vergessen worden. Am deutlichsten zutage tritt er in jenem Film, der mit Recht als ihr ambivalentester angesehen wird, PASQUALINO SETTEBELLEZZE. Am Ende bewegen die Verhältnisse sich wieder zu ihrem tristen Ausgangspunkt zurück – die Utopien, wie allegorische Figuren in Frauen verkörpert, entschwinden am Ende von MIMÌ METALLURGICO FERITO NELL'ONORE.

Lina Wertmüller hat, zu der konkreten Darstellung von Geschlechterverhältnissen befragt, immer wieder den Sprung in die Allegorie unternommen, in der die Frau eine allegori-

13

sche Darstellung durchaus männlicher Macht ist; so sagt sie über TRAVOLTI: »In diesem Film vertritt die Frau die Bourgeoisie, der Mann vertritt die Dritte Welt, jene, die vollkommen hilflos sind. So vertritt sie in der Tat Männer, und er vertritt Frauen. In diesem Licht gesehen, wird die Bedeutung des Films ganz anders. Es mag Sie kränken, wenn die Frau geschlagen wird, aber am Ende des Films sollten Sie verstehen, daß beide, die Frau und der Mann, Symbole einer Beziehung zwischen der Bourgeoisie und den normalen Leuten sind, manifestiert durch Abhängigkeit und Gewalt.«[3]

Die allegorische Ausdeutung des eigenen Films bleibt freilich nicht unwidersprochen, denn die ästhetische Form der Groteske verharrt bei Wertmüller doch meist in ihrem dem Mythos nahen Stadium, während die moderne Allegorie, in der von Walter Benjamin vorgeschlagenen Lesart, Mythos und Symbol gerade kognitiv bricht und *als* Mythos oder Symbol thematisiert: »Trotz seines weitgespannten Horizontes hat dieses kritische Unterfangen [Benjamins] einen recht genauen Brennpunkt: das Umschlagen der Allegorie als symbolischem Verfahren, das eine feste, hierarchische und bedeutungsvolle Seinsordnung impliziert, in die Allegorie als kognitives Verfahren, das die historische Auflösung eben dieser Ordnung registriert.«[4] Wertmüllers Universum mit der Wiederkehr der immergleichen, wenn auch falschen Ordnung ist, wenn man so will, noch prä-kognitiv. Obwohl sie ihre Figuren mit scharf umrissenen Jargons ausstattet, hebt sie deren Bedeutung immer wieder auf in der Groteske. Der Umschlag ins kognitive Verfahren zerschellt im Gelächter. Nicht die Dispute der buñuelschen *Voie lactée* oder die politischen Diskurse des brasilianischen »Cinema Novo« Glauber Rochas sind ihre Vorläufer einer modernen politischen Allegorie; sie macht aus der Politik die Hanswurstiade, statt Politik mit der Hanswurstiade.

Ihre größten Erfolge hatten die Filme Lina Wertmüllers in den siebziger Jahren in den USA, wo ihre Version eines politisierten Cartoons mit einerseits alteuropäischem Tiefgang und andererseits populärem Anspruch auf Integration in eine populistische Massenkultur sie zu einer Kultfigur des radical chic avancieren ließ. Allerdings stieß sie dort rasch an die Binnengrenze italoamerikanischen Kulturtransfers. Ihre beiden in den USA gedrehten Filme führten aufgrund ihres mangelnden Erfolges zur vorzeitigen Vertragsauflösung. Obwohl auch THE END OF THE WORLD / LA FINE DEL MONDO durchaus nicht nach den traditionellen dramaturgischen Regeln des narrativen amerikanischen Films gebaut ist, fehlt ihm doch der durchschlagende Zug zur italienischen Groteske, der zur derben Handschrift der Lina Wertmüller gehört. Mehr als in ihren Filmen üblich, hält sie sich an psychologische Profilierung der Personen, setzt sie statt auf die Übertreibung auf Kammerspiel einer Ehekrise. Die Filme, die sie seit den achtziger Jahren wieder ganz in Italien produziert hat, greifen auf ihre früheren Darstellungsformen zurück – bis zum allerdings belanglosen Remake von TRAVOLTI, der NOTTE D'ESTATE CON PROFILO GRECO. Aber auch wenn die schwächeren Filme aus einem Gesamtwerk mitunter Tendenzen zur Deutlichkeit verzerren, scheint es sinnvoller, an den starken Filmen die problematischen Züge der wertmüllerschen Ästhetik aufzuzeigen.

Politik als Puppentheater

> *Es muß; das war dies Muß. Wer will der Hand*
> *fluchen, auf die der Fluch des Muß gefallen?*
> *Wer hat das Muß gesprochen, wer? Was ist das,*
> *was in uns lügt, hurt, stiehlt und mordet?*
>
> *Puppen sind wir, von unbekannten Gewalten*
> *am Draht gezogen; nichts, nichts wir selbst!*
>
> (Georg Büchner: Dantons Tod)

In ihrem ersten Spielfilm I BASILISCHI bewegt sich Lina Wertmüller scheinbar, wenn auch auffällig verspätet, ganz in der Tradition des Neorealismus. Viele ihrer Gegner haben sich dadurch verleiten lassen, in I BASILISCHI den ersten und letzten »guten« Film der Lina Wertmüller sehen zu wollen, der ihrem Absturz in Klamauk und Skandal vorherging. In der Tat bewegt sich die Kamera durch das süditalienische Städtchen, seine Plätze, Schauplätze, Gassen und Wohnorte ganz im unaufdringlichen Stil des Neorealismus. Aber auffällig ist

I basilischi

schon in I BASILISCHI ein ganz gegenläufiger Zug in der Inszenierung der Personen: durch die realen und realistischen Drehorte bewegt sie die Personen wie Puppen, grotesk. Bei der Rede im Circolo Culturale bleibt die Kamera neutral, aber dafür spricht der greise Redner mit einer grotesk verzerrten Fistelstimme, die allen kulturellen Bemühungen dieses Ortes eine höhnisch klingende Absage erteilt. Wenn die Kamera den Blick des melancholischen jungen Mannes aufgreift, der einem jungen Mädchen nachguckt, dann schwenkt es die Hüften im marionettenhaften Takt der Groteske. Von grausamer Absurdität erscheint auch der stumme Sprung einer alten Frau aus dem Fenster, ohne jede psychologische Melodramatik inszeniert, als reiner, absurder Akt. Ins Groteske sind auch andere Bewohner dieses Ortes verzerrt, vor allem aber die Besucher aus Rom, denen der junge Mann so gerne folgen will.

TUTTO A POSTO E NIENTE IN ORDINE eröffnet Lina Wertmüller ganz im Stil der swingenden siebziger Jahre mit Einstellungen städtischen Treibens, Menschenmassen, Verkehrsströmen, Rolltreppen. Aber auch hier erweisen sich die Bilder des Realen als Bühne für die Groteske. Optisch ausgeschnitten wird das Komikerpaar, das mitten im Getriebe und

16

Geschiebe vor einem Schaufenster haltmacht, hingebungs-
voll die Gesichter an die Scheibe drückt: in der Auslage ist
eine lebendige Puppe zu sehen, die Dekorateurin. Der
Mechanismus, der diese Bewegungen steuert, ist von den
Akteuren selbst undurchschaut.

In TRAVOLTI DA UN INSOLITO DESTINO NELL'AZZURRO MARE
D'AGOSTO ist die Segeljacht vor der und in der Naturkulisse
eines Postkartenmeeres die Bühne für eine Handvoll Leute,
die ihre Kommunikation mit Sprüchen aus dem Wörterbuch
der politischen Gemeinplätze bestreiten, begleitet von über-
deutlichem Mienenspiel und schrillen Stimmlagen: die
blonde Sirene des Kapitalismus und der dunkle Sklave der
Revolte. Wenn die Sirene ihre Tiraden anstimmt, sich halb
nackt vor der Mannschaftsluke in der Sonne badet, dann
bekommen diese Sequenzen einen Unterton, der auf anderes
als die parodistischen Übertreibungen des Polit-Jargons zielt:
zu einer grotesken Figur wird diese Frau erst in den Blicken
ihres grotesken Pendants: wenn er wie Tatis Hulot die Luke
hebt, den begierigen Blick auf die Frau, dann ist schon klar,
daß es mit der allegorischen Symbolverteilung nicht so ganz
geklappt hat. Der Geschlechtsunterschied als der anthropologisch ältere macht aus dem Unterdrückten eine groteske
Figur, *mit* der wir lachen, eher, als daß wir über sie lachen.

I basilischi

Auch wenn auf der einsamen Insel die beiden einander verfallen, übernimmt die Inszenierung gerne den Blick Giancarlo Gianninis.

Überhaupt: Giancarlo Giannini. In ihren besten Filmen ist er nicht nur das heimliche Zentrum, sondern auch der Mittelpunkt des Interesses der Zuschauer: die Augenlider halb abgesenkt, den Blick darunter flaneur- bis ganovenhaft auf mögliche Objekte der Begierde richtend, die Haare immer verstrubbelt wie ein Straßenkater, die Bewegungen mal lasziv zerdehnt, mal rasch und gewalttätig, zugleich kindlich und roh und Kanaille der Perfidie. In diesem Darsteller, in diesen

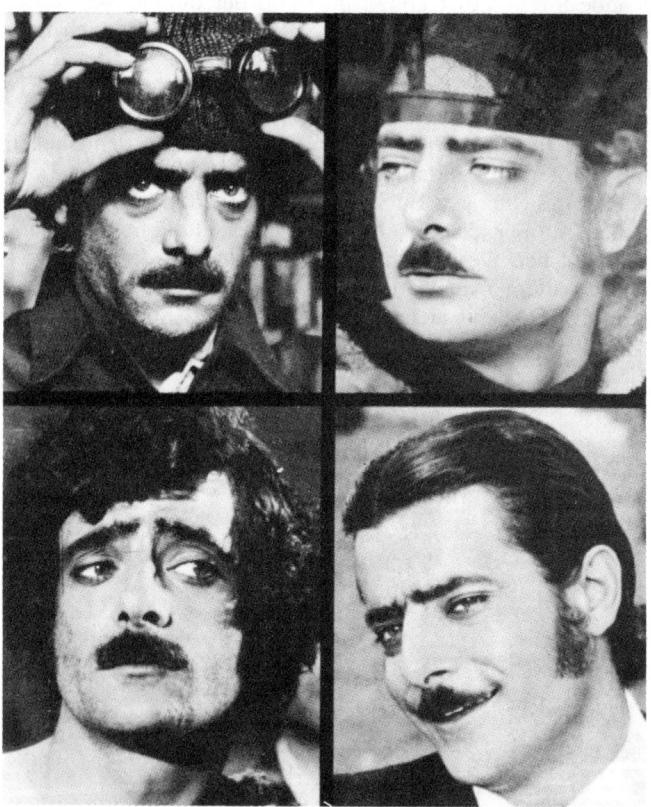

Mimì metallurgico

18

Rollen spielt Lina Wertmüller mit einer anderen Doppeldeutigkeit des Grotesken: »Lachgestalten wie die grotesken Figuren des antiken Mimus, die ungebrochenen Toren der aristophanischen Komödie und die unbefangenen Narren der mittelalterlichen Sotien, aber auch die rabelaisischen Helden mit der Exuberanz ihrer leiblichen Funktionen ersparen ihrem Publikum den Aufwand an Affekten mitnichten. Sie setzen für sich wie für die Lachenden vielmehr jene Affekte frei und in Gang, die von der Strenge der äußeren oder inneren Zensur unterdrückt waren. Die komischen Helden in diesem feiertäglichen ›Drama des leiblichen Lebens: der Begattung, der Geburt, des Wachstums, des Essens und Trinkens, der körperlichen Ausscheidungen‹ bewegen sich noch jenseits der bekannten Unterscheidung ...«[5] In der Tat zieht Lina Wertmüller an vielen zentralen Umschlagspunkten ihrer Filme aus den politischen Puppen die tanzenden Zwerge der Triebe, die »vom Zwang einer asketischen Moral wie vom verdeckten Dogmatismus der Sprache mit ihren Scheidungen von hoch und niedrig, verboten und erlaubt, heilig und profan«[6] ins Groteske zielen. Die Politik ist ein Puppentheater, unter dessen Bühne ein Zauberreich der Triebe, und dazwischen: »nichts, nichts wir selbst«. Diese groteske Aufhebung der Vermittlung zwischen Subjekt und Gesellschaft in einer antinomisch verstandenen Anthropologie entfaltet ihre ganze Problematik in PASQUALINO SETTEBELLEZZE.

Den historischen Faschismus als Leinwand für erotische Maskeraden zu benutzen, war in den siebziger Jahren ein breiter, internationaler Trend. Unabhängig von der ästhetischen und filmischen Qualität, von den politischen Intentionen, zeichnete sich darin jener Zug zur Mythisierung und Ästhetisierung ab, den Saul Friedländer in seiner Analyse *Kitsch und Tod*[7] rund zehn Jahre später als exorzistische Technik beschrieben hat: von Viscontis *Caduta degli dei* (Die Verdammten. 1968) bis zu Cavanis *Portiere de notte* (Der Nachtportier. 1973), Malles *Lacombe Lucien* (1973) und Fassbinders *Lili Marleen* (1980). In New York wurde PASQUALINO SETTEBELLEZZE zu einem veritablen Kultfilm, der große Debatten und Apologien auf sich zog. Der Psychoanalytiker Bruno Bettelheim, selbst Überlebender eines KZ, antwortete in einem langen Essay[8] auf die Provokationen des Films und

Pasqualino Settebellezze

seiner Rezeption. Genauer als manche Apologeten sieht Bettelheim, daß die eigentlich faszinierende und differenziert gezeichnete Gestalt die monströse KZ-Aufseherin ist.

Als das spektakuläre erotische Skandalon des Films wird der Einfall gehandelt, daß der neapolitanische Macho Pasqualino (Giannini), den es in ein deutsches KZ verschlägt, den Plan faßt, durch erotische Verführung der monströs-korpulenten Aufseherin sein Leben zu retten. In der Inszenierung durchkreuzt Lina Wertmüller bereits die instrumentelle Absicht: wenn Pasqualino die Idee zur Verführung bekommt, inszeniert sie das in einer komplizierten Montage von Erinnerungsbildern und Rückblenden. Der heulende kleine Pasqualino steht als Junge vor seiner Mutter, die ihm ein Lied vorsingt, dessen Text nichts anderes besagt, als daß in jeder Frau ein Wesen steckt, das geliebt werden möchte, und in der Liebe ihre bittere Strenge in gewährende Süßigkeit umschlagen wird. Das Bild der Mutter wird in dieser Sequenz mehrfach überblendet in das Bild der KZ-Aufseherin, die Pasqualino bereits in ein Blickduell verwickelt hat. Am Beginn dieser Verführung steht so das Bild der Mutter als weibliches Ur-Bild. Die formale Auflösung der Narration in Rückblenden ist nicht nur an dieser Schlüsselszene auffällig, der gesamte Film basiert auf einer völligen Auflösung linearer Zeit in komplexe Rückblenden. Fast alle Stationen, die Pasqualino durchläuft, stellen sich darum ästhetisch als räumliche Konstruktionen dar, in denen die historische Zeit aufgelöst wird in die Stationen eines grotesken Welttheaters, auf dessen Bühne historische Epochen ineinanderverschmelzen.

In dieser ästhetischen Konstruktion gibt es in der Tat keine historische Entwicklung und Differenz: die Übergänge vom faschistischen Italien über den deutschen Nationalsozialismus zum postfaschistischen Italien sind fließend. Das formale Konzept des barocken Welttheaters, der manieristischen Groteske prägt den Film, seinen irritierenden Zug zum Lachen, das im Halse stecken bleibt. Aber in dieser ästhetischen Konstruktion liegt auch sein ideologisches, politisches Problem: die Verschmelzung historischer Brüche in ein fließendes Raumkontinuum ist ein Konzept der mythischen Raumkonstruktion. Ein mythischer Raum, der bevölkert ist von allegorischen und mythischen Figuren: mächtige Mütter, sterbende Rebellen, die Jungfrau, die wieder zur Hure und zur Mutter wird. Aus dieser Konzeption heraus entwickelt sich auch die sexuelle Idee des Films. Im Zimmer, in dem die

Pasqualino Settebellezze

sexuelle Szene sich schließlich abspielt, werden wir wiederum an einen mythischen Ort geführt: vor ein Gemälde Bronzinos, das die inzestuöse Verführungsszene zeigt, in der Venus ihren Sohn Cupido verführt, um Psyche zu zerstören.[9] In der Tat wird die KZ-Aufseherin in der Darstellung Shirley Stolers weniger zur Verführten als zur Verführerin, zu der die Mutter Pasqualino als Sirene der Erinnerung führt.

Das Zitat des Bronzino-Gemäldes im Film ist nicht nur ein oberflächliches Bildmotiv, sondern steht für eine ästhetische Eigenart, die sich auch Lina Wertmüller aneignet. Bronzino gehört zu der Gruppe von Malern, die endgültig die humanistische, anthropozentrische Ausrichtung der Renaissance-Malerei verlassen haben. Zwischen Renaissance und Barock entsteht mit dem Manierismus jene ästhetische Richtung, die Motive der Moderne vorwegnimmt: »Der Manierismus fängt damit an, daß er die Renaissancestruktur des Raumes auflöst und die darzustellende Szene in einzelne, nicht nur äußerlich voneinander abgetrennte, sondern auch innerlich verschiedenartige Raumteile zerlegt ... Die Auflösung der Raumeinheit drückt sich am auffallendsten darin aus, daß die Maßstäbe und die thematische Bedeutung der Figuren in keinem logisch formulierbaren Verhältnis zueinander stehen. Motive, die für den eigentlichen Gegenstand nebensächlich zu sein scheinen, treten oft dominierend hervor, das scheinbare Hauptmotiv dagegen wird räumlich entwertet und verdrängt.«[10] Diese analytische Beschreibung der manieristischen Malerei paßt nicht schlecht auf die ästhetische Struktur von PASQUALINO SETTEBELLEZZE. Nicht nur, daß der gesamte Film durch extreme Zeitsprünge die Orientierung an historischer Zeit erschwert, er ist auch innerhalb einzelner Sequenzen und narrativer Blöcke von dergleichen Verschiebungen gekennzeichnet.

Diese Verschiebungen sind eingebaut ins narrative Gerüst einer komplexen Dramaturgie von Rückblenden. Auffallend ist daran, daß es signifikante Sprünge aus der Welt des KZs in die neapolitanische Vorzeit gibt, die auf eine direkte Verkehrung hinauslaufen: wenn zum Beispiel Pasqualino seinem Freund Francesco von dem Plan erzählt, die Aufseherin zu verführen, von der er annimmt, daß sie durch Liebe bezwingbar sei, dann folgt darauf eine äußerst artifizielle Rückblende, in der der Mafia-Boß von den verschiedenen

Techniken erzählt, die man seit Menschengedenken in Neapel erfunden hat, um Leichen verschwinden zu lassen. Diese Narration wiederum geht über in den makabren Versuch Pasqualinos, die Leiche des Zuhälters, den er erschossen hat, zu beseitigen. So kehrt sich auf makabre Art die Wirklichkeit der KZs, die industrielle Vernichtung von Menschen, um –: das KZ wird der Ort, an dem von Liebe gesprochen wird; die serienmäßige Tötung wird aufgelöst in Folklore und schließlich in einen individuellen Akt zwischen einem Mörder und seiner Leiche. Insofern ist es nicht falsch, Lina Wertmüllers Film als doppelzüngig zu bezeichnen. Wie in anderen Filmen auch wechselt sie die Ebenen zwischen sozialen und individuellen Interaktionen fließend: »Als ob der Künstler sagen wollte: Es ist keineswegs ausgemacht, wer hier die Protagonisten und wer die Statisten sind.«[11]

In den vorausgegangenen Filmen war dieses Prinzip der Verschiebung noch ästhetisch geradlinig organisiert. In ihnen merkt man noch, daß Lina Wertmüller Erfahrungen mit dem Puppentheater hat: es sind Verschiebungen von der Welt als Bühne auf die Mechanismen ihrer Marionetten hin. Die Verwendung von Großaufnahmen ist da durchaus auch noch eine ironische Anspielung an die Manierismen des Italowestern, wobei Mimik und Masken freilich dem Arsenal der Commedia dell'arte entliehen sind.

Das holzschnittartige, politische Puppentheater, das Lina Wertmüller mit ihren Darstellern inszeniert, geht dort, wo ihre Werke filmisch differenzierter werden und stärker mit filmischen Raumauflösungen zu arbeiten beginnen statt mit der bloßen Ästhetik von Vordergrund und Person, in einen ambivalenten Manierismus über. Einerseits läßt sich über ihre Figuren und ihre Filme sagen, was man über Bronzino geschrieben hat: »Mit der ambivalenten Natur seiner Beziehung ... zum Raumproblem in der Kunst, mit dem inneren Widerspruch vor allem, den man das erschütterte seelische Gleichgewicht hinter dem Panzer der Haltung genannt hat, ist er aber zugleich der typische Manierist.«[12] Andererseits opfert sie den populistischen Ambitionen des Puppentheaters allzu bereitwillig die intellektuelle Subtilität, die zum Manierismus gehört, seine Brüchigkeit und Distanz zum Dargestellten. Der groteske Held, den sie favorisiert und dessen Blick sie inszenatorisch gerne ein- und übernimmt, triumphiert über die kognitive Transformation der Allegorie in der Moderne ebenso wie über die melancholische Weltflucht des Manierismus ins Phantasma.

Die Suche nach Popularität (wobei sie wirklich populär nur in den siebziger Jahren bei New Yorks Intellektuellen war) hat sie schließlich mit UN COMPLICATO INTRIGO DI DONNE, VICOLI E DELITTI mit einer Strategie der Vereindeutigung bezahlt. Konnte man sich über Bettelheims Vorwurf, daß sie in PASQUALINO SETTEBELLEZZE einem vitalistischen Kult des Überlebens um jeden Preis huldige, noch streiten, so bestätigt er sich in diesem Film, wenn die strafenden Mütter das Feld der Mythologie verlassen, um im Namen des biologischen Überlebens ihrer Kinder Lynchjustiz an Männern und Liebhabern zu exekutieren, die alle am Drogengeschäft beteiligt sind, ohne sich darüber Rechenschaft abzulegen, daß die Geschäfte, mit denen sie ihre Familie ernähren, diese gleichzeitig zerstören. Der populistische Appell an Selbsthilfe und -justiz wird zwar auch hier eingebunden ins manieristische Ornament, aber dieses bleibt nur mehr bloßer Stil und destruiert nicht mehr den »Panzer der Haltungen«.

Un complicato intrigo

Mit dem Arsch ins Gesicht: Körper-Grotesken

Wenn der pubertierende Knabe in Fellinis *Amarcord* (1973) sein erhitztes Gesicht in die gewaltigen Brüste der Tabakhändlerin versenkt, dann ist diese Einstellung sicher auch nicht frei von ambivalenten Gefühlen, aber doch in eindeutig sinnlicher Richtung. Wenn dagegen Lina Wertmüller den weiblichen Körper als deformierten vorführt, arbeitet sie fast immer mit Mechanismen, die von extremer Feindseligkeit gekennzeichnet sind. Das Obszöne als groteske Übertreibung körperlicher Merkmale ist freilich immer doppeldeutig. Einmal bezieht sich die Darstellung des »häßlichen« Körpers als obszönes Zeichen auf die Umkehrbarkeit des Schönen als Erhabenem: das Häßliche ist obszön, soweit es auf das Niedere, das Tierische, das rein Körperliche verweist. Als Rosenkranz 1853 seine *Ästhetik des Häßlichen* vorlegt, bleibt er noch ganz in dieser dialektischen Konstruktion verfangen, im Häßlichen lediglich das Negativ des Schönen zu sehen. Dagegen ist für Bataille das Schöne und das Häßliche in einem direkten Abhängigkeitsverhältnis zu sehen: »Nichts ist für einen Mann deprimierender als die Häßlichkeit einer Frau, neben der die Häßlichkeit der Organe und des Geschlechtsaktes nicht mehr hervortreten. Die Schönheit ist in erster Linie deshalb wichtig, weil die Häßlichkeit nicht beschmutzt werden kann und weil das Wesen der Erotik die Beschmutzung ist ... Je größer die Schönheit ist, desto tiefer die Beschmutzung.«[13] Es ist durchaus diese männliche Perspektive Batailles, die Wertmüllers Helden an den Tag legen. Begehrt werden die überlegenen, höher stehenden, schönen Frauen, deren Sinnlichkeit erst aufgedeckt werden muß: die turiner Schönheit aus MIMÌ METALLURGICO ist noch Jungfrau, die blonde Sirene aus TRAVOLTI zumindest frigide, bevor sie entdeckt wird, und selbst in PASQUALINO SETTEBELLEZZE ist es das noch kindhafte, hübsche Mädchen, die spätere Verlobte, der Pasqualino einen Moment ganz uninstrumenteller Zuneigung gönnt, und deren Tränen er trocknet, indem er ihr gegen das Gespött der Passanten ein Kompliment macht.
Die Geste des Aufdeckens als obszöne Bloßlegung des sexuellen Körpers: »Worum es sich handelt, ist die Profanierung dieses Gesichtes und seiner Schönheit: es zuerst zu profanieren, indem man die verborgenen Körperteile einer Frau auf-

deckt, dann, indem man das männliche Organ an sie heran-
bringt.«[14] Die erste Ebene der Obszönität ist die des Blicks:
Giannini ist nicht zufällig in vielen Großaufnahmen so inszeniert, daß sein Blick Teil der Narration ist. In der Vergewalti-
gungssequenz in PASQUALINO SETTEBELLEZZE schweift sein
Blick durch einen Türspalt, dringt durch die als Schleier fun-
gierenden Vorhänge bis zum Objekt seiner begierigen Blicke:
eine an den Gliedmaßen auf dem Bett gefesselten Frau.
Dann zeigt uns die Kamera das hübsche Gesicht der Frau,

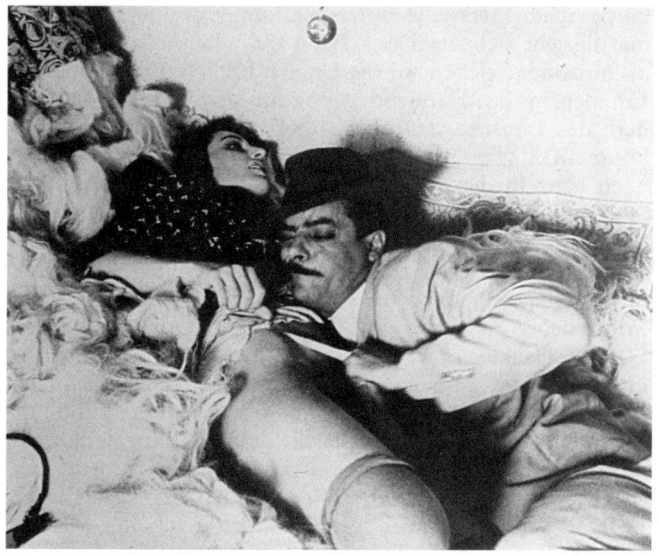

Pasqualino Settebellezze

die durchaus auffordernd auf den Eindringling schaut. Der
eigentlichen Vergewaltigung geht die Aufdeckung ihres
Hemdes voraus, unter das Pasqualino schaut, bevor er eine
ihrer Brüste freilegt und streichelt. Dieser Inszenierung des
obszönen Aufdeckens in Blickfolgen entsprechen zwei andere gegenläufige Sequenzen aus anderen Filmen. In TRA-
VOLTI liegt Giannini schlafend am Strand; als er aufwacht,
richtet er den Kopf auf und sieht sein mit Blumenkränzen
geschmücktes Geschlecht, was ihm ein zufriedenes Lächeln

26

entlockt: der traditionelle Kopfschmuck verweist auf das verborgene Geschlecht.

Dieselben Gesten verschieben sich ins Gegenteil, wenn die Überhöhung ins Schöne nicht stattfindet, sondern der Körper als groteske Deformation erscheint, die sich in unterschiedlichen Größenverhältnissen ausdrückt –: die unförmige Frau und das magere Männchen. Die Erfahrung von Diskrepanz, die sich in den Größenverhältnissen visuell ausdrückt, geht über in die einer Gefühlsirritation, die Bettel-

Travolti da un insolito destino

heim sehr genau beschreibt: »In dem Film hebt die eine Vergewaltigungsszene die andere auf, obwohl Lina Wertmüller ihre Ähnlichkeit unterstreicht. So hebt zum Beispiel Pasqualino, bevor er jene Patientin vergewaltigt, deren Nachthemd hoch, um - sexuell erregt, wie er ist - ihre Genitalien zu betrachten; diese winzige Szene ist schrecklich und komisch zugleich, doch vermittelt sie uns auch einen Eindruck von der Vitalität dieses Mannes und von der Stärke seiner sexuellen Begierde. Und bevor die Lagerkommandantin sexuell mit

Pasqualino verkehrt . . ., hebt sie dessen Jackett hoch, um die Genitalien ihres Opfers zu mustern, eine Geste, der wir, wie gesagt, schon einmal begegneten. Doch die Lagerkommandantin tut dies voller Ekel und offenbar mit dem Gefühl, letztlich zum Untergang verurteilt zu sein – also genau mit der entgegengesetzten Einstellung, die die Vitalität und Sexualität Pasqualinos ausmachen. Dieses Detail – ein Kleidungsstück lüpfen und die Genitalien des Partners mustern – bindet die beiden Szenen im gleichen Maße zusammen wie es sie als Gegensätze erscheinen läßt. So aber kommt es, daß diese beiden Szenen einander zugleich verstärken und aufheben. Was wir eben noch als komisch erlebt haben, erleben wir nun als deprimierend. Auch in diesem Fall können wir nicht auf unsere Gefühle vertrauen; sie haben uns in die Irre geführt.«[15]

Was in PASQUALINO SETTEBELLEZZE der amorphen Auflösung von Zeit- und Raumstrukturen an Ambiguität zufließt, wird in MIMÌ METALLURGICO noch ganz direkt narrativ runtererzählt. Mimì übt Rache dafür, daß ein anderer Mann seine Ehefrau, die er gar nicht liebt, geschwängert hat, indem er dessen Frau zu verführen versucht. Nach langen, burlesk ausgespielten Liebesschwüren hat er sie in eine einsame Strandhütte gelockt, wo er sie aufs Bett zerrt. Diese Frau ist unförmig, häßlich, und sie weiß das. Den Liebesschwüren traut sie nicht, aber am Ende gibt sie nach. Mimì sagt ihr, daß sie für ihn die schönste aller Frauen sei; am Ende glaubt sie ihm, beginnt sich auszuziehen. Diese Szene ist zuerst ganz aus dem Blickwinkel des leidenden Mimì gedreht, der der Enthüllung des Fleischbergs mit resigniertem Grausen zusieht. Obsessiv heftet sich die Kamera, mit zusätzlich verzerrter Optik, auf das enorme Hinterteil dieser Frau, während sie sich wie ein träges, unbeweglich massiges Tier auf den in einer Ecke des Bettes verschwundenen Mimì zu bewegt. Geradezu obsessiv bleibt die Kamera am Hintern dieser Frau festgesaugt, setzt ihn in Großaufnahmen dem Zuschauer direkt ins Gesicht: eine Verführungsszene, die im Grunde eine Zote mit sadistischem Einschlag ist. Der Witz einer Zote entfaltet sich ja bekanntlich dadurch, daß sie vor anderen erzählt wird, das heißt: ihr Inhalt ist darauf abgestimmt, von anderen vernommen zu werden. In der Tat ist die oben beschriebene Sequenz so angelegt; die ganze Ver-

Mimì metallurgico

führungsszene ließe sich ja auch anders erzählen. Wenn Lina Wertmüller mit der Kamera aus der Erzählperspektive innerhalb der Narration springt, indem sie uns den Hintern der Dame aufs Auge drückt, dann nur zu dem Zwecke, diesen vor *uns* zu entblößen. Da sie ihn zusätzlich noch verhäßlicht, will sie darauf aufmerksam machen, daß dieser häßliche Hintern ein sexuelles Begehren bedeutet, das nicht erwidert wird. Der Zuschauer weiß das, Mimì weiß das, sie werden Komplizen bei dieser Irreführung –: der Witz der Zote entspricht dem Muster des geschädigten Dritten, auf dessen Kosten gelacht wird.[16]

Diese äußerst grobe Zote hat eine subtilere Entsprechung in PASQUALINO SETTEBELLEZZE, wo dieselbe Schauspielerin die Rolle von Pasqualinos Schwester Concetta spielt. Sie wird eingeführt durch die Großaufnahme ihres Oberschenkels, der mit einem Strumpfband in den Farben der italienischen Fahne garniert ist. Die anschließende Großaufnahme zeigt ihr stark geschminktes Gesicht mit der riesigen Warze auf der Backe. Erst dann sieht man die ganze Figur auf der Bühne eines billigen Tingeltangels, in dem sie einen kabarettistischen Song schmettert. Das allegorische Kostüm stellt sie als Bella Italia dar, auf dem Kopf trägt sie die Mütze der Faschisten, gegen die sich das spöttische Lied gleichzeitig richtet. In einem raschen Wechsel von Großaufnahmen mit unappetitlichen Details ihres Körpers im tiefausgeschnittenen, strumpflosen Trikot und Totalen der Bühne werden nach und nach Einstellungen vom männlichen Publikum eingeschnitten. Nun übernimmt das Publikum die Rolle der Zuschauer, ihren sadistischen Blick auf die obszön-häßliche Figur, die sich in Reaktion darauf immer stärker zu eindeutig obszönen Bewegungen mit dem Hintern provozieren läßt. Auch hier ist es wieder der männliche Protagonist, der dazwischentritt. Wie Mimì am Ende der Verführung offenlegt, warum er dies getan hat, so zwingt Pasqualino seine Schwester vor dem Spiegel dazu, ihre Häßlichkeit zu akzeptieren. Beide Male werden die Frauen erst sadistisch vorgeführt, um dann entlarvt zu werden. Deren Rollen als geschädigte Dritte, die nur mit sadistischem Lustgewinn als Zeichen des obszönen Körpers fungieren dürfen, verkehrt sich in der Verführungsszene mit der KZ-Aufseherin nur dadurch, daß diese von Anfang an den Liebesschwüren Pasqualinos mißtraut und diesen herrisch-experimentell behandelt. Allerdings fällt an all diesen Sequenzen auf, daß Häßlichkeit als obszönes Zeichen eingebunden wird in eine Funktionale des sadistischen Blicks, dessen Lustgewinn in der erzwungenen Entblößung besteht und nicht im sexuellen Akt. Der groteske Held, der Sexualität vitalistisch befriedigt, ist in Wertmüllers Filmen männlich. Sein Blick bleibt fetischistisch an die Überhöhung in Schönheit fixiert. Die obszöne Frau ist für Wertmüller nur denkbar als die in der Zote als häßlich entwertete.

Diese immanente Feindseligkeit gegenüber dem weiblichen Körper hat zu äußerst widersprüchlichen Reaktionen geführt. Vor allem feministische Filmkritikerinnen in Amerika haben Lina Wertmüller vorgeworfen, damit eine traditionelle Zuschreibungspraktik einzuschleifen, die hinter dem radical chic der Filme verborgen bliebe. Lina Wertmüller, die sich in Interviews meist wortreich vom Feminismus distanziert und auch Fragen nach der Bedeutung, die ihre eigene Weiblichkeit in ihren Filmen spiele, weit von sich weist, scheint diesem Argument recht zu geben. Der spektakuläre Sadismus, mit dem sie ihre Zoten über die obszönen

Frauenkörper reißt, ist aber wohl doch mehr als bloß instrumenteller Schaueffekt für ein männliches Publikum.

Mit einiger Zähigkeit behaupten sich diese Frauen nämlich sowohl gegen die sadistische Entblößung im Blick der anderen wie auch gegen die fetischistische Überhöhung der körperlichen Stigmata zum obszönen Reiz, wie wir sie bei Fellini oder Russ Meyer, um nur zwei der legendären Old Boys des Busenfetischismus zu zitieren, finden. Die verführte Fette hat gegenüber dem rein instrumentellen Mimì zumindest noch den erotischen Triumph in der Illusion, und Concetta finden wir in der nächsten Sequenz, die sie uns zeigt, als Hure in einem Bordell wieder, in einer Rolle, über deren sexuelle Attraktivität man nicht lange spekulieren muß. Ähnlich doppeldeutig zwischen Ekel und Faszination ist schließlich auch die monströse KZ-Aufseherin.

So bleiben auch die Körper-Grotesken, die in diesen Filmen inszeniert sind, vieldeutig, und wo sie sich zu vereindeutigen scheinen, werden sie wieder ins Gegenteil verkehrt. Dahinter steht ganz offensichtlich ein immenses Gefühl von Ambivalenz gegenüber dem weiblichen Körper, eine Ambivalenz, die sich nicht allein auf die männliche Sexualität verrechnen läßt. Den eigenen Körper, die eigene Weiblichkeit im feti-

Mimì metallurgico

31

schistischen Blick der männlichen Betrachter als deformiert zu erleben, findet in den dicken Frauen der Lina Wertmüller ihren symptomatischen Ausdruck. Der Diskurs über die Häßlichkeit ist der vergebliche Versuch, den eigenen Körper als obszön zu erfahren; das aber wird er immer erst in den Augen der anderen. Die Obszönität ist nicht eine Eigenschaft von Dingen, sondern ein bestimmter Blick auf sie, eine Entblößung.

... und die Liebe: ein trauriger Blick aus verlorenen Paradiesen ...

Das Bordell, die Huren, die Sexualität als Machtsymbol und Strategie, den Körper des einen Menschen benutzen, um einen anderen zu vernichten: auf den ersten Blick scheint es, als würde sich Lina Wertmüllers Pandämonium des Sexuellen ganz auflösen lassen in Herrschaftsstrategien, in einen endlosen Zirkel von Herrschaft und Knechtschaft, Käuflichkeit und Kaufkraft. Oder in einen grotesken Zirkus der Körperbeherrschung: die KZ-Aufseherin ist Herrscherin über den Körper Pasqualinos, und dieser versucht sie zu beherr-

Film d'amore e d'anarchia

schen, indem er seinen eigenen Körper beherrscht; Mimì
muß die Herrschaft über seinen sexuellen Körper ausüben,
um einen anderen zu beherrschen; in TRAVOLTI ist der Körper der Herrschaft sexueller Verfügungsgewalt zu unterwerfen; der Zuhälter Totonno herrscht über Concettas Körper.
Oder die Sexualität ist ein autistischer, männlicher Mechanismus: Pasqualino vergewaltigt eine Frau, um sich selbst zu
befriedigen; der Faschist im FILM D'AMORE E D'ANARCHIA
kauft sich eine Frau, um sich selbst seine Männlichkeit zu
beweisen. Auch die Frauen setzen Sexualität zielstrebig ein,
zur Gewinnung von Vorteilen: in TUTTO A POSTO E NIENTE IN
ORDINE unterhält die flotte Karrieristin ein Verhältnis, um
besser voranzukommen; die Prostituierte Salomé im FILM
D'AMORE E D'ANARCHIA benutzt den zahlenden Faschisten,
um an Informationen zum geplanten Attentat auf den Duce
zu kommen, gewährt dem armen Teufel von Attentäter den
Genuß ihres Körpers, um ihn für seine Aufgabe fit zu halten;
in TUTTO A POSTO läßt sich eine Frau vergewaltigen, weil sie
den in Mitleidenschaft gezogenen Fernseher nicht dem
Absturz preisgeben will; die Schwestern Pasqualinos bessern
ihren sozialen Status auf, indem sie allesamt Huren werden.
Dieser endlose Zirkel von Tauschverhältnissen wird immer

Tutto a posto

erst dann unterbrochen, wenn die autistische Sexualität in Liebe übergeht.

Das Liebeskonzept, das in manchen Momenten durch diese Filme dringt, ist ganz und gar romantisch: die Liebe ist nicht einfach die idealisierte Opposition zur Sexualität, sondern deren Naturzustand, das verlorene Paradies. In TRAVOLTI muß das Paar so weit wie möglich von der Gesellschaft sich entfernen und auf der sprichwörtlichen Insel der Glückseligkeit stranden, damit sie überhaupt greifbar wird. Mit der Rückkehr in die Gesellschaft stirbt auch die Liebe. Mit Mimìs Rückkehr in die sizilianische Gesellschaft zerbricht auch die Liebe zu der jungfräulichen Frau aus dem hohen Norden, aus der anderen Region. Visuell und dramaturgisch wird die Liebe also aus der herrschenden Gesellschaft ausgeschlossen, in ihr ist sie das Drama des unmöglichen Paares.

Romantisch ist dieses Liebeskonzept insofern, als es sich selbst als gesellschaftlich produziert nicht mehr durchschauen kann. Daß die Verbindung von Sexualität und Liebe nicht anthropologisch verankert, sondern an bestimmte Formen von Privatheit und Intimität historisch gebunden ist, bleibt im verborgenen. Wenn in Antonionis *L'avventura* (Die mit der Liebe spielen. 1959) eine Frau auf einer unbewohnten Insel verschwindet, geht sie nicht ins Paradies. Der Modernist Antonioni verweigert jede ursprungsmythologische Projektion mit einem konsequenten Bilderverbot. Wenn nach dem Verschwinden der Frau das Rad sexueller Abenteuer kalt sich weiterdreht, dann bleibt die Insel so unbewohnbar wie die Stadt, Utopie ist nicht mehr räumlich denkbar als anderes Reich, sondern bloß abstrakt auf der Zeitebene – das, was vielleicht noch kommen kann, von dem wir noch keine Bilder haben.

Zarter entfaltet sich das romantische Liebeskonzept vom verlorenen, vor-gesellschaftlichen Paradies paradoxerweise im FILM D'AMORE E D'ANARCHIA, der vielleicht zu den am wenigsten grellen und den einfühlsamsten gehört, die Lina Wertmüller gedreht hat. Giannini, meilenweit entfernt von der pomadisierten Arroganz des Macho Pasqualino, spielt den traurigen Attentäter, der, vom Lande kommend, für seinen erschlagenen Freund aufkommen will, indem er den Duce bei einer Parade in Rom zu erschießen hofft. Aus Rache für

ihren erschlagenen Liebhaber betreibt die Prostituierte
Salomé den Attentatsplan, bei ihr im Bordell landet der länd-
liche Gast. Schamhaft und neugierig bewegt er sich durch
den ungewohnten Plüsch des Bordells und die vielfältig
üppige Welt ihrer Bewohnerinnen. Dramaturgisch gebrochen
wird die Erzählung durch einen Ausflug aufs Land, zu viert:
Salomé mit ihrem Stammkunden, einem Faschisten, von dem
man sich Informationen erhoffen kann, der potentielle
Attentäter und eine junge Prostituierte aus dem Bordell. Fast
in den Konventionen der Stummfilmdramen vom gefallenen

Film d'amore e d'anarchia

Mädchen vom Lande, das in der Stadt zur Prostituierten
wird, setzt die Kamera das junge Paar ins Stroh, vor eine
Weide mit Tieren, schließlich in ein traditionell möbliertes
ländliches Schlafzimmer. Die beiden, auf dem Lande sozusagen wieder vereint mit der Erinnerung an glücklichere Zeiten
ihres Lebens, verlieben sich. Mit traurig gesenkten Augen
bewegt sich Giannini auf den Zeitpunkt des Attentats zu, wie
zum Tode Verurteilte bekommen die beiden Liebenden eine
Galgenfrist eingeräumt, in der sie aus ihren Pflichten entlas-
sen werden.

Vor dem Hintergrund der politischen Situation und dem Vordergrund des Bordells mit dem verkörperten Faschisten als Kunden wird Giannini zum reinen Toren, der von der Liebenden am Ende daran gehindert wird, das Attentat fristgerecht auszuüben – in einem amokartigen Anfall reißt er sich los. Am Ende ist auch diese Liebe zum Sterben verurteilt. Die Politik als in der Gesellschaft gründende stürzt die Liebe, die ihren wahren Ort in der Vergangenheit hat. Zwar spielt Lina Wertmüller auch in diesem Film die Melodie von der zerstörerischen Haltung der Politik, aber sie ist doch klug genug, die Liebe nicht als reine Opposition dazu zu zeigen.

Dennoch ist auch in diesem Film interessant zu sehen, wie sie Politik als letztlich tödlichen sozialen Mechanismus deutet, als eine falsche Umsetzung an sich libidinöser Gefühle von Freundschaft und Liebe. Die moralische Dimension des Tyrannenmordes taucht auch hier nicht auf, die Zuschauer zittern weit mehr um die Liebesgeschichte als um den erfolgreichen Ausgang des Attentats. Politik ist letztlich auch im differenzierteren FILM D'AMORE E D'ANARCHIA barockes Welttheater, aufgeführt von unglücklichen Puppen, deren »freier Wille« immer wieder in Chaos und Anarchie führt.

Baroco

Die Bilderwelten der Filme Lina Wertmüllers sparen nicht an grellen Tönen, krassen Oppositionen, heftigen Irritationen. Sie stecken voller Anspielungen und Witze und sind doch manchmal platt wie ein Tortenboden unter dem Belag. Sie sind mitunter opportunistisch in ihren populistischen Bezügen und manchmal von einer durchaus raffinierten Doppelzüngigkeit. Romantik und Manierismus zeichnen die heimlichen Perspektiven, deren Linien sie gerne mit Paukenschlägen zerstört. Rückblenden sind eines ihrer bevorzugten narrativen Mittel, in ihnen löst sie Zeit in Räume auf. Ihre Filme sind antiutopisch, in ihrer Fixierung auf Mythen eher rückwärts gewandt.

Das Privileg der Komiker ist es, Melancholie in groteskes Scheitern anzuverwandeln, die Härte der Realität auf einer Bananenschale zu Fall zu bringen und den Schrei der Gestürzten mit einem sardonischen Lachen wegzuwischen.

Die Groteske ist eine verschlingende Aneignung der Welt, sie zerbeißt, spuckt aus, zermalmt oder sie zerkratzt mit dürren Spinnenbeinen die Oberfläche, die sie als Wirklichkeit nur höhnisch vorstellen mag. All diese Motive vom kruden Sadismus bis zum zarten Kratzer und scharfen Biß sind Teil dieser Filme. Das macht auch ihr Risiko aus: »›Barock‹ möchte ich jenen Stil nennen, der seine Möglichkeiten bewußtermaßen ausschöpft (oder ausschöpfen will) und der hart an die Karikatur seiner selbst grenzt ... ›Barroco‹ (Baroco) ist die Bezeichnung für einen der Modi des Syllogismus; das achtzehnte Jahrhundert wendete den Namen auf gewisse Verirrungen in der Architektur und Malerei des siebzehnten Jahrhunderts an; ich möchte behaupten, daß Barock das Endstadium jeder Kunst ist, wenn diese ihre Mittel und Möglichkeiten zur Schau stellt und verschleudert.«[17]

Die intellektuelle Strenge, mit der Borges das oben von ihm umrissene Programm des »Baroco« ins Fragment überführt hat, geht Lina Wertmüller ab. Den Effekt, den sie heute schon haben kann, kann sie nicht auslassen. Sie hält es da eher wie ihre Protagonisten mit dem Spruch des Lorenzo dei Medici: »Di doman' non c'è certezza.«

1 Friedrich Schlegel, zit. nach Joachim Ritter (Hrsg.): Historisches Wörterbuch der Philosophie, Bd 3. Basel 1974, S. 902
2 Gertrud Koch/Heide Schlüpmann: Der Mensch in Unordnung. Gespräch mit Lina Wertmüller über ihren Film PASQUALINO SETTEBELLEZZE. in: Frauen und Film, Heft 39, 1985, S. 86
3 Gina Blumenfeld/Paul McIsaac: You Cannot Make the Revolution on Film. Interview mit Lina Wertmüller. in: Cineaste (New York), Vol. 7, Nr. 2, Frühjahr 1976; nachgedruckt in: Dan Georgakas/Lenny Rubenstein (Hrsg.): The Cineaste Interviews on the Art and Politics of the Cinema. Chicago 1983, S. 134
4 Miriam Hansen: Rätsel der Mütterlichkeit. Studie zum Wiegenmotiv in D. W. Griffiths Intolerance. in: Frauen und Film, Heft 41, 1986, S. 37
5 Hans Robert Jauß: Ästhetische Erfahrung und literarische Hermeneutik 1. München 1977, S. 264 (Das Zitat im Zitat stammt aus Michael Bachtin: Literatur und Karneval. München 1969.)
6 ebd., S. 275
7 Saul Friedländer: Kitsch und Tod. Der Widerschein des Nazismus. München 1984: »Dies ist genau das ganze Problem: Die Aufmerksamkeit verlagert sich schrittweise von der Evolution des Nazismus selbst, von Grauen und Schmerz ... zu wollüstiger Beklemmung und hinreißenden Bildern, Bildern, die man unentwegt weitersehen will.« (S. 18) Friedländer geht auf Wertmüllers Film nicht ein, dennoch scheint mir die Verlagerung ins Groteske mit seinen Ambivalenzstrukturen ins Syndrom zu passen.

8 Bruno Bettelheim: Überleben. in: ders.: Überleben in Extremsituationen. München 1982. Der Essay erschien zuerst unter dem Titel Surviving am 2. August 1976 im New Yorker als direkte Antwort auf Lina Wertmüllers Film und seine Rezeption in Amerika.

9 Bronzinos Gemälde, ein Meisterwerk des Manierismus, trägt den Titel Venus, Cupido, Narrheit und Zeit. Bettelheim interpretiert Bronzinos Bild im Anschluß an den Kunsthistoriker Erwin Panofsky als »das Symbol einer pervertierten Doppelzüngigkeit, wie es ausgefallener von noch keinem Künstler geschaffen wurde«. a.a.O., S.314 – Bronzino (1503–1572) war Hofmaler der Medici in Florenz.

10 Arnold Hauser: Sozialgeschichte der Kunst und Literatur. München 1973, S.383

11 ebd.

12 ebd., S.418

13 Georges Bataille: Der heilige Eros. Neuwied 1963, S.188

14 ebd., S.187

15 Bruno Bettelheim, a.a.O., S.323

16 Ungleich radikaler ist das subjektive Fundament dieses sadistischen Blicks auf die als obszön erfahrenen Deformationen des weiblichen Körpers von Jean-Paul Sartre in seiner Erzählung *Herostrat* bloßgelegt worden. Es ist eine Erzählung in Ich-Form, in der ein Mann, der seine Erzählung mit dem Satz beginnt: »Man muß die Menschen von oben sehen«, sich als eine Art Übermensch begreift, der das Recht zu töten hat. Sartre, luzider Phänomenologe, fächert in der kurzen Erzählung auch das Verhältnis zu Frauen und zur Sexualität auf, die diesem Lebensentwurf zugrunde liegt: »Ich war niemals sonderlich intim mit einer Frau: ich hätte mich bestohlen gefühlt ... Ich verlange von keinem Menschen etwas, aber geben will ich auch nichts ... Es gab zwar in der rue d'Odessa eine Dunkle, die ich oft bemerkt hatte, schon etwas reif, aber fett und rund: reife Frauen verabscheue ich nicht; wenn sie ausgezogen sind, wirken sie nackter als andere.« Im Hotel läßt er sie sich nackt ausziehen und vor ihm auf und ab gehen: »Die Hure machte einen krummen Rücken und ließ die Arme hängen. Aber ich war im siebenten Himmel: ich saß bequem in meinem Lehnstuhl, zugeknöpft bis zum Hals, sogar die Handschuhe hatte ich anbehalten, und diese reife Dame hatte sich auf meinen Befehl splitternackt ausgezogen und umkreiste mich ... Ich sah ihr zwischen die Beine und schnupperte. Dann fing ich so stark zu lachen an, daß mir die Tränen in die Augen traten.« – Jean-Paul Sartre: Herostrat. in: ders.: Die Mauer. Reinbek 1961, S.95

17 Jorge Luis Borges: Der Schwarze Spiegel. Übungsstücke in erzählender Prosa. Reinbek 1966, S.8

... vielleicht nicht einmal eine Frau
Wertmüller über Wertmüller und anderes

Zusammengestellt von Christa Maerker

*Während ich einen Film mache, bin ich eine
Verrückte ... Ich weiß, was ich will, aber –
oh – ich wünschte, ich wäre klüger.* [4, S. 74]

Für Flora und Unanständigkeit

Der Anlaß, diesen Weg einzuschlagen, ergab sich rein zufällig. Meine Eltern wollten, daß ich wie mein Vater Jura stu-
dierte. Ich war bereits von mehreren Schulen geflogen, sicher
von einem Dutzend, bis ich auf eine kam, in der Nonnen
unterrichteten. Es war kurz vor den Weihnachtsferien, und
die Nonnen hielten uns einen Vortrag darüber, wie unanstän-
dig es für anständige Mädchen sei, zu rauchen. Wir sollten
das in den Ferien bedenken. Ich hatte bis dahin nicht
geraucht und regte mich über die Moralpredigt derartig auf,
daß ich beschloß, sofort zu rauchen – und ein Mädchen kennenzulernen, das bereits rauchte. Es hieß Flora. Flora wurde
meine beste Freundin und ging nach Schulabschluß an die
Schauspiel-Akademie. Das fand ich spannender als Jura.
Also ging ich auch an die Akademie. Flora heiratete später
Marcello Mastroianni. Durch ihn lernte ich Fellini kennen.
Rauchen tue ich immer noch. [3, S. 15]

Erbschaft

Meine Vorfahren hießen Werdmüller, mit d; Werdmüller von
Elgg, und es gab sie bereits im 13. Jahrhundert im Kanton
Zürich. Zwischen Edlen, Bankiers und Kapitänen fanden
sich auch Abenteurer und Künstler. [3, S. 14]

Entwicklung

Ich habe mich geformt in meinem Kampf gegen meine Mutter, meinen Vater, gegen die Lehrer, gegen den Staat. Ich war zufrieden, weil ich meine Feinde hatte. Um zu wachsen, braucht man Gegner, die man bekämpfen kann. Porca miseria, da ist der Bösewicht! Und dann bist du auch noch froh, weil der böse ist und nicht du. [13, S.33]

Mein Vater

Was war mein Vater für ein Macho! Ein Mann des Südens, mit allen chauvinistischen Defekten. Zum Glück war er gleichzeitig klug. Er ließ mir die Möglichkeit, mich von ihm abzusetzen. Schon als Kind lachte ich ihm voller Opposition ins Gesicht. Und er ließ es zu. [13, S.31]

... und meine Mutter

Mit siebzig nahm sie ihren Koffer, sagte zu meinem Vater: »Jetzt reicht's mir«, und ließ sich scheiden. Sie fand, mein

Dreharbeiten I basilischi

40

Vater sei ihr lange genug auf den Wecker gegangen. Er war total perplex. Er hatte doch immer gemeint, die Beziehung sei eine Liebesehe. Er begriff nicht, daß sie sich schon lange nicht mehr verstanden, daß er meine Mutter überhaupt wohl nie verstanden hatte. Die kriegerische Natur habe ich von ihr geerbt. [13, S. 31]

Eltern = Regeln

Ich haßte meine Eltern! Erst einmal. Später liebte ich sie dann wieder inbrünstig: nachdem ich die Schlacht gewonnen hatte – als ich in der Lage war, die bekämpften alten Regeln durch neue zu ersetzen. Wie viele Künstler bin ich ziemlich anarchistisch. [13, S. 33]

Mein Mann

Ich habe einen fantastischen Mann. Job ist ein großer Künstler, ein Mann von außergewöhnlicher Intelligenz. Er begreift mich. Und nicht nur das, er betrachtet mich mit Sympathie. Er war enorm wichtig für meine Entwicklung, für meine menschliche und kulturelle ... Seit 1965 sind wir zusammen. Geheiratet haben wir wahrscheinlich zwei, drei Jahre später. Mir scheint es wie gestern, darum habe ich das Zeitgefühl dafür verloren. [13, S. 33]

Einer für alle

Ich war sehr klein, als Mussolini an die Macht kam. Mein politisches Bewußtsein fing also nach dem Krieg an. Es gab eine wunderbare Periode nach dem Krieg, als die Dinge sich änderten, es gärte ... Nach zwanzig Jahren Diktatur öffneten sich die Fenster, die neuen Ideen kamen herein. Es war wunderbar, jung und inmitten dieser mitreißenden Ideen zu sein, der Kultur, der Bücher, Informationen, Ideologien. Ich glaube, daß dieser Gärungsprozeß auf der ganzen Welt wächst. Jeder von uns, wir alle fühlen, daß diese Gesellschaft ihre Probleme nicht gelöst hat. Wir alle spüren die Zeichen von

Krankheit. Wir alle fühlen, daß unser Einschreiten, daß etwas, was wir für die Gesellschaft tun müssen, notwendig ist ... Alles hängt von uns ab. Die Gesellschaft, das bin ich, das sind Sie. Das ist nichts, was weit weg von uns existiert. Wir alle basteln an der Geschichte, selbst wenn man nur eine Tasse Tee trinkt ... Selbst wenn Sie es nicht wissen, Sie machen Geschichte. [5, S. 13]

Schock

Daß ich mich so intensiv mit Lagern, Nazis und Faschisten befasse, hat seine Wurzeln woanders. Ich war mitten in der Pubertät, als ich zum erstenmal von den Konzentrationslagern und ihrer Funktion hörte. Das war ein Schock, von dem sich ein empfindlicher Mensch nicht wirklich erholen kann. Ich bin aus dem Teufelskreis, der diesbezüglich meine Fantasie plagt, auch bis heute nicht herausgekommen. [13, S. 31]

Politische Gegenpole

Uns wurde beigebracht, daß Mussolini ein Gott war, der Erretter Italiens, und daß nach seinem Tod alles zerstört sein würde ... Nach dem Krieg wandten sich viele Menschen in Italien der linken Position zu. Die beiden Gegenpole - Amerika und Rußland - explodierten beide. Das wirkliche Drama meiner Generation war die Entdeckung, daß beide Ideologien zusammenbrachen: Stalin auf der einen, Hiroshima auf der anderen Seite. Und man muß hart kämpfen um eine Welt, die weniger als die jetzige geteilt ist. [1, S. 237]

Für Individualität

Mein Hauptthema ist die Entwicklung des Menschen im Verhältnis zur Gesellschaft. Die Botschaft, die ich mit meinen Werken verkünde, lautet: die Massenzivilisation zerstört das Individuelle. Der Mensch beginnt, sich eingekapselt zu fühlen, allgemeinen Haß zu hegen, gegen die Machtverhältnisse zum Beispiel; er vergißt dabei, daß er selbst das Zen-

Dreharbeiten Film d'amore e d'anarchia

trum ist, selbst die Formel von allem, und daß darum auch
seine persönliche Entwicklung so wichtig ist. [8]

Das Auge

Ich suche nach Geschichten, die mir gefallen, und dann
mache ich einen Film daraus. Es interessiert mich nicht, von
mir zu erzählen. Andere sind viel interessanter. Ich bin wie
ein offenes, aufmerksames, waches Auge, das alles wahr-
nimmt, was ringsum passiert. [9]

Film und Leben

Ich hatte nie den Wunsch, einen Kritiker zu verhauen. Ein
Film ist für mich das Ergebnis von Lesen, Denken, Fühlen,
von Aufregungen, Ärger, Wut, Zorn, von Reflektieren, Ratio-
nalisieren. Kurz: ein Stück Leben. Ich rede darin über mich,
über die Welt, über Liebe, über Politik und Gesellschaft. Der
Erfolg kommt für mich erst ganz weit hinten. [13, S. 33]

Leidenschaft

Damit alle leidenschaftlich werden, hilft nur Terror. Es besteht doch immer die Schwierigkeit mit der Gleichung Zeit, Geld und Qualität beim Filmen. Wenn man nur wenig Zeit und noch weniger Geld hat, muß man um so mehr auf die Leute einwirken, daß sie Qualität bringen. Sie müssen Leidenschaft für die Aufgaben entwickeln, denn mit Leidenschaft kann man besser und schneller arbeiten. Das ist wie ein magnetischer Kreis, in den alle hineingezogen werden müssen. Es reicht nicht, zu tun, was getan werden muß. Wer mit mir zusammenarbeiten will, muß mehr tun als seine Pflicht. Leute, die sich mit Kino beschäftigen, sind Künstler, und Künstler müssen Höchstleistungen bringen. [12, S. 50]

Zwang

Meine Autorität erwächst aus Zwang. Wenn du wenig Zeit, wenig Geld und hohe Qualität unter einen Hut bringen willst, mußt du autoritär sein. Wenn Geld und Zeit zur Genüge vorhanden sind, kann die Schauspielerin fünfmal zu langsam gehen, können die Komparsen auch beim zehntenmal noch nicht begreifen, was ich will. Aber diese Möglichkeit gibt's beim heutigen Film nicht mehr. Also mußt du hart sein, am meisten gegen dich selbst, mußt täglich fünf Salti mortali machen. [13, S. 32]

Ich will alles

Ich brauche jede und alle Methoden. Wie auch immer ein Ergebnis erreicht wird, niemand in meinem Stab darf mir nur seine physische Energie verkaufen. Sie müssen alles verkaufen, das in einem Film gebraucht werden kann. [4, S. 74]

Sex und Eros

Meine Filme handeln viel von Liebe. Sexualität ist eine Form der Liebe. Sexualität ohne Liebe, glaube ich, wird sehr schnell zu etwas Mechanischem, Überdrüssigem, Desillusionierendem, nicht nur körperlich, sondern auch seelisch und geistig. Das gilt natürlich nicht für die sexuell Manischen. Nennen wir das, was ich meine, Eros. Ich habe den Eros immer als etwas sehr Mysteriöses empfunden. Venus hat soviele Formen. [13, S.31]

Ziele

Das Problem vieler zeitgenössischer Regisseure ist, daß sie keine eindeutige Linie in ihre Arbeit bringen. Visconti zum Beispiel war der Regisseur der »Dekadenz« und blieb sich treu. In Zeiten der Krise ist es natürlich schwierig, seiner Linie treu zu bleiben. Viele gute und interessante Regisseure entscheiden sich deshalb für populäre Filme, das heißt dafür, Geld zu machen. Sie wählen Erfolg als einziges Ziel. [13, S.33]

Ambivalenz

Meine Vorstellungen von der Politik sind sehr komplex. Michelangelo ist politisch. Sieht man sich die Männer von Michelangelo an, dann ist diese Art von Körper politisch. Selbst wenn man Unterhosen kauft, muß man nachdenken, bevor man es tut. Trifft man eine Wahl, dann ist das eine politische Handlung. In unserem Jahrhundert hat die Ökonomie sehr viel mit unserem Leben zu tun. Das möchte ich immer zeigen. Ich liebe die Ambivalenz, wenn Lieben und Weinen zusammen passieren, Tragödie und Komödie. [15, S.87]

Frauenernst

Ironie und Groteske sind zwei wichtige Begleiter meines Lebens. Das ist für Frauen ziemlich problematisch, weil man sie mit einer solchen Einstellung meistens nicht ernst nimmt. Aber Frauen wollen ernst genommen werden, und deshalb tendieren Filmemacherinnen oft zu so einer merkwürdigen

Seriosität – aus Prestige- und Image-Angst. Ich aber lache gern und viel, vor allem über mich selbst, aber auch über Männer und Frauen, Arme und Reiche, Politiker und Anarchisten – mit großer Liebe zu diesen Personen. Menschen, die das nicht können, sind mir verdächtig. [11]

Ironie und Reife

Das Analytische ist Teil meiner Ironie, sagen wir, ihr Begleiter. Und die Ironie ist wiederum der sinnvollste Begleiter im Leben ganz allgemein ... Unsere Fähigkeit, uns über unsere eigenen Schwächen lustig zu machen, ist Zeichen von Kultur. Ironie ist ein Zeichen von Reife. Das einzige, was Menschen und Hyänen von den anderen Bestien unterscheidet, ist das Lachen, nicht das Weinen. [3, S. 8]

Komödie und Tragödie

Ich glaube, daß Komödie und Tragödie die beiden Gesichter einer Medaille ausmachen. Nicht einen Teil ..., sie koexistieren. Ich glaube nicht, daß das im Theater oder in der Kunst ungewöhnlich ist. Viele Menschen vor mir haben in dieser Richtung gearbeitet. Aristophanes im alten Griechenland. Er hatte neben den komischen sehr dramatische Szenen. Molière, sogar Tschechow. Die Grenzen der Genres (Komödie und Tragödie) sind erfunden worden, aber sie existieren nicht wirklich im Leben. Die Befindlichkeit der Seele kann sich von einer Minute zur anderen vollkommen ändern. Man kann lachen, während man weint, und weinen, während man lacht. Das kann im Leben passieren ... Es ist schwieriger, die Leute zum Lachen zu bringen – sie richtig lachen zu lassen. Charlie Chaplin war da wirklich der große Erfinder. [5, S. 13]

Italienische Parteien

Wir haben zwei sozialistische Parteien in Italien, die Sozialdemokraten und die Sozialistische Partei. Wir haben die außerparlamentarische Linke, die die Wahlen nicht anerkennt – Gruppen wie Il Manifesto und Patere Operaio –, nicht zu vergessen die Kommunistische Partei, die Christdemokraten und all die Parteien auf der Rechten. Das mag Ihnen sehr konfus erscheinen, aber ich denke eigentlich, daß es Hunderte von Parteien geben müßte. In den Flügeln weniger großer Parteien können zuviele Konflikte verborgen sein. Wenn es viel mehr Parteien gäbe, würde alles noch schwieriger sein, aber einzelne würden angespornt werden, sich mehr mit Politik zu beschäftigen, politische Uneinigkeit besser zu verstehen und einen politischen Standpunkt in wichtigen Angelegenheiten einzunehmen. Ich glaube an das Individuum, und es ist die italienische Sozialistische Partei – anders als die Kommunisten und die Sozialdemokraten, die sich nur um die industrielle Massengesellschaft kümmern –, die sich um die Freiheit des Individuums bemüht. Die Leute, die ich in Italien am meisten respektiere, sind die Sozialisten. [2, S. 133]

Ständig zweifeln

Wir müssen geistig zivilisiert sein. Es existiert die Möglichkeit, unsere Zivilisation zu retten, wenn man sich beeilt. Sonst gehen die Dinge sehr schnell zuende, schlimm. Es gibt jetzt viel Alarm und Ängste, was gut ist. Diese polemische Situation ist viel besser als die im 18. Jahrhundert, als das Konzept der Bourgeoisie triumphierte. Sie hatte absolutes Vertrauen in ihren Besitz. Die Frauen kamen herein, brachten Tee und saßen auf ihren Hintern, während unter ihren Stühlen das Blut von arbeitenden Kindern, Fabrikarbeitern hervorrann, die sieben Tage in der Woche arbeiteten. Wir sollten nicht sehnsüchtig an die Vergangenheit denken. Man sollte ständig Zweifel wecken. Linke Ideologien wurden zerschmettert, nicht, weil die Linke nicht im Recht war (natürlich gehört die Zukunft der Linken), sondern weil sie sich zu etwas anderem entwickelt hatte. Rußland beruft sich auf etwas Falsches, weil es sich von Frauen ernährt. Die Russen mochten meine Filme nicht, sie mögen Sophia Loren. Selbst das schönste Experiment in der Geschichte der Menschheit muß viele Wandlungen und Revolutionen durchmachen, bevor wir eine Struktur finden, in der das Recht, nicht durch

andere Menschen, sondern mit ihnen zu leben, respektiert
wird. [14, S. 13]

Kleinbürgertum und Kirche

Weil alle Menschen verschieden sind, können wir vielleicht
eine Struktur finden. Wären wir nicht alle unterschiedlich,
wären wir längst am Ende. In Italien gibt es die meisten
Unterschiede – geografisch, ökonomisch – und die zickigste
Kleinbürgerschaft überhaupt. Deshalb hat auch die Kirche
beschlossen, auf Italien zu hocken. [14, S. 13]

Liebe und Disziplin

Wir haben die wirkliche Ehrfurcht und den wahren Respekt
vor der und für die Jugend verloren. Aus Mißverständnis
und falschen Schuldgefühlen der Eltern heraus werden die
Kinder zu früh zu Autonomie erzogen, die das Leben viel zu
früh schmerzvoll, hart und teuer macht ... Die Jugend wäre
besser dran mit einer Erziehung so hart wie Eisen. Mit Liebe,
aber mit eiserner Disziplin. [13, S. 33]

Fußball und Madonnen

Es geht mir um Leidenschaft und Politik, denn meine Filme
sind schließlich keine erotisch-schwülen Sexfilme. Aber das
ganze ist natürlich sehr italienisch. Ich sehe da die zwei zentralen Punkte Italiens: die Leidenschaft ist die einzige
Begründung für das politische Chaos in meinem Land – das
geht vom Fußball über die Roten Brigaden bis zur Madon-
nen-Verehrung. [11]

Unordnung als Freiheit

Es kommt darauf an, wie die einzelnen Wörter bewertet werden. Wenn Ordnung konstituierte Struktur bedeutet, die
wandelbar ist, wenn sie eine Konvention bedeutet im öffentlichen Zusammenleben, ist Ordnung von fundamentaler

Bedeutung. Eine solche Ordnung kann der Mensch bewußt verändern, verbessern oder bekämpfen. Um dies so auszudrücken, spreche ich oft von Unordnung und meine dabei die Freiheit. Denn der Begriff Ordnung hat eine andere Bedeutung bekommen, er steht für fest verankert, blockiert und nicht für sich öffnend. Wenn Ordnung nur dieser Block ist, von dem keine Bewegung mehr ausgeht, weil alles in Ordnung ist und in bester Ordnung, dann bin ich für Unordnung und gegen Ordnung. Mein Motto war: der Mensch in Unordnung ist der Mensch auf der Suche nach Freiheit. [9]

Eisberg

Ich strenge mich so an, italienischer Politik zu folgen, die wie ein Eisberg ist. Man kann nur ungefähr 20 Prozent verstehen. [5]

Höchste Zeit

Ich glaube, ich sage das immerzu: daß der Mensch sich beeilen muß, einen neuen Menschen zu erschaffen, einen, der es verdient, ein Mensch genannt zu werden. Andernfalls wird uns der Tod überholen. [3, S. 11]

Film und Revolution

Man kann im Film keine Revolution machen. Es ist sehr gefährlich, wenn in einem Film der miese Typ stirbt, wenn dieser miese Typ ein Hitler oder ein Mussolini ist, weil der Zuschauer denken kann, daß er ihn getötet hat und deshalb jetzt frei sei. Aber um weiter zu gehen: die tiefere Bedeutung meiner Filme ist nicht, zu einem Akt der Rebellion zu agitieren. Wir dürfen nicht vergessen, daß im wirklichen Leben - auch wenn die Hitlers und Mussolinis tot sein mögen - ihr Erbe immer noch in uns allen fortlebt. Aus diesem Grund bin ich an der Zeit nach diesem Augenblick einer Revolte interessiert, an der Periode, in der die soziale Struktur etabliert werden muß, die die Menschen erzieht, die eine bestimmte Harmonie verkörpern: eine Harmonie der Unordnung, wie ich in meinen Filmen sage. Wir alle müssen, um uns auf diese Harmonie vorzubereiten, akzeptieren, daß jeder von uns den Zustand unserer Gesellschaft reflektiert und dafür verantwortlich ist. Wir müssen für alles, was schief geht, persönlich verantwortlich sein, für alles, das nicht klappt. Es sind nicht nur ein Hitler oder ein Mussolini, die Verantwortung haben, wir alle sind es. Wir erlauben diesen Leuten, uns zu kommandieren – durch unsere Ignoranz und unseren Zynismus. [2, S. 136 f.]

Gewalt

Wenn ein Zwanzigjähriger, eine Hymne singend, in den Krieg zieht, dann ist das Gewalt für mich. Der junge Mann, der aus Vietnam ohne Verwundung zurückkehrt, ist trotzdem einer furchtbaren Gewalt ausgesetzt worden. [4, S. 71]

Count down (1)

Sagen Sie mir: ist es gewalttätiger, jemand in den Hintern zu treten oder ihm zu sagen: »Du stinkst«? Mir erscheint das zweite gewalttätiger. [4, S. 71]

Götter in Uniform

Spatoletti in FILM D'AMORE E D'ANARCHIA war nicht von fantastischer Machart; er ähnelte sehr den richtigen Faschisten. Aber ja, es ist wahr, daß ich das Geheimnis der Autorität enthüllen möchte. Macht ist wie eine Droge; sie deformiert jeden, und wir müssen vorsichtig damit umgehen. Das Lachen ist gegen die Droge der Macht ein gutes Mittel. Sagen Sie mir, warum sollte ein Mensch, der vorübergehend eine machtvolle Position einnimmt, wie eine Gottheit behandelt werden, die uns vor Furcht erzittern läßt, nur damit er nicht auf einer Bananenschale ausrutscht? Die Vergötterung all jener mit Macht ist dadurch erreicht worden, daß man sie von den anderen Sterblichen absetzt durch besondere Kleidung, Ritual und Sprache. Wir müssen lernen, diese Tricks zu durchschauen, die eine Erscheinung der Unsterblichkeit und Göttlichkeit vermitteln bei denen, die darunter sterblich und menschlich wahr sind. [2, S.132]

Quäler gesucht

Man muß mal festhalten, daß in der erotischen Welt immer jemand einen Quäler, einen Folterer sucht. Hätte es diesen Krieg nicht gegeben, dann hätten die Drehbuchautoren diesen Krieg erfinden müssen. [7]

Made in USA

Ich bin geschockt, wie kommerziell die US-Gewalt ist. Gewalt als Effekt, Gewalt auf Kommerz abgestellt, Gewalt in oberflächlichen Situationen, Gewalt um der Gewalt willen. Das Publikum wird mit derartig vielen speziellen Effekten bombardiert, daß es sich für nichts anderes im Film mehr interessieren kann. Manchmal habe ich den Verdacht, daß diese Filme die schlimmsten Instinkte stimulieren. Und das Publikum sind doch meist die Jungen. [13, S.33]

Immer ein Clown

Ich fürchte mich immer vor dem Bild von Macht in einem völlig ernsten Licht, weil die Macht ja selbst diese Ernsthaftigkeit erfordert, um erschreckend zu sein. Um unsere Kritikfähigkeit zu erhalten, müssen wir auch den vertrauten, lächerlichen Aspekt der Macht sehen. Wir brauchen auch das selbstkritische Gelächter, eines, das zeigt, daß wir zivilisiert genug sind, auch unsere Lächerlichkeit zu offenbaren. Es ist nicht schrecklich, lächerlich zu sein – ich bin der lebende Beweis dieser Ansicht. Ich bin immer eine Nummer gewesen, ein Clown. Ich bin wie der große Arsch in MIMÌ. Meine Arbeit ist in ihrer Absicht immer ernsthaft, aber diese Ernsthaftigkeit muß sich nicht immerzu auf meinem Gesicht zeigen. [2, S.132]

Politik zum Lachen

Warum sollten ernsthafte politische Standpunkte auf ernsthafte Art gezeigt werden? Das ist nicht die einzige Methode, politische Probleme zu präsentieren. Im Gegenteil. Erfahrung zeigt uns, daß das Gegenteil wahr sein kann; der ernsthafte Ansatz kann seinen Beweis weniger nachhaltig antreten als der komische. Der strenge, makabre Weg zur Politik treibt die Leute in Italien tatsächlich weg. Er verschüchtert sie, überzeugt sie, daß Politik nur für Experten ist. Aber Politik ist nicht von unserem Leben getrennt; jede unserer Handlungen hat politische Konsequenzen. Jede vertraute Erfahrung beeinflußt das ganze Leben – das tragisch und scheußlich ist, aber, ja, auch wundervoll. Warum sollten wir nur in das tragische und traurige Gesicht der Politik blicken? [2, S. 132]

Die Macht des Lachens

Ich habe mich mit großer Hoffnung in die Macht von Gelächter und Tränen ohne die Furcht begeben, zu offensichtlich oder banal zu erscheinen. Ich habe immer versucht zu kommunizieren und zu unterhalten, in der Hoffnung, daß die Zuschauer am Ende meine Filme mit einem Problem verlassen würden, das sie überdenken oder analysieren wollten. Ich glaube, es ist mir gelungen, auf diese Art in vielen Teilen der Welt ein Massenpublikum zu erreichen. [1, S. 239 f.]

Jupiters Nerven

Es hat mich immer überrascht, daß unsere wirkliche Religion, die Wissenschaft, uns auf eine Welt vorbereitet, die in die Luft gehen kann. Wir haben Bomben, die uns zweihundertmal hochjagen können. Um zu den Mythen zurückzukehren: ich denke gern, daß die Götter, die da oben leben, von Prometheus die Nase voll hatten. Es reicht, wenn Prometheus der Vater des Feuers ist. Es ist gut, wenn wir die Wissenschaft entdecken (etwas, das den Göttern gehörte) und lernen, Fernseher, Elektronisches und die Atombombe zu bauen. All diese Dinge vermitteln unserem Leben Komfort, aber die Gefahr ist da. Wenn Jupiter nervös wird, kann die Bombe explodieren. [15, S. 89]

Knast für Kinder

Für Frauen sind Kinder eine Falle. Ich finde, daß das erste Kind völlig vom Staat bezahlt werden müßte, das zweite nicht so sehr, für das dritte sollte man selbst bezahlen, für das vierte die Arbeit verlieren, fürs fünfte ins Gefängnis gehen ... Wie kann man den Mut haben, kleine Kinder in diese Welt zu setzen? [1, S. 260]

Vergewaltigung

Erotik ist ein schmerzhaftes Argument. Erotik ist, statt komisch zu sein, immer schmerzhaft. Nur um zu provozieren: mehr Männer, als wir ahnen, würden gern gepeitscht werden und vergewaltigt und gequält und würden gern ihre Weiblichkeit erleben. Gleichzeitig gibt es Frauen, die gern gepeitscht werden und ihre eigene Männlichkeit lieben. Die

Dreharbeiten Mimi metallurgico

wesentliche Gewalt, der Frauen sich ergeben haben, ist nicht dieses erotische Peitschen oder Schlagen. Sie ist psychologisch. Sie wurden ins Getto ihrer Wohnungen gesteckt – unter einem Gesetz der Liebe und Moral. Das löst eine Kette von Gewalt aus, die gefährlicher als alles andere ist. [14, S. 33]

Problemlösung

Ich glaube, daß die Familie ein sozialer Kern ist. Aber wir müssen eine neue Struktur finden. Der Mann kann zu Hause arbeiten, die Frau kann zu Hause arbeiten, es muß jemanden geben, der zu Hause arbeitet. Das ist das Problem, ein ernsthaftes. [14, S. 33]

Frauenarbeit

Ich bin gegen alle Kategorien. Das führt nur zu Rassismus. Frauen müssen einfach drauflos gehen, in die Gesellschaft hinein, und das tun, was sie gut können und Geld verdienen. [14, S. 13]

Zwei Seelen, ach ...

Außerdem lebt auch in mir ein versteckter Chauvinist, ein Macho. In jedem von uns ist von den traditionellen Verhaltensweisen etwas vorhanden, von den weiblichen wie von den männlichen. Es gibt keinen totalen Mann und keine totale Frau. Menschlich sein ist gleichzeitig Harmonie und Disharmonie aller menschlichen Eigenschaften. [13, S. 31]

Was bin ich?

Ich bin kein leiser Regisseur, ich bin nicht süß, ich bin keine Lady, ich bin vielleicht noch nicht einmal eine Frau. Ich bin nur ein wütender Handwerker, der bestimmte Probleme zwischen der Zeit, dem Geld und der Politik lösen muß. Ich bin wie ein schrecklicher Soldat, das ist ein berühmter Witz. [15, S. 86]

Bisexuell

Mir gefällt es, Frau zu sein. Sicher, mir gefallen die Frauen, aber ich könnte nicht sagen: besser als die Männer. Ich glaube sowieso, daß alle Autoren ambivalent sind – in ihrem Hirn bisexuell. Wenn sie die Figur eines Mannes darstellen, denken sie männlich, und wenn sie die einer Frau darstellen, weiblich. [13, S. 31]

Ein Beispiel

Ich hoffe, daß die Tatsache, daß ich ein Symbol geworden bin, Frauen Mut machen wird. Denn genau das brauchen sie, Frauen. Sie müssen verstehen, daß sie alles machen können. [5, S. 12]

Count down (2)

Ist die wirkliche Gewalt gegen Frauen der Klaps, den der Ehemann ihr gibt, oder ist es nicht die psychologische Gewalt? [4, S. 71]

Ach!

Ich lehne den Begriff »feminin« ab, weil ich ihn rassistisch finde. Ich glaube, wir sind alles Menschen. [5]

Irrtum (1)

Frauen sollten wissen, daß ich diese Filme nicht machen konnte, weil ich eine Hexe mit übernatürlichen Kräften bin, sondern weil ich die wahren Gesetze, die unsere Gesellschaft regieren, analysiert und verstanden habe. Das ist nicht das unveränderbare Gesetz des übermächtigen patriarchalischen Gottes des Alten Testaments, sondern ein rein ökonomisches Gesetz. Der Erfolg meiner Filme hat nichts mit der Tatsache zu tun, daß ich eine Frau bin. Es ist nicht angenehm für mich, in diesen harten ökonomischen Fakten zu denken, aber so ist es eben in dieser Gesellschaft. Und das ist, in bestimmtem Sinn, ein großer Gleichmacher, weil es für jeden dasselbe Gesetz gibt, für Männer und Frauen. Frauen sollten dieses Gesetz verstehen und nicht um ihren Selbstwert fürchten. Wenn sie an ihre Arbeit glauben, an ihre Ideen und Fähigkeiten, dann können sie alle Hürden überwinden, denn diese Hürden sind nicht unvermeidbar oder gottgegeben. [2, S. 134]

Irrtum (2)

Wenn Sie sagen, daß Feminismus sich um mehr als Gleichberechtigung bemüht, was meinen Sie dann genau? Verlangen diese neuen sozialen Beziehungen, daß Frauen die Männer dominieren? Ist das Ziel Strafe, Rache? Im alten Italien soll es in der Nähe von Rom eine Stadt - Lazio - gegeben haben, die von einem Matriarchat regiert wurde. Die Frauen hatten kraft ihrer Häuslichkeit die politische Macht. Die Männer waren Krieger und damit nichts als Ausführende der politischen Macht der Frauen. Diese Stadt war sehr kriegerisch. Und obwohl die politische Struktur verdreht war - die Frauen waren an der Spitze -, wurde die Macht immer noch für aggressive Ziele genutzt. Mir scheint, wir dürfen über allem nicht vergessen, daß wir menschliche Wesen sind, und daß wir keine Eigenschaften ausnutzen sollten, durch die wir andere Menschen ausbeuten können. Die soziale Harmonie, die wir suchen, muß auf der Verschiedenartigkeit beruhen, auf kreativer Unordnung, auf der Vielzahl von Menschen und Meinungen. [2, 135]

Irrtum (3)

Wollen Sie Frauenfilme? Es ist doch völlig wurscht, ob ein Mann, eine Frau, ein Hund oder ein Pferd einen Film macht.

Auf das Ergebnis kommt es an. Künstler müssen anarchisch sein und im Geiste immer bisexuell. Sie sind Mann oder Frau, je nachdem, welchen Weg die Fantasie geht. Im Kopf kann ich alles sein, auch sadistisch bis zum Exzeß. Wenn mich jemand fragt und auffordert, zum Frauenfilm Stellung zu beziehen, dann sage ich immer: »Ich gehe zum Festival der Regisseure mit Brille!« [10]

Laßt dicke Frauen ...

Ich habe eigentlich nie nachvollziehen können, warum das Konzept der schönen Fülligkeit, das durch Jahrhunderte gültig war – und ein Ideal für viele Schulen in der Malerei – von der Mode unseres Jahrhunderts außer Kraft gesetzt wurde. Warum sind denn nur noch die Dünnen schön? Die Dicken sind es doch mindestens genauso. Wäre ich ein Mann, hätte ich einen Harem voll dicker Frauen. [3, S. 11]

80%

Ich finde nicht, daß meine Frauen grotesk sind. Ich erfinde nichts. Ich kenne meine Frauen. Sie sind absolut realistisch. Ich bin grotesker als meine Frauen ... Ich liebe diese Frau [in MIMÌ METALLURGICO], diesen Hintern, der übrigens nicht von derselben Frau stammt. Ich habe in Neapel nach dieser Frau gesucht, und das Double für den Hintern kommt aus Rom. Ich brauchte diesen speziellen Hintern. Das ist für mich die Katharsis. Ich weiß, daß sich 80 Prozent der Männer in diesen Hintern, den Sie für monströs halten, verliebt haben. [15, S. 87]

Questa volta

Ich glaube, daß die Feministen bei der Beschreibung von Frauen sehr restriktiv sind ... Sie möchten all die Geschichten in Schwarzweiß erzählen, das heißt: die Frau ist gut, schön und richtig, und der Mann ist häßlich, dumm, brutal und ein Hurensohn. In meinen Filmen vertritt der Mann

nicht notwendigerweise Männer, die Frau nicht notwendigerweise Frauen. Ich habe einen sehr »feministischen« Film
gemacht: QUESTA VOLTA PARLIAMO DI UOMINI. In diesem Film
habe ich von der Warte einer Frau aus erzählt. Bei meiner
anderen Arbeit betrachte ich mich als menschliches Wesen,
nicht als Mann oder als Frau. Ich bin ein Filmemacher, ein
Autor. Ich glaube, es ist schlecht für eine Frau, von sich als
Frau zu denken. Eine Frau ist ein menschliches Wesen ... Ich
halte mich für einen feministischen Feministen – feministi-
scher als die Feministen ... In einer gerechten Welt, die wir
hoffentlich bald haben werden – zumindest, was dieses
Thema betrifft – wird niemand mit einem Künstler sprechen,
weil das eine Frau ist. Diese Fragen werden nicht gefragt.
[5, S. 12]

Mimì metallurgico

MIMÌ hatte in Turin Premiere, im Norden, dem industrialisier-
testen Teil Italiens, wo Autos gebaut werden. Die Premiere
war in einem Kino mit dreitausend Plätzen. Wir hatten keine
Ahnung, was geschehen könnte, da weder ich noch Giannini

Dreharbeiten Mimì metallurgico

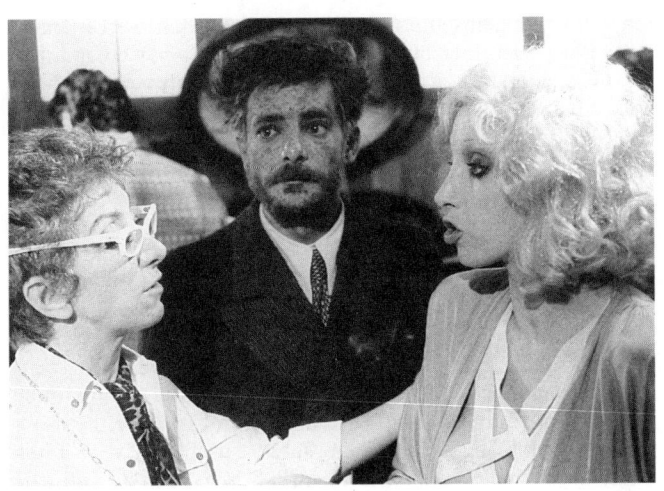

Dreharbeiten Film d'amore e d'anarchia

noch Melato dort bekannt waren. Aber das Wort »Metallurgico« hatte in einer Stadt voller Metallarbeiter einen magi-
schen Klang, das Kino war bis auf den letzten Platz besetzt.
Und dann bekam ich wirklich Angst; jetzt war ich einem
richtigen Publikum konfrontiert, nicht Kritikern oder Intellektuellen oder der Bourgeoisie. Und die Reaktion war
unglaublich, wunderbar. Sie verstanden meine Absicht. Und
Sie müssen begreifen, dies war ein sehr politisches Publikum.
Ich war furchtbar nervös, weil die Gewerkschaften in Turin
sehr stark sind und das Thema des Films sehr bedrohlich für
sie war, denn die Hauptfigur ist ein Arbeiter, der offensichtlich ein Linker wird, aber schließlich wegen seines unvoll-
kommenen politischen Verständnisses für die Faschisten
arbeitet. Man kann sehen, daß der Film starken Explosiv-
stoff enthielt. [2, S.131]

Film d'amore e d'anarchia

Einen Film zu machen oder irgend etwas Großes im Leben,
erfordert eine lange Liebe. Du mußt mit einer besonderen
Liebe oder einer besonderen Wut anfangen, das durchzuhal-

ten, und mit demselben Gefühl aufhören. Ich werde Ihnen zwei Beispiele einer langen Liebe geben. Zuerst einer Liebe zur Gerechtigkeit. Es ist einem Unrecht getan worden. Man geht zur Behörde. Man stellt sich in einer Reihe an und wartet. Man geht in die nächste Reihe, bekommt eine Nummer und wartet. Nach einer Weile gibt man auf. Bald erscheint es sinnvoller, mitzuspielen als sich anzustellen, den langen Weg zur Gerechtigkeit zu nehmen. Man kann sich nur noch anstellen, wenn man das ursprüngliche Gefühl für Gerechtigkeit erhalten kann. – Ich will Ihnen noch ein weiteres Beispiel für die Art einer langen Liebe geben, die man fürs Filmemachen braucht. Bevor ich FILM D'AMORE E D'ANARCHIA gemacht habe, gab es – wie Sie sich erinnern werden – viele Attentatsversuche und Bombenanschläge. Ich fühlte mich sehr verletzt durch die Art, wie die Zeitungen über die monströsen, sinnlosen, verrückten Taten sprachen, von Taten durch abnorme Kriminelle. Natürlich waren das kriminelle Taten, und sie waren sinnlos oder erfüllten zumindest nicht ihr Ziel. Trotzdem muß es da eine Hoffnung, eine Liebe gegeben haben, die jemanden jenseits von Überlegungen für die persönliche Sicherheit solche Taten vollbringen läßt. Und in einer Minute, in dreißig Sekunden hatte ich ein Gefühl für einen Menschen voller Schönheit und Liebe. Von einer einfa-

Dreharbeiten Fatto di sangue

chen Person mit einer großen Liebe für einen anderen. Er versteht nicht einmal dieses Mannes Ideologie. Aber er liebt ihn so sehr, daß er, als dieser Mann weggeschafft wird, dessen Aufgabe, Mussolini zu töten, übernimmt. Politisch ist das sinnlos. Es endet schrecklich. Aber all diese vernünftigen Menschen, die Zeitungen lesen, sagen: wie kann jemand nur eine so sinnlose, kriminelle Tat vollführen? Wenn einer von ihnen meinen Film sieht, das Licht und die Liebe in diesem Mann, und wenn er von da an einen kleinen Zweifel hätte (daß alle Attentäter monströse Kriminelle sind), dann wäre ich zufrieden. Man hat also ein bestimmtes Gefühl vom Licht und der Liebe in einem Menschen. Das hält dreißig Sekunden an. Danach verbringt man zwei schreckliche Jahre, arbeitet mit Hunderten von Leuten, und der Film soll schließlich das ursprüngliche Gefühl enthalten. Deshalb sage ich, daß man eine lange Liebe braucht. [4, S. 72]

Travolti (1)

Sado-Masochismus kann ein sehr wichtiges Element der Erotik sein, aber meine Filme sind nie erotisch. TRAVOLTI DA UN INSOLITO NELL'AZZURO MARE D'AGOSTO ist kein Kommentar über das Verhältnis der Geschlechter, sondern über die Machtverhältnisse der sozialen Klassen. In diesem Film vertritt die Frau die Bourgeoisie, der Mann vertritt die Dritte Welt, jene, die vollkommen hilflos sind. So vertritt sie in der Tat Männer, und er vertritt Frauen. In diesem Licht gesehen, wird die Bedeutung des Films ganz anders. Es mag Sie kränken, wenn die Frau geschlagen wird, aber am Ende des Films sollten Sie verstehen, daß beide, die Frau und der Mann, Symbole einer Beziehung zwischen der Bourgeoisie und den normalen Leuten sind, manifestiert durch Abhängigkeit und Gewalt. [2, 134]

Travolti (2)

Die Feministen haben noch viele Kämpfe auszutragen. Und sie haben nicht mehr viel Zeit. Manchmal machen sie oberflächliche Analysen. Sie haben Angst, daß Frauen schwach-

Dreharbeiten Travolti da un insolito destino

sinnig sind. Frauen sind intelligent – sie halten nicht bei
einem oberflächlichen Aspekt der Dinge an. TRAVOLTI ist
eine politische Parabel, in der ich mich mit der bürgerlichen
Klasse – das heißt mit der industriellen Zivilisation, und die
bedeutet Macht – abgebe. Und der Mann repräsentiert die
Dritte Welt. Deshalb vertritt die Frau irgendwie Männer, und
er vertritt auch Frauen – soweit das die Macht zwischen
Männern und Frauen in einer patriarchalischen Gesellschaft
betrifft. Wenn er sie also tritt, dann ist das in Wirklichkeit so,
als wenn eine Frau einen Mann tritt – in dem Sinn, daß es
sich bei ihm um einen Menschen handelt, der unterdrückt
ist ... Er macht eine »Revolution« gegen den, der die Macht
hat. In der endgültigen Analyse ist derjenige, der Opfer der
Gewalt wird, der Mann und nicht die Frau. Frauen in dieser
Gesellschaft – in einer Männergesellschaft – sind die Dritte
Welt. [5, S. 12]

Pasqualino Settebellezze (1)

Rollenverhalten in extremis geht durch alle meine Filme.
Und weil Rollenverhalten an sich schon so grotesk ist, kann
ich es derart grotesk zeigen wie in PASQUALINO SETTEBEL-
LEZZE. Übrigens handelt es sich bei der Geschichte um eine

Dreharbeiten Travolti da un insolito destino

wahre Begebenheit, die mir der Protagonist selbst erzählt hat. [13, S.31]

Pasqualino Settebellezze (2)

Niemand hat bisher gewagt, die Welt der Konzentrationslager auf eine groteske Weise darzustellen. Immerhin hat das eine Loslösung von der Geschichte erlaubt, der Zeitgeschichte, die Epochen immer einzeln betrachtet, aber nicht ihre Nähe. Also ein geschichtliches Konzept zu gewinnen, das ein wenig anders ist, das nicht zerfällt in einzelne Epochen. Um diesen Film zu machen, brauchte es viel Mut, aber auch eine große Leidenschaft ... Die Groteske ist ein sehr visuelles Phänomen. In unserer Zeit ist die Groteske sehr selten geworden, auch die Ironie. In unserer Zeit gibt es einen Hang zum Sentimentalen. Wir leben sehr schlecht in dieser post-, post-, postromantischen Zeit. [7]

Pasqualino Settebellezze (3)

Als der Krieg zuende war, ich war noch ein Kind, bin ich umgeworfen worden von den grauenhaften Dingen, die da ans Tageslicht kamen. Nichts und niemand rechtfertigt derartig schwarze Geschehnisse. Fast alle Massaker sind im Namen einer besseren Menschlichkeit begangen worden, zum Beispiel durch die Kirche oder durch Pol Pot. Mir hat das Grauen alle Luft genommen. PASQUALINO SETTEBELLEZZE ist in dem Zusammenhang auch etwas anderes: kein Film über das Dritte Reich, sondern über die italienische Art, Gewalt und als deren Folge angeblichen Respekt darzustellen. Deshalb zeige ich immer die Bedrohung durch Gewalt, die Möglichkeit. Der kleine Pasqualino steckt sich eine Pistole in den Gürtel. Er will damit Macht ausüben, Angst einjagen. An die Anwendung denkt er zunächst nicht. Und vor allem glaubt er, daß er sich damit Respekt bei anderen verschaffen kann. Von diesem ersten Irrtum an entwickelt sich ganz logisch alles weitere. Bis zum fatalen Irrtum im KZ. Pasqualino findet seine Haltung richtig, doch der Zuschauer versteht und sieht, was daran falsch ist. [10]

The End of the World

THE END OF THE WORLD handelt nicht von einem Paar. Es geht um das Ende der Welt. Liebesgeschichten interessieren mich nicht. Es sind alles Möglichkeiten für ein Ende, ein Weg, eine Geschichte zu erzählen. Ich glaube, der Film ist ein sozialer Dienst, eine gute Methode, über die Probleme des Lebens indirekt und symbolisch zu sprechen. [1, S. 259]

Ein Wunsch

Die Dinge sollten einfacher sein, mehr in den Dimensionen des Menschen. [3, S. 11]

Kontaktanzeige

Ich bin eine große Schauspielerin. Ich könnte schreiben, singen, tanzen. Aber das sind alles Ausdrucksformen. Die Hauptsache ist die Kommunikation. Ich erfülle das durchs Filmemachen. [16]

Liebeserklärung

Ich liebte Fred Astaire als Kind, für mich war er Spitze. Vor vier oder fünf Jahren war ich in Rom mit Fellini und Marcello Mastroianni essen, als plötzlich dieser kleine alte Mann vorbeigeht. Es war Fred Astaire. Er stieg mit einem anderen Mann in ein Auto. Als ich erkannte, daß er es war, sprang ich auf, rannte hinaus, sprang in das Auto und fing fast an, seine Füße zu küssen. Er war entsetzt, als er diese Verrückte mit Brille und hochstehenden Haaren sah, die sich ihm an den Hals warf. Ich sagte zu ihm: »Sie können sich das nicht vorstellen, es ist, als ob ich einem Traum begegne. Sie sind Spitze, ganz an der Spitze des Glücks meiner Kindheit. Ich muß Ihnen danken.« Ich glaube, er war drauf und dran, die Polizei zu rufen, bevor er verstand, daß dies nur eine Liebeserklärung war. [6]

Endlich Ordnung!

Irgendwann in deinem Leben triffst du auf ein Brillengestell, das dir besonders gut gefällt, also gehst du in die Fabrik und bestellst fünf-, sechstausend Stück davon. Alle gleich. Wenn eines kaputt geht, hast du das nächste schon in der Schublade ... Wenn ich die weiße Brille abnehme, erkennt mich niemand mehr. [13, S. 33]

Rüge

Diesmal, meine Liebe, mußt du Wort für Wort übersetzen. [4, S. 74]

Quellen:
[1] John J. Michalczyk: Lina Wertmüller: The Politics of Sexuality. In: The Italian Political Filmmakers. Rutherford, Madison, Teaneck: Fairleigh Dickinson University Press. London und Toronto: Associated University Press, 1986. – [2] Gina Blumenfeld und Paul McIsaac: You cannot make the Revolution on Film. In: Cineaste, New York, Vol. 7, Nr. 2, Frühjahr 1976; nachgedruckt in: Dan Georgakas und Lenny Rubenstein (Hrsg.): The Cineaste Interviews of the Art and Politics in Cinema. Chicago: Lake View Press 1983. – [3] Lina Wertmüller, Martin Scorsese. Dokumentation. Zürich: Filmstelle VSETH/VSU, März 1986. – [4] Barbara Garson: The Wertmüller Ethic. In: Ms Magazine,

Vol. 4, Nr. 5, Mai 1976. - [5] Evelyn Renold: Lina Wertmüller: My Films Are Addressed to the Masses. In: Newsday Magazine, 28.3. 1976. - [6] Delfina Ratazzi: Lina Wertmüller. In: Interview, Vol. 5, Nr. 3, März 1975. - [7] Gertrud Koch und Heide Schlüpmann: Der Mensch in Unordnung. In: Frauen und Film, Nr. 39, Dezember 1985. - [8] Gideon Bachmann: Die heilige Lina von New York macht Filme. In: Frankfurter Allgemeine Zeitung, 13.8. 1977. - [9] Anne Rokowski: Lina Wertmüller: Ich bin ein offenes Auge. In: Vorwärts, 26.10. 1985. - [10] Jan van Dieken: Im Kopf kann ich Sadistin sein. In: die tageszeitung, Berlin, 17.10. 1985. - [11] Frauke Hanck: Film ist meine große Liebe. In: Stuttgarter Zeitung, 6.7. 1984. - [12] Roland Mischke: Lina Wertmüller. In: Frankfurter Allgemeine Zeitung, Magazin, Nr. 323, 10.5. 1985. - [13] Marlet Schaake: Ein Vulkan mit kalten Füßen. In: Cosmopolitan, Nr. 12, Dezember 1985. - [14] Molly Haskell: Lina Wertmüller is a Radical Chick With an Eye for the Rooster. In: The Village Voice, Vol. 21, Nr. 4, 26.1. 1976. - [15] Lina Wertmüller on art, sex, politics, mystery, and then some. In: Savvy, Jan. 1985. - [16] Melton S. Davis: I Get Along Well with Wild Personalities. In: The New York Times, 6.3. 1977.

Dreharbeiten Questa volta parliamo di uomini

Kommentierte Filmographie

Von Giovanni Spagnoletti

*Die commedia all'italiana stammt
zwar von unbekannten Eltern, aber wir
alle sind ihre Kinder.*   (Ettore Scola)

In der ganzen Geschichte des italienischen Kinos war die
Redensart »Nemo profeta in patria« nie so wahr wie im Fall
Lina Wertmüller. Die Urteile über sie gehen völlig auseinan-
der. In den Vereinigten Staaten wurde die römische Filmemacherin, vor allem in der Mitte der siebziger Jahre, als eine
der weltweit wichtigsten Autorinnen, vom Range Fellinis
oder Antonionis, begrüßt. Dagegen begann in ihrer Heimat
ein Teil der Kritik[1], nachdem die große Liebe zu I BASILISCHI
verrauscht war, und vor allem in der Zeit des amerikanischen
Erfolgs, die »einsame Wölfin« mit Mißtrauen zu betrachten.
Lina Wertmüller ist eine Filmemacherin, die ebenso umstrit-
ten ist wie ihre Filme und der ganze Komplex der commedia
all'italiana.
In den siebziger Jahren hat die führende französische Kritik
(die zu rauschhaften Begeisterungstaumeln neigt), im Zuge
einer erneuten Beschäftigung mit der commedia all'italiana
verschiedene Autoren mit höheren Weihen versehen.[2] Damit
war auch die italienische Kritik zu einer Neubewertung auf-
gerufen, doch um die Wertmüller hat sie sich weiterhin
gedrückt. Warum? Vielleicht ist der »Fall Wertmüller« die
engste Stelle im langen Trichter hartnäckiger, eingefleischter
Vorurteile und Bewertungen, die sich an dieser Autorin
anscheinend auf exemplarische Weise festmachen lassen.
Die commedia all'italiana, die Komödie nach italienischer
Art oder italienische Komödie, ganz nach Belieben, wurde
erst in jüngster Zeit ernsthaft und systematisch untersucht.[3]
Sie ist das Genre oder Supergenre, das in wechselnder
Erscheinung seit mindestens dreißig Jahren die italienische
Filmproduktion ununterbrochen beherrscht. »Es handelt

sich um das vielleicht einzige Genre, das typisch für das italienische Kino ist. Hier erfunden und eine eigenständige Produktion unserer Filmwirtschaft, ist es ohne nennenswerte Nachahmungen in der ausländischen Filmproduktion geblieben.«[4] Trotzdem bleiben noch viele Fragen offen.

Zum Beispiel herrscht immer noch keine Klarheit über den Begriff selbst und seine Entstehung. Manche lassen die commedia all'italiana mit dem »schnulzigen Neorealismus« des Films *Vivere in pace* (In Frieden leben. 1946) von Luigi Zampa beginnen, einige mit *Totò cerca casa* (1949) von Steno und Monicelli, andere mit *Pane, amore e fantasia* (Brot, Liebe und Fantasie. 1953) von Comencini. Wieder andere überspringen die Phase, in der der »schnulzige Neorealismus« seinen »Verrat« am »engagierten Neorealismus« ausgebrütet hat, und beginnen stattdessen unmittelbar mit *I soliti ignoti* (Diebe haben's schwer. 1958) von Monicelli.[5] Auf jeden Fall ist Monicelli der Stammvater einer bestimmten italienischen Weise, Filme zu machen, die, mutatis mutandi, bis heute fortbesteht. Nur mit der Kritik hat die commedia all'italiana immer Schwierigkeiten gehabt. Für die von moralischen Idealen und vom Engagement durchdrungene Generation, die sich im Schatten des Krieges und der Resistenza gebildet hatte, galt sie als Todesstoß des Neorealismus, als populistischer Killer einer bestimmten Auffassung vom Kino. Stellvertretend für alle steht, was Adelio Ferrero 1964 in der marxistischen Zeitschrift *Cinema Nuovo* über die »Matadore« (Sordi, Gassman, Tognazzi, Mastroianni) der commedia all'italiana schrieb: »Trotz ihrer unterschiedlichen Herkunft, Ausbildung, Begabung und daher auch Ausdrucksmittel haben diese Schauspieler es, jeder auf seine Weise, verstanden, in die Haut der Figuren zu schlüpfen, die diesem Kino so lieb und teuer sind. Alle haben sie dieselbe bezeichnende Wirkung erzielt: ein Verhältnis der Komplizenschaft mit dem Zuschauer. Egal ob es sich um den ehebrecherischen Gatten oder den korrupten Abgeordneten, den skrupellosen Spekulanten großen Stils oder den kleinen Geschäftemacher auf niedrigstem Niveau handelt – stets erweckt das Scheusal Sympathie und Verständnis. Seine Unverschämtheit spricht ihn frei, seine Vitalität rehabilitiert ihn, der tägliche Überlebenskampf rechtfertigt ihn. Man darf sicher sein, hinter den ärgerlichen Zügen der Ungeheuer doch immer wieder den guten Jungen zu finden, und das heißt: hinter den ›Fehlern‹ und ›Neurosen‹ des Nationalcharakters das stabile und dauerhafte moralische Rüstzeug des Durchschnittsitalieners. Die Basis dieser Komplizenschaft besteht aus der Bereitschaft, die Ordnung der Dinge als unveränderlich anzuerkennen. Das ist ja die Grundregel aller leicht verdaulichen Schauspiele.«[6]

Die hier vorgebrachte Theorie der »Komplizität« – eine Variante der brechtschen Kritik der Einfühlung – hat, in Verbindung mit den zeitlich früheren, harten Polemiken gegen den »schnulzigen Neorealismus«, weitgehend über die Aufnahme der commedia all'italiana entschieden. Bis auf wenige Ausnahmen hat man ihr die tröstliche Deutung verweigert, ein Spiegel oder das kritisch-groteske Gewissen der in rascher Wandlung begiffenen italienischen Gesellschaft sein zu können. Während der fünfziger und sechziger Jahre neigte man dazu, Filme in zwei Hauptkategorien einzuteilen: »die ›engagierten‹, die der kulturellen und künstlerischen Entwicklung, also der Veränderung der Gesellschaft, dienen, und reine Unterhaltungsfilme, eine B-Serie, die nur des Profits wegen gedreht wurden und keiner weiteren Beachtung wert sind, sondern allenfalls zu oberflächlichen Studien über nationale Sitten und Gebräuche taugen«[7]. Dieses zählebige, im wesentlichen auf den Inhaltsaspekt fixierte Urteil traf dann mit einem ebenso unausrottbaren psychologischen Vorurteil zusammen: der elitären Vorstellung, Filme für ein Massenpublikum seien notwendigerweise von geringerer Qualität und zumindest anrüchig. Das mag unter bestimmten Bedingungen, bei gewissen Autoren und Produktionen zutreffen, in vielen Fällen aber haben anspruchsvolle französische oder italienische Filme (Fellini, Visconti, Bertolucci) das Gegenteil bewiesen. Schematisch verkürzend, kann man sagen, daß aus diesem Komplex verschiedener Einstellungen eine kurzschlüssige und vereinfachende Bewertung des Phänomens commedia all'italiana hervorgegangen ist. Der Drehbuchautor Furio Scarpelli hat sich in diesem Zusammenhang mit Groll, denn er fühlte sich ungerecht behandelt, über jene »stumpfsinnige Unbeugsamkeit der italienischen Kritik« geäußert, »die im Namen eines Engagements, das oft nur ein Abklatsch des schdanowschen Schematismus war, eine bestimmte Art von Kino immer abgelehnt hat«. Nur langsam näherten sich die gegensätzlichen Standpunkte einander an, so daß die Arbeiten von Regisseuren wie Risi, Monicelli, Comencini, Germi, Scola und, zeitlich zuletzt, auch Antonio Pietrangeli umfassender und differenzierter beurteilt werden konnten.[8] Lina Wertmüller jedoch wartet immer noch »draußen vor der Tür«.

In unseren Augen ist das Werk der Wertmüller ein Autorenkino sui generis, »out of rules«, und das nicht wegen seiner Ideen, Inszenierungen oder Experimente, sondern aufgrund einer Machart, die Dialoge, Situationen und Schauspieler mit dem Material, dem Abfall und den »Stützen« der commedia all'italiana unmittelbar zusammenfallen läßt. Ein wesentliches Merkmal zum Beispiel des wertmüllerschen Werkes, das beim Erfolg und bei der Aufnahme der Filme im Ausland natürlich eine völlig nebensächliche Rolle gespielt hat, ist der systematische Gebrauch des Dialekts als führendes kulturelles Erkennungsmerkmal. Der Neorealismus hatte den Dialekt entdeckt, und Visconti steigerte seinen Gebrauch in der Sprechweise Aci Trezzas in *La terra trema* (Die Erde bebt. 1948) bis zur totalen Unverständlichkeit, um seinen Anspruch auf Glaubwürdigkeit zu unterstreichen. Er wandte sich damit auch gegen die falsche Vereinheitlichung der Sprache sowohl durch den Faschismus als auch durch das »Kino der weißen Telefone«.

Der Gebrauch des Dialekts, von vielen energisch abgelehnt, blieb in der italienischen Filmkultur eine ständige Streitfrage. Noch 1954 mußte Pietrangeli sich dafür rechtfertigen, daß er die Dialoge »verschmutzt« hatte: »Ich will nicht sagen, daß die Entscheidung für den Dialekt immer notwendig oder die einzig mögliche ist, aber mir scheint, daß der Dialekt immer noch ein unverzichtbares Ausdrucksmittel für die Darstellung bestimmter Personen und bestimmter realer Situationen ist.«[9] Erst mit der Verbreitung der commedia all'italiana, die alles auf den römischen Dialekt setzte (Alberto Sordi war ihr glänzendster Vertreter des Romanesco), dann mit den sizilianischen Sprachkarikaturen und mit dem Erfolg der B-Filme mit Totò (auf Neapeletanisch) und schließlich mit dem Schock eines Films wie *Accattone* (1961) von Pier Paolo Pasolini, mit seinem zotenreichen Jargon, wurde die Bahn frei für einen wirklichen sprachlichen Pluralismus im italienischen Film. Durchweg wurde er mit Hilfe der Synchronisation und nie mit Originalton erzielt. Am Ende dieser Entwicklung taucht dann auch die Wertmüller auf – und folgt den ursprünglichen Geboten eines bestimmten Neorealismus.

Nur so ist der Fall Wertmüller zu lokalisieren, fern von den Diffamierungen und der immer wieder in Italien zu beobachtenden Neigung, einheimische Produkte zu unterschätzen, aber auch fern von den abstrakten und impressionistischen Lobpreisungen der ausländischen Kritik, die in den Filmen der Wertmüller die Tradition der Maske und der commedia dell'arte entdecken – was für das italienische Kino gleichbedeutend ist mit der Aussage, daß Filme mit Zelluloidstreifen in der Kamera gedreht werden. Wenn hier behauptet wird, daß die Arbeiten von Lina Wertmüller im breiten Strom der commedia all'italiana anzusiedeln sind (natürlich mit ganz eigenen Merkmalen), darf auch der etwas vorläufige Charakter dieser Überlegungen nicht unterschlagen werden. Die Forschungen zum Thema sind noch recht unterentwickelt. Immerhin hat die bisher noch rein empirische Definition der commedia all'italiana eine begriffliche Einschränkung des Untersuchungsgegenstandes erreicht: »Die Vermischung von Komik und Drama, die Vorliebe für die Darstellung im Grunde negativer Helden, die lebhafte Anteilnahme an der Gegenwart, ja am aktuellen Tagesgeschehen, sowie das zweideutige Zusammenspiel von Satire, moralischer Anklage und spöttischer Karikatur ohne wirkliche ethische Grundlage.«[10]

I basilischi. 1963

Antonio Petrulli, zweitältester der drei Söhne des Notars in einem kleinen apulischen Städtchen, verlebt seine Jugend in Müßiggang und Langeweile, wie viele Leute seines Standes. Er studiert Jura, zeigt aber wenig Ausdauer beim Besuch der Vorlesungen an der Universität in Bari. Seine Vergnügungen und Zerstreuungen beschränken sich auf Besuche im Circolo Culturale und auf Spaziergänge den Corso auf und ab, zusammen mit seinen Freunden. Einer von ihnen ist Francesco, der Sohn kleiner Grundbesitzer, dem es gelungen ist, sich mit Hilfe eines Buchhalterdiploms einen Platz unter den Auserwählten des Städtchens zu erobern. Die Tage vergehen und scheinen alle zu einem einzigen langen Tag zu gehören: immer dieselben Gespräche, dieselben Schauplätze, ein Leben, das sich auf ganz wenige Tätigkeiten beschränkt, wie über Frauen sprechen oder versuchen, ein paar Mädchen des Dorfes aufzureißen. Auch die vierzigjährige Maddalena, die von ihrer Arbeit als Nähmaschinenvertreterin lebt, gehört zur Gruppe. Aktiver und wacher als die jungen Männer, kommt ihr eine hervorragende Idee: sie will eine Gruppe kleiner Grundbesitzer zusammenbringen und eine Genossenschaft gründen für die Produktion der hiesigen Spezialität, der kleinen, scharfen Salami. Eines Tages taucht unter allgemeiner neugieriger Anteilnahme aus Rom die Tante Antonios in Begleitung einer anderen Frau und eines Freundes auf. Das Trio will sofort wieder abreisen und lädt Antonio ein, mit ihnen auf ein paar Tage Ferien in die Hauptstadt zu kommen. Nach der Abreise Antonios versuchen Francesco und Maddalena, die Genossenschaft auf die Beine zu stellen, aber das Projekt scheitert am Unverständnis der möglichen Teilnehmer. Da kommt Antonio vollkommen verändert aus Rom zurück. Die neue Welt, die er entdeckt hat, Via Veneto, die großstädtische Umgebung, der Luxus und das Geld haben ihn völlig in Bann geschlagen. Er hat beschlossen, nach Rom umzuziehen, fährt aber nicht gleich ab, weil kleinere Pflichten ihn noch aufhalten. Von Tag zu Tag verschiebt er nun die Abreise, aber nach Rom wird er sicher gehen. Auch Francesco wird die Kooperative gründen, ganz bestimmt wird er das machen, morgen vielleicht. Rom und die Kooperative werden von nun an die Gespächsthemen sein, die man auf dem Corso, im Circolo Culturale, den ganzen, ewigen, im großen Schlaf des Südens versinkenden Tag lang wiederholen kann. »Denn hier wird viel geredet ... man redet und redet ... das ist alles.«

Jede Nacherzählung der Handlung von I BASILISCHI kann den kaleidoskopischen Charakter eines vielstimmigen Chores, den das Erstlingswerk von Lina Wertmüller hat, vor allem aber seine Atmosphäre nur sehr unvollkommen wiedergeben. Mehrmals hat die Filmemacherin die Entstehungsgeschichte des Films, und wie sie zum Kino kam, erzählt:

I basilischi

»Franca Santi, eine gute Freundin von mir, machte gerade eine Rundreise durch Apulien und rief mich begeistert an, ich solle sie begleiten. Es war das erstemal, daß ich nach Apulien kam, und ich nahm die Gelegenheit war, Palazzo San Gervaso, das Dorf meines Vaters, kennenzulernen. Es hat mich tief berührt. Dort unten, in dieser von der Welt abgeschnittenen und zurückgebliebenen Gegend, lebte ein provinzielles und apathisches Kleinbürgertum. Das war ein besonderer Süden, einer ohne Leidenschaften. Der Eindruck blieb mir auch nachher noch haften, als Franca und ich nach Sizilien weiterfuhren, nach Portella delle Ginestre, wo Francesco Rosi gerade *Salvatore Giuliano* (Wer erschoß Salvatore G.? 1961/62) drehte ... Der Film wurde von Nello Santi, Francas Ehemann, produziert, und auch der Kritiker Tullio Kezich hielt sich gerade dort auf. Während einer Drehpause erzählte ich Tullio von meiner Reise nach Apulien, vom Dorf meines Vaters, von allem, was mich so beeindruckt hatte. ›Das ist interessant, warum versuchst du nicht, einen Film daraus zu machen?‹ sagte er. Es war sehr leicht, die Geschichte zu schreiben, ich brauchte kaum eine Woche, und alles klappte sofort ... Daraufhin machte ich mit dem Theater vollkommen Schluß und bat Fellini, mich ein paar Tage lang bei den Dreharbeiten zu *Otto e mezzo* (Achteinhalb. 1962) zuschauen zu lassen. Dank seiner Hilfe habe ich das Kino ›entdeckt‹.«[11]

Im September 1962 begann die Wertmüller mit den Dreharbeiten zu I BASILISCHI. In ihrer kleinen Truppe von nur zwölf Personen gab es nur einen einzigen wirklichen Profi – den Kameramann Gianni di Venanzo, der in Italien eine neue Art des Fotografierens begründet hat und indirekt oder direkt Lehrmeister der besten italienischen Kameramänner ist. Zu diesem Zeitpunkt erlebte der italienische Film einen seiner glücklichsten Momente, er erntete internationale Anerkennungen mit den Arbeiten Fellinis, Antonionis und Rosis zum Beispiel, die bis heute deren beste Filme geblieben sind. Während in Frankreich die »politique des auteurs« der Nouvelle Vague begann, gab es in Italien jene Periode, die als »leider allzu kurze und vom Pech verfolgte ›Politik der Produzenten‹« bezeichnet worden ist. Allein die Titanus unter der Leitung von Goffredo Lombardo brachte »zwischen August 1959 und Mai 1963 etwa fünfzig ausschließlich von

jungen Regisseuren gezeichnete Filme heraus«[12]. In diesem
günstigen Augenblick konnten in nur geringem Abstand voneinander debütieren: Pier Paolo Pasolini, Elio Petri, Giuliano
Montaldo, Bernardo Bertolucci, Tinto Brass, die Brüder
Taviani und Valentino Orsini. Aber auch in einem solchen
Klima war es eine mutige Tat, eine Sensation, daß die kleine
Mannschaft der BASILISCHI von einer Frau angeführt wurde,
der zwei weitere Anfängerinnen, Franca Santi und Bibi
Tagliaferri, als Regieassistentinnen zur Seite standen. Im
Unterschied zum französischen, deutschen oder amerikanischen Film hatte es weibliche Regieführung im italienischen
Kino noch nicht gegeben, abgesehen von seltenen und vereinzelten Episoden: die Schauspielerinnen Pina Renzi und
Marcella Albani griffen zur Kamera, Lorenza Mazzetti
drehte den längeren Kurzfilm *Together* und den Beitrag
L'educazione sessuale dei figli für den elfteiligen Episodenfilm *Le italiane e l'amore* (Italienische Liebhaber. 1961). Die
Wertmüller schrieb außerdem das Drehbuch und die Dialoge
und synchronisierte darüberhinaus noch acht weibliche
Nebenfiguren. Damit hatte sie sich auf der ganzen Linie als
Autorin eingeführt.

Am 22. Dezember 1961 wurde in Mailand unter der Schirmherrschaft der Kritiker Tullio Kezich und Tino Ranieri sowie
des Regisseurs Ermanno Olmi eine kleine kämpferische Produktionsgesellschaft aus der Taufe gehoben: 22 dicembre.
Wäre sie nicht bald in Konkurs gegangen, hätte sie Kern
eines italienischen »Oberhausen« werden können.[13] Der
Film der Wertmüller war der vorletzte in der Produktionsserie der Gesellschaft und genoß die Unterstützung der römischen Firma Galatea unter der Leitung von Nello Santi, dem
Produzenten von *Salvatore Giuliano*. Die Verbindung Wertmüller-22 dicembre« gibt in gewisser Weise den »nordischen«,
den »Oberhausen«-Geist der Gruppe wieder: politisch-soziales Engagement, dokumentarischer Duktus, die Absicht, die
Wirklichkeit eines anderen Italien zu erfassen. Vor allem
aber stilistisch ist I BASILISCHI eine außerordentlich originelle
Kreuzung aus Altem und Neuem.[14] In der zeitlich nahen,
aber bereits weitgehend überwundenen Tradition des Neorealismus besitzt die Wertmüller für ihr Erstlingswerk einen
festen Bezugspunkt. Doch es handelt sich um eine Tradition,
die schon durch das Werk des Lehrers Federico Fellini revi-

diert und korrigiert wurde.[15] Einige Grundpfeiler der neorealistischen Ideologie bleiben in den BASILISCHI gleichwohl unangetastet: die Deutung des Realismus als unvoreingenommene Aufnahmefähigkeit; der Einsatz von Laien oder unbekannten Schauspielern; die von Cesare Zavattini, dem Theoretiker und Drehbuchautor des Neorealismus stammende Option für ein Kino ohne außergewöhnliche Figuren; und vor allem der Gebrauch des Dialekts (hier des Apulischen), der seit *La terra trema* in die Erzählweise der italienischen Filme eingedrungen war.

In all das läßt die Wertmüller noch besondere Erfahrungen eingehen: das, was sie beim jungen italienischen Fernsehen gelernt hatte, bevor sie dann zum Film wechselte. Die ehemalige Mitarbeiterin der musikalischen Komödien und Fernsehshows von Garinei und Giovannini bringt eine Frische und Unmittelbarkeit der Dialoge in den Film, die sich vom strengen Ernst der neorealistischen Werke, aber auch vom ideologisierenden Gestus der sentimentalen »Abweichungen« (Luigi Zampa, Renato Castellani, Luigi Comencini) deutlich unterscheiden. Darüberhinaus scheint die Wertmüller etwas von der Bedeutung zu ahnen, die den Massenmedien (Radio, Fernsehen) gerade in einer sozialen Wirklichkeit zukommt, die so »rückständig« ist wie die südliche Welt Apuliens. Dazu gehört ihre noch unvermittelte, instinktive Vermutung, daß das Nord-Süd-Verhältnis (das Verhältnis zwischen Entwicklung und Unterentwicklung) nicht einfach so gelöst werden kann, wie die Parteien der italienischen Linken allzu lange angenommen haben: mit einer naiven, positivistischen Politik der Industrialisierung, als ein gradliniger, mechanischer Anpassungsprozeß der provinziellen, südlichen Realität an die »entwickelte« der großen Stadt und der Industriegesellschaft. In diesem Sinne setzt sie kleine Zeichen, die hier und da in bestimmten Wendungen des filmischen Diskurses auftauchen. Solche Hinweise verleihen dem Film einen Zug des Andersseins, der weit entfernt ist von den moralischen (und moralisierenden) Instanzen in den ebenso großzügigen wie naiven Modernisierungsideen des neorealistischen Engagements. Schon während der ersten Jahre des Wirtschaftswunders, am Vorabend der politischen Experimente der Mitte-Links-Koalition, traf der positive zavattinische »Hunger nach Realität« auf andere Voraussetzungen.

Die Ausbreitung der Massenkultur durch Radio und Fernsehen hatte jene charakteristische Mischung aus Entwicklung und Unterentwicklung geschaffen, die im Bürgertum des imaginären Städtchens der BASILISCHI so deutlich spürbar ist. Diese unerbittliche, analytische Bestandsaufnahme der tatsächlich rückständigen Bewußtseinsebenen jener sozialen Schicht bildet in erster Linie den Gegenstand des Erstlingswerks der Wertmüller.

Im Wörterbuch der italienischen Sprache ist der Basilisco ein Reptil, eine Smaragdeidechse aus dem Zentrum Südamerikas oder ein legendäres, mittelalterliches Tier, das mit seinem Blick tötet. Wie um die semantische Vieldeutigkeit des – offenbar von Fellini ausgesuchten – Titels zu steigern, gibt es auch noch den phonetischen Anklang an die nahe Region Basilicata. Der Film wurde in jener Gegend im Inneren Apuliens gedreht, die an die Basilicata grenzt. Im Film wird der Sinn des Titels sofort klar: die Basilischi sind eine Art südliche Variante der Vitelloni Fellinis, Müßiggänger der Provinz, unproduktiv und harmlos wie die Eidechsen, die sich an der Sonne des süßen Nichtstuns wärmen, an erotischen Fantastereien oder an einem manierierten Getue, das ständig zur Resignation und zum Geschwätz neigt. Der onomatopoetische Anklang an die Einwohner der ärmsten Region Italiens hat einen abstrakten Gehalt an Wahrscheinlichkeit, ebenso wie die Geografie des Handlungsortes. Wie das Schabbach im Film *Heimat* von Edgar Reitz ist er ein synthetisches Produkt aus verschiedenen Orten der Gegend: Palazzo San Gervaso, Andria, Genzano, Spinazzola, Minervino Murge usw. Es handelt sich im Grund um Hieroglyphen der oblomowschen Seelenlandschaft der Bevölkerung Süditaliens (»Oblomov delle Puglie«: Der Oblomow Apuliens, war einer der Arbeitstitel des Films).

Wie es häufig bei Werken geschieht, die eine phänomenologische Erhebung der Wirklichkeit unternehmen, stellt auch die Wertmüller gleich in den ersten gesprochenen Sätzen die »Philosophie« ihres Films vor. Während noch die Titel des Vorspanns zu der traurigen Weise eines südlichen Klageliedes (die Cantata Basilisca, gesungen von Fausto Cigliano) laufen, ertönt die kindliche Stimme Nicolinos, der auf dem Marktplatz der Gemeinde »für 100 Lire den Twist tanzt und singt«. Die Kamera nimmt jetzt ruhig das Eßzimmer des

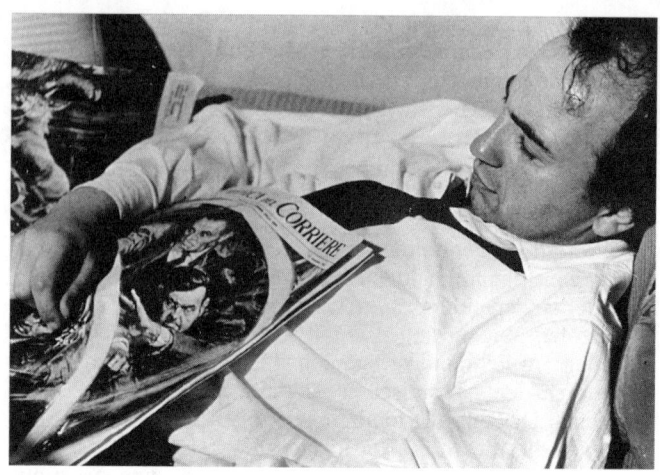

I basilischi

Notars Petrulli ins Auge, wo die Familie zu Mittag ißt.
Sobald das Mahl in hektischer Mißgunst und unter lautem
Tellergeklapper verzehrt ist, legen sich Vater und Söhne zum
Mittagsschlaf hin. Über der Einstellung der verlassenen
Hauptstraße beginnt die Stimme Maddalenas aus dem Off:
»Hier bei uns ist es so Brauch: nach dem Essen legen sich
alle hin. In der Stunde der Mittagsruhe werfen sich alle in
Morpheus Arme. Er müßte zum Schutzheiligen dieser Stadt
gemacht und an Stelle des Heiligen Antonius in der Prozes-
sion geführt werden.« Die folgende, dichte Sequenz zeigt die
Wirkungen der Mittagsruhe, der Siesta, in den verschiedenen
Häusern der führenden Schicht des Ortes, der Grundbesitzer
und kleinbürgerlichen Angestellten und Selbständigen. Francesco träumt davon, ein Comic-strip-Held wie »Gordon,
Superman oder Nembo Kid« zu sein; eine der Töchter des
Hauses Enrichetta hört die »Bamba«; Donna Ada, eine
unerschütterliche alte Grundbesitzerin, macht die Abrech-
nungen; während ihre Schwiegertochter, ein wasserstoffblon-
des, römisches Mannequin, als das »langbeinige, nordische
Wesen« erotischer Wunschtraum des ganzen Städtchens, nervös und gelangweilt im Haus herumläuft, aus dem sie nicht
hinausdarf.
Die beißende Ironie der Wertmüller verschont keine Erschei-

nung des von Männern beherrschten Systems: Ordnung und »Unordnung«, Machthaber und Opposition ruhen während der Siesta selig nebeneinander. Vor dem kommunistischen Jugendverband schlafen drei alte Männer (über die revolutionären Aktivitäten, die drinnen in Gang sind, mache man sich keine Illusionen), in der Kaserne schnarchen die Carabinieri dröhnend unter der Aufschrift »Hier die Waffen entladen«. Die metaphysische Sequenz, in der allein die Frauen, weil sie das »letzte Rad« im sozialen Räderwerk sind, eine Gegenmacht darstellen (sie denken nach, langweilen sich, arbeiten, amüsieren sich), schließt mit einem Bild von paradoxer Kraft: zwei Jungen schlafen mitten auf der Straße in der hellen Sonne, wie vom Blitz einer Atombombe niedergestreckt – es ist der ewige Schlaf des Südens. Alles, was nun folgt, ist nur der pythagoreische Beweis dieser einleitenden Prämisse. Die Wertmüller führt ihn mit Hilfe der mikroanalytischen Technik ihrer konzentrischen Beobachtungsweise. Der Film versammelt kaleidoskopartig alle Typen und Riten des Lebens in der Provinz (das hautnahe Promenieren auf dem Corso; die Abkapselung im Paradies des Circolo Culturale, dem Treffpunkt der rückständigen und faschistoiden kleinbürgerlichen Angestellten und Selbständigen der Gegend; das Zurschaustellen der typischen und tatenlosen

I basilischi

südlichen Beredsamkeit; die Vernunftheiraten zwischen den Sprößlingen wohlhabender Familien, bei denen alles zählt, außer Liebe, und so weiter).

Die Erzählstruktur der BASILISCHI würde bei jedem Drehbuchautor Hollywoods eine Gänsehaut erzeugen und hätte Hitchcock in seiner Vorstellung bestärken müssen, das italienische Kino sei notorisch schwach in der Komposition. Die Wertmüller kümmert sich weder um ein glaubwürdiges psychologisches Profil ihrer Personen, noch um einen dramatischen Höhepunkt. Stattdessen läßt sie kurze Szenen aufeinanderfolgen, die nicht durch eine Logik von Ursache und Wirkung verbunden sind, sondern durch jene gleich mit der ersten Sequenz festgelegte Struktur. Einige der schönsten

I basilischi

Szenen der BASILISCHI, wie die des Kindes, das auf dem Marktplatz Twist tanzt, oder das Bild vom Selbstmord einer Alten, die, bevor sie sich vom Balkon stürzt, der Nachbarin von gegenüber ein Zeichen zum Schweigen gibt, verweisen nicht auf kausale, gedeutete oder erklärbare Zusammenhänge. Sie sollen, unabhängig von jeder Abstützung durch eine Erzählung, einfach das atmosphärische Bild verdichten.

Die Summe der einzelnen Teile gibt das Ganze des Films
I BASILISCHI nicht wieder. Er bezieht seine Kraft aus der körperlichen Präsenz der Schauspieler und dem Fluß brillanter,
einfallsreicher Dialoge. Auch das künstliche Erzählmoment
der Stimme Maddalenas aus dem Off, das dem Film eine Art
Bekenntnis- oder Reflexionscharakter verleihen soll, wird
nicht systematisch entwickelt, sondern nach den ersten Sätzen schon aufgegeben und taucht erst am Ende des Films
wieder auf. Die Qualität der BASILISCHI wird von der unge-
gliederten und sprunghaften Erzählweise jedoch nicht beeinträchtigt. Das Geheimnis der Wertmüller scheint vielmehr
darin zu bestehen, daß sie, während sie etwas zeigt, gleichzeitig auch die geeignete Technik findet, mit der sie es darstellen
kann.

Der Film ist darüberhinaus ausschließlich aus der Perspektive des (Klassen)Bewußtseins der Professionisti, der kleinbürgerlichen Angestellten und Selbständigen, gedreht. Hier-
bei handelt es sich um eine moderne Variante der alten, mit
der Bodenreform aussterbenden Oberschicht der Grundbesitzer. Die andauernden Bezüge auf den »Kulturverein« (Circolo Culturale) in den oberflächlichen Diskussionen über
Politik, die wiederholten Verwünschungen, die Antonio
gegen die Bauern ausstößt (»widerliches Pack«) und, auf der
anderen Seite, das relative Verständnis, das Francesco, der
zweite Basilisco, ein Vermessungstechniker, dem der soziale
Aufstieg gelungen ist, was ihm ein warmes Plätzchen im lo-
kalen Machtapparat eingebracht hat, ihnen entgegenbringt –
das alles dient einer deutlichen sozialen Identifikation der
Figuren. All die übereifrigen Kritiker-Anwälte des Neorealismus, die den BASILISCHI soziologische Ungenauigkeit vorgeworfen haben, haben sich sozusagen im Film geirrt, denn sie
fordern von der Regisseurin, was sie gar nicht leisten wollte
(und wahrscheinlich auch nicht konnte): eine Analyse des
komplexen Problems der Agrarreform. Die Anwesenheit von
Bauern in den BASILISCHI (zum Beispiel die Sequenz von der
Demonstration der Tagelöhner, die dazu dient, die Ankunft
der »Städter« einzuleiten) fungiert als Gegenbild anderer
Lebensweisen als die verschlossene und dumpfe Mentalität
des Bürgertums der südlichen Provinzen. Von der unerbittli-
chen Schärfe, mit der die Wertmüller das Bürgertum seziert,
bleibt auch das Grüppchen der »Städter« nicht verschont.

Die drei Figuren, deren Auftritt einen Moment lang frischen Wind in das Städtchen bringt, sind mit leichter Abneigung gezeichnet. Die Gestalt der »engagierten« Intellektuellen, die mit einer 16mm-Kamera im Städtchen herumfilmt, ist dagegen eine ausdrücklich selbstironische Karikatur der Regisseurin.

Über die thematische Nähe zwischen den BASILISCHI und Fellinis *I vitelloni* (Vitelloni/Die Müßiggänger. 1953) ist bereits so ausführlich gesprochen worden, daß es Zeit wird, eine Lanze für die relative Unabhängigkeit beider Werke voneinander zu brechen. Gemeinsames Element ist zweifellos die Analyse der gleichen sozialen Gruppe mit ihren Riten und Zwängen (das ständige Herumstreifen ohne Ziel und Zweck; das beharrliche Sprechen über Probleme mit Mädchen und dem Sex; das Wissen von der völligen Nutzlosigkeit des eigenen Lebensstils, der dann doch aus Trägheit beibehalten wird). Die *Vitelloni* sind aber in erster Linie aus einer autobiografischen und »positiven« Sicht gedreht, die bei der Wertmüller fehlt (das Bekenntnis Maddalenas ist ein Erzählstrang, der sich schnell wieder verliert). Das zeitlich zehn Jahre zurückliegende Rimini Fellinis erscheint überdies als ein Paradies auf Erden im Vergleich mit dem apulischen Dorf zu Beginn der Wirtschaftswunderära. Hierin kehrt man gezwungenermaßen zurück, sei es, um sich vom bösen Blick befreien zu lassen (der Fall des nach Rom gezogenen Friseurs), oder um sich, wie Antonio, zu bestätigen, daß man unfähig ist, anders zu leben. Verglichen mit der sanften Melancholie und liebevollen Ironie im Film Fellinis, erscheint die Haltung der Wertmüller kalt und mitleidlos, geradezu zerstörerisch. Denn sie geht über die einzelnen Personen hinaus und gelangt zu einer allgemeinen Kritik des Systems (Haus, Familie, Arbeit und Milieu). Der Moraldo der *Vitelloni* konnte noch eine Zäsur setzen und die Provinz verlassen; Antonio, typisches Produkt einer jahrhundertealten Tradition, kann das nicht mehr. Ein schwacher Hoffnungsschimmer, der verhindert, daß sich der Kreis vollends schließt (der dritte Basilisco, Sergio, repräsentiert in seiner katatonischen Apathie einen Punkt, von dem aus es keine Rückkehr mehr gibt), steckt im rücksichtsvollen, verschwiegenen, unideologischen Aktivismus der Frauen (Maddalena mit ihrer Kooperative für die Produktion kleiner scharfer Salamis; die stolze

Figur der Ärztin, eine self-made-woman aus bescheidenen Verhältnissen; und sogar Rosina, die Prostituierte aus Ferrara, die für das sexuelle Gleichgewicht im Städtchen sorgt) oder im gesunden Menschenverstand der jüngeren Generation. So wird zum Beispiel Enrico, dem Jüngsten der Familie Petrulli, dem unruhigsten und dem Moraldo der *Vitelloni* am nächsten stehenden Bewohner des apulischen Dorfes, als er auf dem Sprung ist, aus diesem »Sumpf« zu fliehen, von einem Altersgenossen entgegnet: »Das ist falsch, wir dürfen nicht abhauen ... *Hier* müssen wir leben, *hier* müssen sich die Dinge ändern.«

Wenn sich also die Grundidee und die Erzählstruktur der beiden Filme nur oberflächlich gleichen, hat die Wertmüller doch viel von Fellini gelernt: vor allem die Kunst ironisch-grotesker Schlenker und die sorgfältige Auswahl der Physiognomien und Typen – jene »Jagd nach Gesichtern«, der »herrliche Sport«, den sie während der Dreharbeiten zu *Otto e mezzo* gelernt hatte. Ganz allein das Verdienst der Wertmüller aber ist die Meisterschaft, mit der sie diese Gesichter dann im Film – ihrer ersten Bewährungsprobe – geführt hat, Gesichter, »die die ganze ›Schläfrigkeit‹ des Südens spiegeln sollten: das Vermächtnis von 150 Jahren spanischer und 90 Jahren bourbonischer Herrschaft«. Von der trägen, aufreizenden Dünkelhaftigkeit, die der Laienschauspieler Toni Petruzzi (Antonio) ausstrahlt, bis zur ziellosen Aggressivität eines Anfängers wie des kürzlich verstorbenen Schauspielers Stefano Satta Flores, einer unvergeßlichen Nebenrolle in *C'eravamo tanto amati* (Wir hatten uns so geliebt. 1974) von Ettore Scola, der sich hier als Francesco in seiner ersten wichtigen Rolle bewährt, bis zu den Nebenfiguren –: die Wertmüller verbindet das Universum der »Basilisken« zu einem überzeugenden Ganzen. Sie tut das mit bewundernswerter Sicherheit, der man nichts anmerkt von den üblichen Unstimmigkeiten und Rissen vergleichbarer Arbeiten.

Verblüffend ist die visuelle Kraft der BASILISCHI. Wie die Regisseurin als erste zugibt[16], liegt das hauptsächlich an der Kamera Gianni di Venanzos und am Schnitt Ruggero Mastroiannis. Der kompakten Schwarz-Weiß-Fotografie gelingt es, die Atmosphäre der Orte dramatisch zu verdichten und ihnen jenen charakteristischen halbdokumentarischen Stil zu verleihen, in dem Wahrheit und Fiktion ununter-

I basilischi

scheidbar werden. In dieses dichte, naturalistische Gewebe, das sich keinen einzigen Ausbruch aus dem apulischen Städtchen gestattet – der Film zeigt zum Beispiel die Fahrt Antonios nach Rom nicht, weil das »Herauskommen« mythisch, märchenhaft bleiben muß –, läßt die Wertmüller bereits einige Stilelemente eingehen, die sie nach ihrer filmischen Lehrzeit in den sechziger Jahren in ihren späteren, berühmteren Werken dann systematisch weiterentwickeln wird: das betonte Abgleiten ins erkennbar Ironisch-Groteske, zum Beispiel in der alptraumartig verzerrten Szene, wo die Dorfbewohner der Hauptfigur davon abraten, nach Rom zu ziehen; die Sequenz des öffentlichen Auftritts Ciccis, der »Langbeinigen aus dem Norden«, die das Eingesperrtsein satt hat und es vorzieht, das Haus Don Ciccios zu verlassen, um arm, aber frei ihr früheres Leben in der Stadt wieder aufzunehmen. (»Du sorgst aus fürs ganze Leben? Was ist das für'n Leben? Da mach' ich doch lieber die Edelnutte!«)
Seit den BASILISCHI spielen die Dialoge eine sehr wichtige Rolle im Kino der Wertmüller. In einem »gezähmten« apulischen Dialekt gehalten – der dem Publikum im Norden trotzdem Verständnisschwierigkeiten bereitete –, bersten die Dialoge über von Anspielungen auf die Welt des Films und

Theaters sowie auf die aktuelle Politik. Daneben dienen sie einer präzisen, scharfen Charakterisierung der Figuren und Situationen. Typisch dafür ist, wie mythisch zum Beispiel Antonio seinem Freund Francesco das römische Dolce Vita beschreibt: »Ich hab' einen Haufen Leute kennengelernt, toll sind die, sympathisch, lachen und scherzen andauernd.« Francesco: »Und Ärger haben die keinen?« Antonio: »Na, werden sie wohl haben, aber sie lachen drüber, machen immer Witze, und dann die Sachen, die ich erfahren hab', fantastisch, unglaublich, du kannst dir das nicht vorstellen ... Und dann jeden Abend ins Restaurant, ins Kino, in den Nightclub ... die Mädchen, das glaubst du nicht ... Und dann geben sie jeden Abend fünf-, zehn-, zwanzigtausend Lire aus.«

Auch der Sinn für das szenische Element, den die Wertmüller in einen wesentlich neorealistischen Kontext einbringt, darf nicht unterbewertet werden. Die Sequenz zum Beispiel, in der Francesco eines der Mädchen des Dorfes anmacht, ist aufgebaut und geschnitten wie ein Ballett – ein pathetisch-groteskes Ballett, das die ganze Lächerlichkeit des provinziellen »Anstands« zum Vorschein bringt. Als unbarmherzige Vivisektion der kleinbürgerlichen südlichen Seele, ihrer Vor-

I basilischi

urteile und ihrer Psychologie, gestehen die BASILISCHI es sich selbst ein, daß sie ein kämpferisches Werk sind, das Polemiken hervorrufen muß.[17] In einer Szene im Circolo Culturale diskutieren einige Mitglieder lebhaft: »Höchste Zeit, daß damit Schluß ist! Und dieser Signor Zampa lasse sich nicht mehr blicken! – Ja, Schluß mit der Verleumdung des Südens. Der Süden ist keine Scheiße, wie sie uns in den Filmen weismachen wollen. Er ist kein Herd der Korruption, nein, im Gegenteil, hier wird überall feurig gearbeitet ... Als ob es nicht reicht, daß sie uns nicht helfen, sondern uns mit Steuern und Gebühren schikanieren, jetzt auch noch der Spott dazu ...« Mit ihrer Anspielung auf *Anni ruggenti* (1962) von Luigi Zampa will die Wertmüller den Vorwürfen, die sie schon gegen sich erhoben sieht, zuvorkommen, wobei sie ein weiteres Merkmal des südlichen Charakters hervorhebt: das mit Realitätsverlust gepaarte Selbstmitleid.

I BASILISCHI gehört zur langen »südlichen« Tradition des italienischen Films – von *La terra trema* von Visconti an, bis zu Komödien wie *Divorzio all'italiana* (Scheidung auf italienisch. 1961) von Pietro Germi oder *Il mafioso* (1962) von Alberto Lattuada – und reiht sich hier mit einer gewissen Originalität der Einfälle und Perspektiven zu Recht ein. Vor allem aber ist es kein Film, der, wie geschrieben wurde, »zwischen sozialem Pamphlet und Sittenkomödie schwankt«[18], er zeigt bereits ganz den buntscheckigen, unreinen, allesfresserischen und großzügigen Stil der Wertmüller. Seine Skizzenhaftigkeit liegt nicht an Mängeln im Drehbuch, sondern an einer genauen Entscheidung für eine bestimmte Methode, an das gewählte Objekt heranzugehen. Mit dem Silbernen Segel für die beste Regie auf dem Festival in Locarno 1963 und mit weiteren 14 kleineren Auszeichnungen rückt I BASILISCHI gleich zu einem Höhepunkt in der Regiekarriere der Wertmüller auf. Zum ersten Mal vereint er die italienische Kritik in einem allgemeinen Freispruch, der vor allem den interessanten Debütcharakter des Werkes zur Entlastung anführt. Der allgemeine Tenor der Kritiken ist positiv, man betont aber, daß der Film »an der Oberfläche kratzt, ohne in die Tiefe zu gehen«, und fordert mehr Engagement von der begabten Autorin. Für alle Kritiker, die in ihr eine verspätete Epigonin des Neorealismus sehen wollen, hält die Wertmüller jedoch herbe Überraschungen bereit, denn die BASILISCHI

I basilischi

werden stilistisch ein großer Einzelfall in ihrer ganzen Produktion bleiben. Nach dieser »neorealistischen Groteske« entscheidet sich die Regisseurin für andere Möglichkeiten: »Getreu meiner Natur beschloß ich, sofort etwas ganz anderes zu machen, und schlug der RAI *Giamburrasca* vor.«

Il giornalino di Gian Burrasca. 1964

Florenz 1909. Um die ersten Seiten seines Tagebuchs, des giornalino, schnell zu füllen, schreibt Giannino eine Seite aus dem Tagebuch der Schwester Ada ab, in der sie sich über einen Freier gesetzten Alters, Herrn Capitani, lustig macht. Auf Aufforderung der Mutter liest er Herrn Capitani vor, was er geschrieben hat, und der Freier zieht empört ab. Ein anderes Mal überrascht Giannino, der sich aus Spaß hinter dem Sofa versteckt hat, Ada im zärtlichen Zwiegespräch mit dem Doktor Collalto. Um seine Anwesenheit zu rechtfertigen, enthüllt er schließlich das Geheimnis der beiden Verliebten und führt die ersehnte Verlobung herbei. Die Schwestern wollen einen kleinen Ball geben, aber Giannino, der in ihren Schubladen einen Stapel Fotografien mit ironischen Bemerkungen entdeckt hat, sorgt dafür, daß die ursprünglichen Besitzer ihre Bilder wiederbekommen. Aus Rache erscheinen die jungen Männer nicht auf dem Fest. Um den Taschenspielern nachzueifern, zerlegt Giannino die Uhr des Anwalts Maralli in ihre Einzelteile und versteckt sie im Hut des Doktor Collalto. Er legt ein Ei dazu und schießt auf das Ganze mit einer Bolzenpistole, wie er es im Theater gesehen hat. Aber er trifft Maralli, der im Hause behalten und gepflegt wird, wobei er sich in die Schwester Virginia verliebt. Einmal sind die Eltern auf Reisen: Giannino, der Virginia ihre Angst vor Dieben nehmen will, bastelt eine Puppe und versteckt sie unter dem Bett des Mädchens; die Folgen kann man sich vorstellen. Maralli, der sich zu Sozialismus und Atheismus bekennt, heiratet Virginia offiziell im Rathaus und heimlich in der Kirche. Giannino entdeckt es und während des Wahlkampfes erzählt er, um den Schwager gegen den Vorwurf des Atheismus zu schützen, diese Geschichte der Zeitung der »Gemäßigten«. Maralli, der lächerlich geworden ist, wird nicht gewählt. Im Wartezimmer des zweiten Schwagers, des Hals-Nasen-Ohren-Arztes Collalto, lernt Giannino die Herzogin Sterzi kennen, die in Behandlung ist, weil sie »mit der Nase spricht«. Der Junge ahmt sie nach und gibt sich als Patient aus. Als die Herzogin ihn einmal normal sprechen hört, glaubt sie an ein Wunder. Giannino schließt Freundschaft mit Herrn Venanzio (dem alten Onkel Marallis, der dessen Reichtümer zu erben hofft) und erzählt ihm, wie der Neffe über ihn spricht. Beim Tod des Herrn Venanzio zeigt sich, daß er Maralli enterbt und alles den Armen der Stadt überlassen hat, nur der Junge bekommt 1000 Lire. Ins Internat gesteckt, findet Giannino heraus, daß die Freitagssuppe mit dem Spülwasser der schmutzigen Teller einer ganzen Woche gekocht wird, und gibt jeden Tag ein bißchen Anilin auf seinen Teller. Am folgenden Freitag wird eine knallrote Suppe serviert. Die Jungen bekommen daraufhin von der schrecklichen Institutsleiterin endlich eine richtige Tomatensuppe.

Die Synopsis gibt, ohne streng der Chronologie der achtteiligen Fernsehfassung zu folgen, die schönsten Streiche des kleinen Giannino Stoppani wieder, der Gian Burrasca oder auch Giamburrasca genannt wird. Die literarische Vorlage, *Il giornalino di Giamburrasca* des Erztoskaners Luigi Bertelli (1858-1920), gehörte zusammen mit *Cuore* von Edmondo De Amicis und *Le avventure di Pinocchio* von Carlo Goldoni zur Pflichtlektüre italienischer Jugendlicher – bis zur Fernseh-Sintflut.
Trotz ihres erfolgreichen Debüts mit I BASILISCHI fühlte sich die Wertmüller noch nicht ganz als Autorin: »Die Vorstellung von mir als Regisseurin erschreckt mich etwas. Ich glaube, man macht sich leicht lächerlich, wenn man diese Rolle zu ernst nimmt … In Wahrheit bin ich nur eine, die sich auf der Bühne auskennt, eine Spezialistin – na, eben jemand, der statt anderer Arbeiten immer Theater, Film und Fernsehen gemacht hat, das ist nichts besonders Intellektuelles, keine besondere Begabung, einfach nur ein Beruf.«[19] Frei von intellektualistischen Vorurteilen und überzeugt, nur eine einfache Arbeiterin im Showbusiness zu sein, stellt sich die Filmemacherin der Herausforderung durch Fernsehen und Elektronik.
Sie tut das in aller Bescheidenheit, aber mit zwei klaren Leit-

ideen: sie will einen Jugendbuchklassiker in ein publikums-
wirksames Musical verwandeln und die Hauptfigur von
einer Frau spielen lassen, von dem ganz jungen, androgynen
Star des italienischen Schlagers, Rita Pavone. Das Jahr 1964
ist ein Übergangsjahr voll wichtiger Veränderungen: das italienische Kino erreicht den Höhepunkt seiner Produktivität
(und den absoluten Rekord von 315 Filmen), die erste Mitte-
Links-Regierung wird gebildet, und Palmiro Togliatti, der
historische Führer der kommunistischen Partei, stirbt (das
Bewußtsein, daß mit diesem Tod eine Ära zu Ende geht, findet sich kurz darauf in *Uccelacci e uccelini* [Große Vögel –
kleine Vögel. 1965] von Pasolini und *I sovversivi* [Die Subver-
siven. 1967] der Brüder Taviani). Aber auch in diesem Klima
raschen Wandels gehört viel Mut dazu, im muffigen zentrali-
stischen Staatsfernsehen jener Jahre ein solches Projekt mit
den erwähnten Zielvorstellungen zu realisieren. In den römischen Studios der RAI in der Via Teulada zu drehen, ist ein
noch größeres Abenteuer als die kleine, unerfahrene Truppe
der BASILISCHI in Apulien zu führen. Nicht zufällig wird das
Projekt lange Zeit bekämpft, gibt Anlaß zu Zensurmaßnah-
men[20] und zu ratloser Betroffenheit auch von pädagogischer
Seite, muß Mißgeschicke während der Produktion hinneh-
men (wegen einer Operation der Pavone wird lange unterbrochen) und ruft während und nach seiner Ausstrahlung im
Fernsehen einen Schwall von Polemiken hervor. Für die RAI
bedeutet das Unternehmen einen riesigen Produktionsauf-
wand und wird zu einem der wichtigsten Fernsehereignisse
des Jahres (zur Haupteinschaltzeit, 1. Programm, samstags
um 21 Uhr während der Weihnachtszeit ausgestrahlt: eine
Sendung für Erwachsene und ganze Familien, die nicht in
den üblichen für Kinder bestimmten nachmittäglichen Rahmen verbannt wird).
Das 1920 unter dem Pseudonym Vampa veröffentlichte Werk
Bertellis, das vorher in mehreren Folgen in der Wochenzeit-
schrift für Kinder *Il giornalino della Domenica* erschienen
war, kann mit *Max und Moritz* von Wilhelm Busch verglichen werden. Ohne jedoch dessen Grausamkeit, dessen fast
an das moderne absurde Theater reichenden Sadismus zu
besitzen, enthält es beißende Einfälle gegen Philister und
Bürgertum. *Il giornalino di Gian Burrasca,* »den Kindern Italiens gewidmet, damit sie es ihren Eltern zu lesen geben«,

regte mit seinen unterhaltsamen Streichen, welche die Heuchelei der Erwachsenen zum Vorschein brachten, zur Kritik »einer bestimmten engstirnigen, heuchlerischen, bürgerlichen Erziehung« an (Lina Wertmüller). Gleichzeitig erschütterte es die scheinbare bürgerliche Normalität der ersten Jahrzehnte des Königreichs, die, »wäre sie wahr gewesen, Freud arbeitslos gemacht hätte«. Obwohl sich die Regisseurin eng an den Text und den Geist des Buches hielt, sah sie sich durch ihre Entscheidung für die Form des Musicals dazu gezwungen, »bestimmte Partien, die sich für musikalische Einlagen eigneten, auszuweiten«[21]. Gleichzeitig behielt sie aber das ursprüngliche Verhältnis von Text und Zeichnung im Werk Bertellis bei. Nur ein einziges Mal hat sich die Wertmüller meines Wissens vom wörtlichen Text entfernt. Gegen eine allerdings nur unterschwellige nationalistische Tendenz Vampas hat sie in der letzten Folge eine Erklärung für das schlechte Benehmen des Anwalts Maralli eingeschoben, die im Buch nicht vorkommt: der Vater erklärt Giannino, daß der Schwager »sich schlecht benimmt, weil er ein Dummkopf und nicht, weil er ein Sozialist ist«[22]. Abgesehen von dieser mit ihren politischen Ideen zusammenhängenden poetischen Freiheit hat sich die Wertmüller streng an die Struktur und den bissigen Tenor des Buches gehalten, überzeugt, mit Hilfe eines so populären Mediums wie dem Fernsehen ihr bereits vorher in den BASILISCHI ausgedrücktes Engagement fortsetzen zu können.

Sieht man IL GIORNALINO DI GIAN BURRASCA heute wieder, kann man sich nur schwer den Chor der Polemiken vorstellen, der sich erhob, oder die Vorwürfe, der Film sei »unpädagogisch« (weil er die Jugendlichen ermuntere, respektlos und rebellisch zu sein); und über die Einwände gegen den »Transvestismus« der Pavone kann man nur lächeln. Das alles sagt viel über die italienische Gesellschaft zu Beginn der sechziger Jahre aus, aber wenig über das Werk selbst. In künstlerischer Hinsicht ist dieses Fernsehspiel sicher ein kluges und mutiges Experiment, aber es leidet unter einem Bruch zwischen seinem theater- und fernsehspieltypischen Aufbau und dem Anspruch, Musical zu sein. Trotz der enormen Anstrengungen Wertmüllers, aus Rita Pavone eine richtige Schauspielerin zu machen und sie im toskanischen Dialekt sprechen zu lassen, sind die Schultern der jungen

Sängerin zu schmal für das Gewicht eines so langen und anspruchsvollen Stücks. Die Pavone ist leider keine Shirley Temple oder Judy Garland, wenn sie auch in einzelnen Partien (und nicht nur, wenn sie singt) in der äußerst schwierigen Rolle eines elfjährigen Jungen zu überzeugen vermag. Viel unterhaltender sind jene Stellen, an denen die Wertmüller auf die besten italienischen Theater- und Varietéschauspieler der Zeit zurückgreifen konnte: Sergio Tofano (der schon 1942 in einem glücklosen *Giamburrasca* für das Kino Regie geführt hatte), Edoardo Spadaro, Bice Valore, Arnoldo Foà, Carlo Croccolo, Paolo Ferrari, Ivo Garrani, Elsa Merlini, um nur einige zu nennen. Im schönen Fernsehschwarzweiß der sechziger Jahre versucht das elektronische Auge der Wertmüller die von Piero Tosi rekonstruierten bürgerlichen Interieurs der Jahrhundertwende zum Leben zu erwecken. Dem Fernsehspiel fehlt aber – wenigstens von heute aus gesehen – ein wirklicher, innerer Rhythmus, und es bleibt zu oft auf dem Niveau abgefilmten (guten) Theaters.

In diesem Zusammenhang verflüchtigt sich auch das kritische Moment ein wenig, während die erheiternden, offen komischen Seiten des Buches von Bertelli die Überhand gewinnen und dem ganzen einen kulinarischen Reiz geben. Sie überzeugen, weil sie letztlich auch die fernsehgerechtesten sind: der Streich, den Giannino seiner Tante mit der beim bloßen Zuschauen wachsenden Pflanze spielt; der ganze Teil im Internat mit der spiritistischen Sitzung und der Bestrafung der geldgierigen Direktoren; der Aufstand für die »Tomatensuppe«. Ennio Morricone, damals noch unbekannter Komponist späterer Spaghetti-Western, hatte eine ausgezeichnete Begleitung für I BASILISCHI geschrieben. In diesem Film bemüht die Wertmüller einen Meister seines Fachs wie Nino Rota (ständiger Mitarbeiter Fellinis) mit einer Filmmusik im Stil der Zeit. Das Eröffnungslied des Fernsehspiels, »Viva la pappa col pomodoro«, begleitet von der mythischen Zither Anton Karas' (aus *The third man* von Carol Reed), wurde sofort eine der bekanntesten Melodien der damaligen Zeit.

Von der Fernsehkritik wurde IL GIORNALINO DI GIAN BURRASCA allgemein mit Mißtrauen aufgenommen. Einige hielten das Programm für äußerst langweilig oder höchstens für ein jugendliches Publikum geeignet. Manch böse Zunge meinte, in ihm sei nur eine mißlungene Begegnung zu sehen zwischen zwei unbequemen Frauen einerseits und der Figur Gian Burrasca und dem Werk Vampas andererseits. Abgesehen von seinem Publikumserfolg und seinen künstlerischen Resultaten, erscheint dieses Fernsehspiel mit seinen Stärken und Schwächen jedoch als ein wichtiger Schritt der Wertmüller in Richtung auf jenes populäre Kino mit kritischen Akzenten, das sie im Kopf hatte. Für ihre berufliche Laufbahn war es eine wichtige Bewährungsprobe. Hier konnte sie innerhalb eines großen organisatorischen Rahmens ihre angeborenen Fähigkeiten einsetzen und verfeinern, Schauspieler anzuleiten und Regie zu führen[23], was man vielen Partien auch ansieht. Das Talent der Wertmüller für musikalische Ensemblearbeit (außer dem Drehbuch hat sie auch die Texte der Lieder geschrieben) scheint immer wieder durch, auch wenn es nicht kontinuierlich durchschlägt. Dem GIORNALINO gebührt auf jeden Fall ein guter Platz in der Geschichte des italienischen Fernsehens.

Questa volta parliamo di uomini. 1965

Ein junger Chemiker zieht nach Rom um und wohnt vorübergehend in der leeren Wohnung eines Freundes, der gerade in Ferien ist. Als er unter der Dusche steht, fließt plötzlich kein Wasser mehr. Vollkommen eingeseift, gerät er auf seiner Suche nach einem Handtuch ins Treppenhaus, die Haustür schlägt zu, und er bleibt ausgesperrt. Seine Erlebnisse in verschiedenen Stockwerken auf der Flucht vor den neugierigen Nachbarn bilden die Rahmenhandlung der vier Episoden des Films:
1. *Un uomo d'onore*. Ein reicher römischer Industrieller, der entdeckt hat, daß seine Frau aus Langeweile ihre Freundinnen bestiehlt, ermuntert sie schließlich weiterzumachen, da er in einer schweren finanziellen Krise steckt.
2. *Il lanciatore di coltelli*. Ein alter Messerwerfer aus der Toskana, der den Ratschlag seiner ergebenen Partnerin, sich eine neue Brille zu kaufen, nicht befolgt hat, ersticht sie während der Proben. Er beklagt nun aber nicht ihren Tod, sondern seine Schwierigkeiten, eine neue Partnerin für die Nummer zu finden.

3. *Un uomo superiore.* Ein sadistischer Professor tyrannisiert seine Frau und bestärkt sie – die er unermüdlich als »blöde Kuh« beschimpft – in ihrem Plan, ihn mit einem perfekten Verbrechen umzubringen. Dann stellt er sich tot, um ein nekrophiles Schauspiel zu genießen.

4. *Un brav'uomo.* Ein Bauer aus der Ciociaria, ein fauler Trunkenbold, lebt von der Arbeit seiner Frau, die wie eine Sklavin schuftet. Er aber verachtet sie, weil sie nicht wie Sophia Loren zu lieben versteht.

Am Ende wird der immer noch nackt im Treppenhaus herumirrende Chemiker verhaftet, weil man ihn für verrückt hält.

Nach IL GIORNALINO DI GIAN BURRASCA, dem aufwendigen Intervall beim Fernsehen, und dem fallengelassenen Projekt »Il dolce e l'amaro« (die erstaunliche Geschichte eines Ehemanns aus Catania, der von einer anderen Frau Kinder haben und sie vor dem Gesetz anerkannt sehen will – was im italienischen Recht unmöglich ist) versucht die Wertmüller, die in den BASILISCHI schon mit der neorealistischen Tradition experimentiert hatte, sich hier direkt an der commedia all'italiana. Genauer: an jener besonderen Form der Komödie einzelner Episoden, die mehr oder weniger durch eine Rahmengeschichte verbunden werden. Das bekannteste Beispiel dieses Genres (im italienischen Film) stammte aus der Endphase des Neorealismus. Die in Fortsetzungen geplante »Film-Revue« *Lo spettatore* unter der Regie von Cesare Zavattini, Riccardo Ghione und Marco Ferreri versuchte, die Wirklichkeit »detektivisch zu beschatten«. Von diesem unvollendeten Beispiel eines cinéma verité, das zweimal jährlich hätte erscheinen sollen, entstand jedoch nur die Nummer 1, der Episodenfilm *Amore in città* (Liebe in der Stadt. 1953) mit den Regisseuren Federico Fellini, Michelangelo Antonioni, Francesco Maselli, Cesare Zavattini, Dino Risi, Carlo Lizzani und Alberto Lattuada. Die commedia all'italiana machte sich mit *Boccaccio 70* (mit Beiträgen von Mario Monicelli, Fellini, Visconti und De Sica. 1961) das Konzept zueigen und leitete damit die Mode des Fortsetzungsfilms ein, die Mitte der sechziger Jahre ihre Glanzzeit haben sollte. Einen Film in Episoden oder Sketche zu zerlegen, wurde nicht nur von Produktionsbedingungen diktiert, sondern kam natürlich den bissigen und aggressiven satirischen Anliegen der commedia all'italiana entgegen. In der kurzen Form fand sie ihre ideale Gestalt.[24] Diese Tendenz paßte wiederum genau zum Arbeitsstil der Wertmüller (auch zu ihrer früheren Tätigkeit als Dialogschreiberin) und zur aufgesplitterten Erzählweise, die sie für I BASILISCHI gewählt hatte und im GIORNALINO DI GIAN BURRASCA einsetzen mußte. Die Begegnung Wertmüller – commedia all'italiana war also vorbereitet, alles kam günstig zusammen und wurde zum Imperativ.

Trotz dieser Vorbedingungen kann QUESTA VOLTA PARLIAMO DI UOMINI keineswegs als ein glänzendes Beispiel des Genres gelten. Es ist ein auf seine Weise schüchterner, unentschiedener, widersprüchlicher Film, nett und nichts weiter. Trotzdem bleibt er in der Filmografie der Wertmüller ein wichtiges Werk, denn er bezeichnet die Nahtstelle zu ihrem »Projekt« der siebziger Jahre, das nach der lauen Phase überlebensnotwendiger (Hilfs-)Arbeiten (Musicals und Western) beginnt.

QUESTA VOLTA PARLIAMO DI UOMINI ist vor allem das Ergebnis der Zusammenarbeit mit einem anderen unruhigen Charakter, dem Schauspieler und Regisseur Nino Manfredi, dem jüngsten der fünf Matadore der commedia all'italiana. Der Film lebt von seiner Schauspielkunst (die ihm unter anderem eine begehrte Auszeichnung einbrachte: das Nastro d'ar-

Questa volta parliamo di uomini

Questa volta parliamo di uomini

gento des Verbandes italienischer Filmjournalisten). Aufgebaut als eine One-man-show, variiert der Film in vier Episoden unterschiedlicher Qualität das Thema der Unterdrückkung der Frau durch einen possessiven und autoritären Mann. Den roten Faden bildet die Rahmenhandlung, deren symbolischer Gehalt aus einem Paradox besteht: eine nackte Frau erweckt (als Objekt) Wünsche, während ein nackter Mann (als Subjekt) nur eine verlegene, lächerliche Figur ist, ein Verrückter, den man ins Irrenhaus stecken muß. Die wertmüllersche Lust an der Provokation, der Polemik, hat hier aber nicht den rechten Biß. Es fehlt ihr die schneidende Schärfe. Das zeigt sich vor allem im Vergleich mit aggressiveren Produkten der Zeit, zum Beispiel den vernichtenden Schlägen gegen die Institution der Ehe, die der schwarze Humor des frühen Marco Ferreri austeilt in *Una storia moderna: L'ape regina* (Die Bienenkönigin. 1963), nicht zufällig Anlaß zu Ärger mit Zensur und Justiz, oder in *La donna scimmia* (1964), wo ebenfalls von der Produktion und der Zensur manipuliert wurde. In QUESTA VOLTA PARLIAMO DI UOMINI fällt es der polemischen Absicht schwer, wirkliches Kino zu werden. Sie bleibt bei den wie üblich recht geschliffenen Dialogen (im Film wird sehr viel gesprochen) stehen. Vor allem ist dieser künstlerische Vorsatz der Wertmüller noch rein ideologisch und zu demonstrativ, das »Zeichen« ist, filmästhetisch gesehen, zu »schwach«, trotz seiner starken Konturen. Alles ist fast zu explizit, möchte man sagen.

Auch I BASILISCHI war ein Film gegen die Männer, aber dahinter stand eine Analyse und eine filmische Beobachtung, so daß die Idee aus den Gegenständen selbst entstand. Hier strukturiert dagegen die Idee (die völlig richtig ist) das Material wie bei einer Schulaufgabe, wo 2 + 2 immer 4 ergibt. Die feministische[25] Haltung oder besser: die Parteinahme für ein Geschlecht gegen das andere ist in der ganzen Filmkarriere der Wertmüller nie wieder so einseitig gewesen wie in QUESTA VOLTA PARLIAMO DI UOMINI, auch wenn die Regisseurin sich verbal davon zu distanzieren versuchte: »Ich scherze, die Männer gefallen mir sehr. Natürlich haben sie Fehler … Generell bewundere ich die Männer aber, und es liegt mir näher, Geschichten zu erzählen, in denen sie die Helden sind. Ein Grund ist auch, sagen wir es ruhig, daß die Welt auf den Männern aufbaut, nicht auf den Frauen. Ich bin überhaupt nicht polemisch, ich will mich nicht am männlichen Geschlecht schadlos halten oder es in eine Ecke drängen. Ich bin absolut gegen das Matriarchat, verabscheue die vermännlichten und bewundere die liebevollen Frauen, die Mütter, die guten Ehefrauen. Der alles überrollende Aufmarsch arbeitender Frauen erschreckt mich: mir kommen sie alle häßlich und unglücklich vor, mich eingeschlossen.«[26]

Fast immer wird dieser Film im Zusammenhang mit dem Werk erinnert, mit dem Ettore Scola seinen ersten Schritt vom Drehbuchautor zum Regisseur machte: *Se permettete parliamo di donne* (Frivole Spiele. 1964). Die Analogien gehen über die Ähnlichkeit des Titels und den Auftritt eines all-round-Schauspielers (bei Ettore Scola: Vittorio Gassman), der den Film beherrscht, jedoch nicht hinaus. Die neun »schlüpfrigen« Episoden Scolas ergreifen, zusammengenommen, nicht Partei, sondern sie entlarven. Mit seinen grotesken und vereinfachenden Untertönen beschreibt der Film eine Realität der ständigen Transgression und beobachtet die Verletzung der Werte mit Ironie. Scola identifiziert sich mal mit der männlichen, mal mit der weiblichen Hauptfigur, und häufiger noch mit der dritten Person eines Erzählers, mit deren Hilfe er Distanz gewinnt.[27] Unter ganz anderem Vorzeichen steht dagegen, egal, wie man sie beurteilen will, die

Arbeit der Wertmüller, deren Neigung zu direkter Stellungnahme allenthalben festzustellen ist.

Der interessanteste Aspekt von QUESTA VOLTA PARLIAMO DI UOMINI besteht darin, daß zwei Episoden, *Il lanciatore di coltelli* und *Un brav'uomo,* nicht in den seichten Gewässern einer Sittenkomödie im engeren Sinn (die Hauptinspirationsquelle der commedia all'italiana, die sich aber darin nicht erschöpft) geblieben sind.[28] Der Prozeß der Formalisierung und Verwandlung des Materials, der Jahre später seine überzeugende Form in MIMÌ METALLURGICO FERITO NELL'ONORE finden wird, erfolgt hier bezeichnenderweise mit Hilfe der beiden wichtigsten kulturellen Bezugspunkte der Wertmüller Mitte der sechziger Jahre: Fellini und der Fernsehsketch. Die Figur des Messerwerfers ist dem Zampanò von *La strada* (1954) nachgebildet, und die Hauptfigur von *Un brav'uomo* ist eine Wiederaufnahme der berühmten Karikatur des Schäfers aus Frosinone aus der Fernsehsendung *Canzonissima.*

Die Wertmüller verbindet die einzelnen, qualitativ unterschiedlichen Teile des Films mit Hilfe eines recht schwachen Erzählmechanismus: die Episoden werden jeweils mit Satzfetzen eingeleitet, die der nackte Mann auf der Treppe hört, zum Beispiel »Halte dich bloß nicht für einen Supermann!« Und schon beginnt die Episode mit dem entsprechenden Titel. Auf eine harmlose Satire der Industriellen-Schickeria der Hauptstadt (*Dolce vita* natürlich) in *Un uomo d'onore* folgt so der schwarze, fast buñuelsche Humor des *Un'uomo superiore,* der parodistisch sämtliche Versatzstücke des Genres vorführt: ein perverser Verrückter à la Dr. Mabuse, eine blonde Laszive in schwarzen Strümpfen, eine Luger-Pistole. Es folgt der »fellineske Funke« *(Cinema Nuovo)* des *Lanciatore di coltelli,* der durch die erregte Überzeichnung der beiden Figuren zu einem tragisch-pathetischen Ende mit metaphysischen Anklängen kommt. Nach diesen drei Kammerspielen in geschlossenen Räumen mit reich ausgestattetem Bühnenbild und Zwei-Personen-Dialogen gelangen wir zur letzten, zur gelungensten Episode. *Un brav'uomo* überschreitet sofort den engen Bereich der Karikatur des Landlebens und wird zu einem schmerzhaften, bitteren Lehrstück über die menschliche (männliche) Kleinlichkeit. (Dabei spielte wahrscheinlich die Option der Produzenten eine Rolle, die Nino Manfredi in seiner populärsten Rolle verwenden woll-

Questa volta parliamo di uomini

ten.) Auch filmisch hat die Episode einen längerem Atem als die anderen, nicht nur aus dem banalen Grund, daß die Szenerie nicht auf eine einzige Stadt beschränkt bleibt. Die Psychologie der Figur wird erarbeitet und nicht fertig geliefert. Im Vergleich mit den anderen Teilen ist der Dialog reicher mit Anspielungen auf die Welt des Films und Theaters gespickt: von Monica Vitti in Antonionis *Il deserto rosso* (Die rote Wüste. 1963) ist die Rede, und Sophia Loren steigt zur mythischen Verkörperung des Ewigweiblichen empor.

In QUESTA VOLTA PARLIAMO DI UOMINI zwingt die Wertmüller Manfredi zu einer Tour de force an Verkleidungskünsten und vor allem an Dialekten, welche die Charakteristik der einzelnen Figuren vervollständigen (die snobistische Sprechweise der vornehmen römischen Salons; ein harter toskanischer Dialekt; der Jargon Roms und der Ciociaria). Sie macht sich dabei die Geschmeidigkeit der Stimme des Schauspielers zunutze, die auch von seiner Arbeit als Synchronsprecher herrührt. Die große Leistung Manfredis wurde von der Presse einhellig gelobt, und Antonello Trombatori konnte schreiben: »... es gelang ihm, den Dialekt zu adeln, ihn zur Sprache werden zu lassen, wie bei den berühmtesten Vorbildern der italienischen Komik. Man muß auf die Tradition von Petrolini, Angelo Musco und Eduardo De Filippo zurückgreifen, um solch talentierte Entsprechung zwischen

Tonfall und Mimik zu finden, wie sie Nino Manfredi hier erreicht.«[29] Allgemein heben die Kritiker hervor, daß QUESTA VOLTA PARLIAMO DI UOMINI angesichts der Misogynie des italienischen Kinos und dummen Bemerkungen wie »Die Frau soll man nie auf die sentimentale Ebene bringen, immer auf die horizontale« (Tognazzi in *La voglia matta* [Lockende Unschuld. 1962] von Luciano Salce) eine Gegentendenz darstelle. Man unterstrich, daß das Werk (relativ) frei von Vulgarität sei. Gerade damals machten Intellektuelle und Kritiker gegen die »vulgären Auswüchse« in der commedia all'italiana mobil. Alberto Moravia schrieb zum Beispiel in einer Rezension des Films *Se permettete parliamo di donne:* »Der Regisseur hat uns … eine Darstellung der erotischen und gefühlsmäßigen Beziehung zwischen einem bestimmten kleinbürgerlichen Typ und den verschiedenen Frauen, mit denen er ein Verhältnis eingeht, geben wollen. Solche Darstellungen sind gewöhnlich nie perfekt, denn der Autor begibt sich nicht auf das Niveau seiner Gestalten, er macht sich nicht zu ihrem Sprecher und beurteilt sie nicht nach ihrer eigenen Werteskala. Im Fall von *Se permettete parliamo di donne* erhält man leider den Eindruck, daß der Autor oder die Autoren des Films genauso denken und fühlen wie die Hauptfigur. Daher die ziemlich erschreckende Perfektion des Films im Sinne einer totalitären und systematischen Vulgarität.«[30]

Gegen ähnliche Vorwürfe wird sich Lina Wertmüller Jahre später rechtfertigen müssen. Hier ist sie noch ein positives Beispiel. Als low-budget-Film, der mit der üblichen wertmüllerschen Schnelligkeit gedreht wurde (nur sieben Wochen) erzielte QUESTA VOLTA PARLIAMO DI UOMINI einen ansehnlichen Publikumserfolg (vor allem wegen des Stars Manfredi), aber er eröffnete der Filmemacherin keine interessanten kommerziellen Perspektiven. »Meiner Meinung nach ist es vernünftig, jedes Mal wieder von vorn anzufangen. Ich bin durch wer weiß wie viele Höhen und Tiefen gegangen. An den Erfolg oder Mißerfolg glaube ich nicht, ich glaube nur an die Arbeit und die Liebe zur Arbeit. Im Gegenteil, ich denke, Mißerfolg tut gut, erneuert, provoziert, regt auf, ärgert.«[31] Und so beginnt für die Wertmüller eine Zeit des Drehbuchschreibens für andere, der reinen Geldarbeiten und der Theaterarbeit.

Rita la zanzara. 1966
Non stuzzicate la zanzara. 1967

1. Rita Santangelo, die lebhafteste Schülerin eines Mädchen-
internats, ist für ihren jungen Musiklehrer entflammt. Als sie
eines Tages in sein Zimmer eindringt, entdeckt sie den Grund
für die ständige Müdigkeit des Lehrers: Paolo, der Schlager
komponiert, tritt zusammen mit Lidia, seiner recht üppigen
Partnerin, in einem Nachtlokal auf. Inzwischen unterzieht
das Kollegium die Schülerzeitung »La Zanzara«, ein Blätt-
chen mit Klatschgeschichten und Witzen, das Rita leitet,
einer strengen Prüfung. Die unvermeidliche Strafe droht den
Plan des Mädchens, die Aufmerksamkeit Paolos auf sich zu
lenken, platzen zu lassen. Als sie aber die Liebe des Kochs
und Gärtners Carmelo zur Direktorin und deren Leidenschaft für einen Lehrer des Internats entdeckt, kann Rita mit
List der Strafe entgehen. Rita ersetzt Lidia auf dem »Festival
der neapolitanischen Nacht« und singt das Lied Paolos unter
rauschendem Beifall. Endlich bemerkt der junge Lehrer die
Zuneigung seiner Schülerin und macht ihr einen Heirats-
antrag.
2. Auf der gemeinsamen Flucht bekommt Paolo Gewissens-
bisse und bringt Rita zu ihrer seltsamen Familie zurück, die
in einer merkwürdigen Villa lebt, der Fortezza Colleoni. Hier
wohnen außer drei alten langweiligen Tanten Ritas Mutter -
eine Pazifistin und Tierfreundin - und ihr Vater, der Signor
Bartolomeo Santangelo, der dort eine Pseudo-Militärakade-
mie leitet, wo Schweizergarden ausgebildet werden. Indem er
für einen anderen Bewerber einspringt, gelingt es Paolo, in
die Akademie aufgenommen zu werden, um so wieder in der
Nähe seiner Geliebten zu sein. Rita, die wegen ihrer ständigen Streiche und Frechheiten eingesperrt worden ist, flieht zu
Paolo, der in der Zwischenzeit Gelegenheit bekommen hat,
bei der Neujahrsshow des Fernsehens im Ski-Ort Sestriere
aufzutreten. Seine Partnerin ist Vanessa, Ritas Rivalin. Auch
die des Lebens in der Festung überdrüssige Mutter verläßt
das Haus, um zu Rita zu gehen, die auf Grund eines Zufalls
an der Show teilnehmen darf. Der Signor Santangelo entführt Rita, um seinem »guten Namen« die Schande zu ersparen, aber als er auf dem Weg bemerkt, daß Ritas Platz in der
Live-Sendung von seiner Frau eingenommen worden ist,

muß er sich geschlagen geben. Zurückgekehrt, nimmt auch Rita mit großem Erfolg an der Show teil und krönt ihre Romanze mit Paolo.

Der Schlagerfilm ist zweifellos das unbedeutendste aller zweitrangigen Genres des italienischen Kinos. Selbst die eifrigsten Liebhaber der trashmovies unternehmen nichts zu seiner Erforschung und Neubewertung. So ist er auch zu Recht das unbekannteste Genre geblieben. In den fünfziger Jahren entstand neben der »ernsten« Tradition musikalischer Biografien und Filmopern zum Beispiel von Carmine Gallone (*Casta Diva, Casa Ricordi, Tosca* usw.) oder von Raffaelo Matarazzo *(Giuseppe Verdi)* eine beachtliche Reihe von Filmen, die sich auf meist neapolitanische Erfolgsschlager gründeten, und in denen Claudio Villa, Luciano Tajoli und Nilla Pizzi auftraten. Ihren Pygmalion fanden diese Filme im Regisseur Marino Girolami und seinem Familienbetrieb. Am Ende des Jahrzehnts jedoch begannen sich, auch in einem Land wie Italien, das derart fanatisch an seinen musikalischen Traditionen hängt, die Impulse der industriellen Modernisierung, des Wirtschaftswunders und der Vermischung verschiedener Kulturen bemerkbar zu machen. *I ragazzi del Juke Box* (1959 mit Tony Dallara und Fred Buscaglione) und *Urlatori alla sbarra* (1960 mit Joe Sentieri und Adriano Celentano), beide unter der Regie von Lucio Fulci, bezeichnen diese Wende. Gegen das Geträller Claudio Villas steht der Rock'n' Roll des »elastischen« Adriano Celentano auf, und Federico Fellini, damals ein sensibler Seismograf kultureller Wandlungen in der italienischen Gesellschaft, verwendet den mailänder Schreihals in einer Szene seines Films *La dolce vita* (Das süße Leben. 1959). Unter dem Druck der Schallplattenindustrie vermehren sich die kurzlebigen Helden des neuen Schlagers rasch, während der Unterhaltungsfilm mit seiner Zeit Schritt zu halten versucht, ohne jedoch die Ausmaße zu erreichen, die das Phänomen in der BRD angenommen hatte.[32] Auf diese Weise erleben fast alle großen Plattenerfolge der damaligen Zeit, von »Una lacrima sul viso« von Bobby Solo über »In ginocchio da te« von Gianni Morandi bis zu »Perdono« von Caterina Caselli, ihre Wiedergeburt auf der Leinwand. Regie führte Ettore M. Fizzarotti, die Produktion lag (fast immer) bei einem executive von

Goffredo Lombardo, Gilberto Carbone. Carbone hatte eine Untergesellschaft der Titanus gegründet, die Mondial TE.FI.

Das ist die Situation, in der RITA LA ZANZARA und NON STUZZICATE LA ZANZARA erscheinen, beide Produkte der Mondial TE.FI und der eine die Fortsetzung des anderen. Im Vergleich mit den grobschlächtigen Regien Fizzarottis, den inexistenten Drehbüchern von Bruno Corbucci/Giovanni Grimaldi und dem Gestammel der Caselli, Al Bano, Gianni Morandi und so weiter vor der Kamera, ist die Arbeit der Wertmüller und selbst Rita Pavones hervorragend und steht qualitativ an der Spitze des damaligen Schlagerfilms. Der extremen Dürftigkeit des Genres mit seinen prekären Produktionsbedingungen (niedrige Kosten, äußerst kurze Drehzeiten) verleiht die römische Filmemacherin die eine oder andere bedeutsame Wendung. Vor allem bemüht sie sich, die Handlung nicht einfach von einem Schlagertitel ausgehen zu lassen, sondern in Umrissen wie ein Musical aufzubauen, wie schon IL GIORNALINO DI GIAN BURRASCA. Trotz ihrer Fadenscheinigkeit enthalten die Geschichten, wie immer bei der Wertmüller, aktuelle Bezüge, so erinnert der Spitzname der Heldin an den Fall der Schülerzeitung *La Zanzara* des mailänder Gymnasiums Il Parini, eines Ausgangspunkts der jugendlichen Protestbewegung, die dann zur Revolte von 1968 führte. Ironische autobiografische Bezüge stecken außerdem in der Figur des gleichzeitig gutmütigen und autoritären Vaters, wie im ganzen schweizerischen Milieu der Akademie. (Der Auftritt der Mutter Lina Wertmüllers in NON STUZZICATE LA ZANZARA bestätigt die Richtigkeit einer psychoanalytischen Deutung.)

Während es der Wertmüller ohne große Schwierigkeiten gelungen war, die androgyne Rita Pavone in einen elfjährigen Jungen zu verwandeln, wurde es nun problematischer, aus ihr ein romantisches, verliebtes Mädchen mit einem Minimum an Sex-Appeal zu machen. Man muß sagen, daß die Pavone in diesen beiden Filmen als Schauspielerin gereift ist, und daß die burschikose Haltung, die sie als Gian Burrasca an den Tag gelegt hatte, hier stellenweise angenehm und überzeugend wirkt. Nach dem breiten Erfolg des Fernsehspiels macht die Wertmüller keinen Hehl aus ihrem Ehrgeiz, mit einem populären, erfolgreichen Star ein Musical all'italiana zu kreieren. Das wird besonders im zweiten der beiden Filme (für den sie persönlich verantwortlich zeichnet) deutlich, in dem neben dem sorgfältig erarbeiteten jugendlichen Slang die Sorgfalt der Ausstattung (die erste Zusammenarbeit zwischen Enrico Job und seiner zukünftigen Frau) und der Auswahl der Schauspieler (Romolo Valli und Giulietta Masina in den Rollen der Eltern) hervorstechen. Daß das Ergebnis dann weit hinter den Ansprüchen zurückbleibt, steht auf einem anderen Blatt. Wenigstens wurde der Versuch gemacht, das Genre nach amerikanischem Vorbild zu »adeln«[33], und es ist müßig, die Gründe für den Mißerfolg hier zu diskutieren.

Mit RITA LA ZANZARA tritt Giancarlo Giannini in das wertmüllersche Universum ein. Er ist noch kaum zu erkennen und steif und stumm wie ein Stockfisch. Die Rolle der Masina, die nur im zweiten Film auftritt, ist deutlich der Gel-

Dreharbeiten Non stuzzicate la zanzara

somina in *La strada* nachempfunden, und die erfahrene Fellini-Schauspielerin verleiht der stereotypen Figur, die sie verkörpert, zuweilen blitzartig Überzeugungskraft. Am Ende tritt sie sogar in einer Musical-Nummer auf.

Als eine »insalata mista« aus zu vielen Zutaten, die sich schlecht miteinander vertragen (Slapstick, typisch italienische Albernheiten, honigsüße Romantik jugendlichen Aufbegehrens, touristische Sequenzen und Musikshows), werden diese ersten Farbfilme der Wertmüller nur dann erträglicher, wenn sie sich auf ihren eigentlichen Gegenstand konzentrieren: die Lieder der Pavone und die Revuenummern (vor allem am Schluß von NON STUZZICATE LA ZANZARA). Im übrigen fallen sie trotz des Einsatzes der Schauspieler und der »unsichtbaren«, funktionalen Regie der Wertmüller unvermeidlich auf das Niveau der üblichen zeitgenössischen Schlagerfilme. Als solche konnten sie mit ihrem Publikumserfolg wenigstens zum Bilanzausgleich der Titanus beitragen, die sich nach den verheerenden kommerziellen Mißerfolgen von *Sodoma e Gomorra* (Sodom und Gomorrha. 1961) von Robert Aldrich und *Il gattopardo* (Der Leopard. 1962) von Luchino Visconti aus der Produktion zurückgezogen hatte.

Damit endet die kurze Karriere der Wertmüller als Musicalregisseurin. Die Musik spielt aber weiterhin – wie wir sehen werden – eine wichtige Rolle in ihren Filmen. Ihre Entscheidung für das Musical hat jedoch in Italien dazu beigetragen, »die Regisseurin automatisch aus dem Gesichtskreis der Kritikerinteressen entschwinden zu lassen. Von nun an herrscht allgemein die Ansicht, daß die Wertmüller nur einen einzigen Autorenfilm (I BASILISCHI) gemacht und dann auf der Suche nach kommerziellem Erfolg ihre besten Kräfte vergeudet und die in sie gesetzten Hoffnungen enttäuscht hat«[34].

The Belle Starr Story. 1967/68

Um der vom Vater aus politischen Gründen erwünschten Heirat mit einem alten Mann zu entgehen, verläßt Myrabelle Shelley das Haus, nimmt den Namen Belle Starr an und tut sich mit Col, ihrem Jugendfreund, zusammen, um Pferde zu stehlen. Als sie erfährt, daß der Vater Jessica, eine junge Indianerin, hängen will, weil sie gewagt hat, sich ihm zu ver weigern, kommt Belle gerade noch rechtzeitig, um das Mädchen den Henkern zu entreißen. Während der darauffolgenden Schießerei tötet Col, der Belle zu Hilfe geeilt ist, ihren Vater. Jessica erschießt irrtümlich Col, und Belle, die nun allein ist, lernt während einer Partie Poker den jungen Banditen Larry kennen. Er schlägt ihr vor, zusammen Juwelen im Wert von einer Million Dollar zu stehlen, die von Männern der Pinkerton bewacht werden. Belle lehnt ab, versucht dann aber doch mit einer Bande gedungener Sträflinge das Ding zu drehen. Larry liegt schon auf der Lauer, um Belle die Beute wegzunehmen, aber die Männer der Pinkerton, die den Diebstahl entdeckt haben, nehmen ihn fest. Belle beschließt einzugreifen, und als Gegenleistung für die Rückgabe der Juwelen erhält sie die Freilassung Larrys, mit dem sie abzieht, um ihr Vagabundenleben fortzusetzen.[35]

In etwa zwölf Jahren, von 1963 bis 1975, sind ungefähr 400 Western all'italiana (oder Spaghetti-Western, wie die Amerikaner sie nannten) produziert worden, von den Klassikern Sergio Leones oder Sergio Corbuccis bis hin zu den dümmsten Produkten und Imitationen. An der Aufteilung des großen Kuchens nahm fast das ganze italienische Kino teil, und hinter fantasievollen amerikanischen Pseudonymen konnte man auch Regisseure vom Kaliber Tinto Brass, Florestano Vancini, Carlo Lizzani, Damiano Damiani wiederfinden. Es war ein Preis (oder für manche auch ein Vergnügen), den man ebenso unvermeidlich zu bezahlen hatte, wie heute ein Reklamespot gedreht werden muß. Im übrigen ist die ideologische Jungfräulichkeit eines Autors in der Filmindustrie nie gängige Münze gewesen, vor allem nicht in einem Land, das an ganz andere Verkleidungskünste gewöhnt ist. Außerdem war der Western all'italiana 1967/68 das erste Genre, das die zunehmenden politisch-sozialen Spannungen, die sich Ende der sechziger Jahre entluden, auf-, ja sogar vorwegnahm. Politische Themen oder Metaphern waren in den Italo-Western nicht selten. Die Filmsprache des Genres brachte eine gewisse Beschleunigung in die Sehweisen (rasender Gebrauch des Zooms; Wechsel zwischen Halb- oder Ganztotalen und Großaufnahmen; abrupte Kontraste im Schnitt), die den Durchschnittsstil des italienischen Kinos zersetzte und veränderte. Auch der nächste Film der Wertmüller, MIMÌ METALLURGICO FERITO NELL'ONORE, entzieht sich diesem Wandel nicht.

Von THE BELLE STARR STORY bleibt uns, wenigstens in Italien, leider nur die Handlung und eine kurze Besprechung des *Centro Cattolico Cinematografico,* in der es heißt, daß »die Geschichte auf der Figur einer Frau ohne Minderwertigkeitskomplexe gegenüber Männern aufbaut – das ist die kleine Neuheit dieses Westerns«[36]. Damals lief der Film, ein ausgesprochenes Billigprodukt, wahrscheinlich nur in Provinzkinos, denn die Regisseurin prozessierte mit »einer Art Produzent aus Mailand, einem gewissen Righini«, der sie nicht bezahlt hatte – »sonst hätte ich den Film beschlagnahmen lassen«. Es war ein typisches Produktionsabenteuer: die Regisseurin wird von ihrer Freundin Elsa Martinelli, damals ein recht bekannter Star, gebeten, eine ausweglose Situation zu retten. In Jugoslawien findet sie eine völlig aufgelöste Truppe vor, die Ferien macht, weil niemand mehr da ist, der Regie führt, und nur noch sehr wenig Geld zur Verfügung steht. Die Wertmüller schmeißt das alte Drehbuch und das bißchen, was gemacht worden ist, weg, und konstruiert »mit der abenteuerlichen Naivität, die mich damals auszeichnete«, einen Film (»ich drehte schon, während ich noch am neuen Drehbuch schrieb«), der auf Reitszenen, einer Partie Poker und Liebesszenen aufbaut – das war alles, was ihr die minimalen technischen und finanziellen Mittel erlaubten. »Es war ein Fall, wie er nicht zweimal vorkommt, ein Film aus dem Stegreif in der Art des alten italienischen Theaters, als man noch alles improvisieren mußte.«[37]

Für Lina Wertmüller war THE BELLE STARR STORY ein reines Auftragsprodukt, ein vergnügliches Abenteuer, von dem man später erzählen kann, Hausmannskost, ein Film, der übrigens bisher in keiner Filmografie der Wertmüller vorkommt. Mit dem durchsichtigen kämpferischen Pseudonym Nathan Witch gezeichnet, erschöpft sich seine ganze Originalität wahrscheinlich darin, daß er eine Calamity Jane-Gian Burrasca in den Mittelpunkt der Handlung stellte, die irgend etwas mit den Unruhen und Spannungen um 1968 zu tun hatte. Jedenfalls gebührt der Regisseurin das Verdienst, den einzigen weiblich-feministischen Spaghetti-Western gedreht zu haben.

Mimì metallurgico ferito nell'onore. 1971/72

Wegen seiner kommunistischen Ideen verliert Carmelo Mardocheo, genannt Mimì, seine Arbeit in einer sizilianischen Schwefelgrube und muß sich von seiner Frau Rosalia trennen, um nach Turin aufzubrechen. Hier wird er von der sizilianischen Brüderschaft, einem Ableger der Mafia, aufgenommen, die ihm erst Arbeit auf dem Bau und dann eine Stelle als Metallarbeiter verschafft. Mimì lernt Fiore kennen, eine junge, außerparlamentarische Linke aus der Lombardei, mit der er ein Verhältnis anfängt, aus dem ein Sohn hervorgeht. Wiederum auf Veranlassung der Mafia in die Heimatstadt Catania versetzt, laviert Mimì sich zwischen der Geliebten, die ihm gefolgt ist, und der Ehefrau durch, die ihm ihrerseits gesteht, daß sie ein Kind von einem Wachtmeister der Finanzpolizei erwartet. Mimì rächt sich für die Schande, indem er Amalia, die fette Frau des Wachtmeisters, verführt. Als er dem Wachtmeister öffentlich bekanntgibt, daß er der Vater des nächsten Kindes von Amalia ist, erschießt ein Killer der Mafia den Unteroffizier. Mimì kommt ins Gefängnis, wird aber dank der Mafia bald wieder freigelassen und findet am Ausgang des Gefängnisses Rosalia, Fiore und Amalia mit ihren Kindern vor, für die er in Zukunft sorgen muß. Als er dann zum Wahlhelfer des örtlichen Mafia-Bosses geworden ist, verläßt ihn Fiore, die einzige Frau, die ihn wirklich geliebt hat.

Mit MIMÌ METALLURGICO FERITO NELL'ONORE endet die Phase der Experimente mit dem Medium Film, und Lina Wertmüller wird eine Autorin mit einem klar erkennbaren, unverwechselbaren Stil und einer Welt eigener Erzählungen, die sich um Sex und Politik drehen. Es ist, als ob die römische Regisseurin neue Kräfte getankt und bis dahin versteckten, verschütteten Energien in einer rasenden Erzählwut freien Lauf gelassen hätte, um die verlorene Zeit aufzuholen. Die wichtigsten filmhistorischen Bezugspunkte des Werks sind leicht erkennbar: eine bestimmte melodramatische Tradition im volkstümlichen italienischen Kino à la Raffaello Matarazzo (der seinerseits den Stereotypen der Opernlibretti viel

Mimì metallurgico

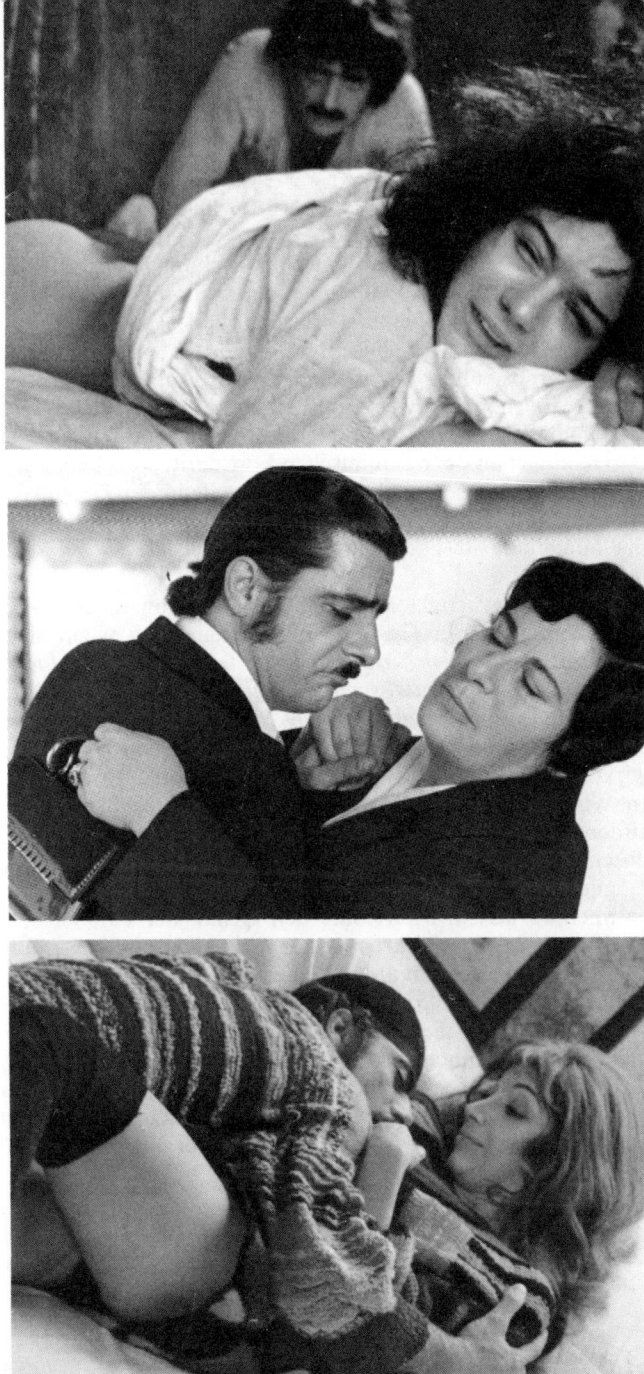

verdankt), die beiden gelungenen Komödien über das »Ehrendelikt« von Pietro Germi *Divorzio all'italiana* (Scheidung auf italienisch. 1962) und *Sedotta e abbandonata* (Verführung auf italienisch. 1963) sowie das *Dramma della gelosia: tutti i particolari in cronaca* (Eifersucht auf italienisch. 1970) von Ettore Scola. Der Cocktail der Wertmüller ist aber unverwechselbar, er enthält ihre Enttäuschung über das Ausbleiben einer umfassenden Studentenrebellion, die von Pasolini beschriebenen Dilemmata des »großartigen, fortschrittlichen Geschicks« der Zivilisation und die Analysen Horkheimer/Adornos über die Dialektik der Aufklärung (was, zugegeben, möglicherweise eine Überinterpretation ist). Die Wertmüller will in der populären Form der Komödientradition recht genau über den falschen Fortschritt sprechen, über den harten Kern soziokultureller Vorurteile in der Tiefenpsychologie Süditaliens. Sie scheint das alte Thema der commedia all'italiana auszuwalzen: die ewigen Laster der Italiener.

In Zeiten, die sich Hoffnungen (oder Illusionen) über die Veränderbarkeit der Gesellschaft machen, auch wenn sich diese nur als negative Kritik präsentierten, wie etwa in *Indagine su un cittadino al di sopra di ogni sospetto* (Ermittlungen gegen einen über jeden Verdacht erhabenen Bürger. 1969) oder *La classe operaia va in paradiso* (1971) von Elio Petri, wirkt die wertmüllersche Abhandlung wie ein Hemmschuh. In Wirklichkeit ist die Arbeit der Wertmüller jedoch etwas anderes, sie ist eine Alarmglocke, die in Gang gesetzt wird durch ihr spöttisches, groteskes Gelächter und den Drang, möglichst viele Gewißheiten in einem höllischen Feuer verbrennen zu lassen. Man sollte den Gehalt der Parabel von MIMÌ METALLURGICO FERITO NELL'ONORE nicht überbewerten, aber der Film erscheint als ein Scherz im Stil Gian Burrascas, der provokatorisch – doch nicht lieblos – auf die linke italienische Filmkultur zielt. Die Fabel von Carmelo Mardocheo demonstriert nämlich (nicht zufällig endet das Werk am selben Ort, an dem es begonnen hat), daß der Mensch veränderbar ist, aber nicht im Sinne eines Erwachens, sondern einer Regression seines Bewußtseins. Mimì beginnt als ein großherziger und rebellischer Arbeiter, er begegnet der Kul-

Mimì metallurgico

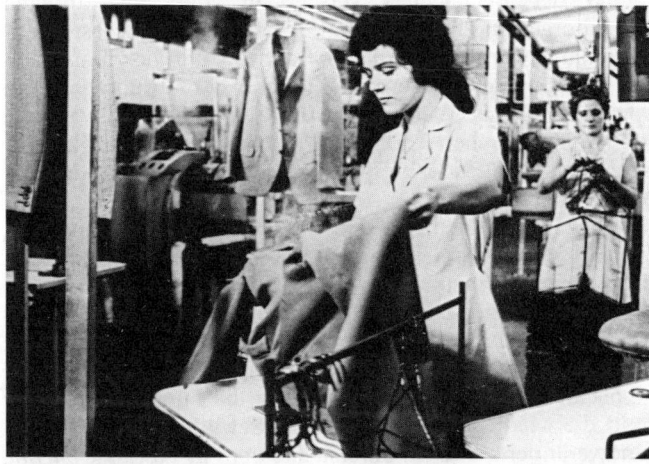

tur des Nordens und endet als ein dummer Sklave im Macht-
system der Mafia … Das ist das genaue Gegenteil von dem,
was ein manichäischer Marxismus sich vorstellt.[38]

Mit MIMÌ METALLURGICO knüpft die Wertmüller wieder an die
südliche Thematik von I BASILISCHI an, auch wenn sie die
Handlung nach Turin verlegt. Im Vergleich zum neun Jahre
zurückliegenden Film haben sich jedoch Blickwinkel und
Untersuchungsgegenstand stark verändert. Das gilt besonders für die damals noch eher sozusagen gutmütige phänomenologische Annäherung an den »Großen Schlaf des
Südens«, die jetzt zu einer harten, melodramatischen Vorfüh-
rung der Makrostrukturen im Innersten des einzelnen und
der Gesellschaft geworden ist. Vor allem hat sich der Standpunkt des Beobachters verschoben vom eingekapselten
Kleinbürgertum der Provinz zu einem inzwischen fast multi-
national gewordenen Proletariat der Metallindustrie und seinen Neigungen zur Verbürgerlichung. (»Es triumphiert ein
kleinbürgerlicher Wunsch, der das Schlimmste ist, was man
sich nur wünschen kann: die Reichen wollen verbürgerli-
chen, die Proletarier versuchen, es den Reichen nachzu-
tun.«)

Zu Beginn der siebziger Jahre wollte ein Teil des italienischen Kinos – auf ganz andere Weise als die Berliner Arbei-
terfilme von Christian Ziewer oder andere engagierte Werke
in Europa – die sozialen Veränderungen aufzeigen, die seit
den Zeiten des Neorealismus im italienischen Proletariat
stattgefunden hatten. So fragte sich zum Beispiel Ettore
Scola in *Dramma della gelosia,* wie die bürgerliche Kultur
und die Medien das proletarische Bewußtsein beeinflussen
und verändern, oder so untersuchte Petri in *La classe operaia*
an Hand eines pathologischen Falls, welche Wirkung die
Logik des Profits auf die Fabrikarbeiter ausübt. Im Unterschied zu den proletarischen oder subproletarischen Figuren
Scolas und Petris sind die beiden Helden der Wertmüller
jedoch mehr als Grenzgänger gezeichnet, sie sind Outsider
zwischen den Klassen und den Gefühlen. Ihre Charakterisierung ist der schauspielerischen Fantasie von Giancarlo Giannini und Mariangela Melato überlassen. Sie – die wohl
gelungenste Gestalt des Films, auch wegen der Hingabe, mit
der die Schauspielerin sich in die Rolle versetzte – ist eine
ehemalige Verkäuferin aus der mailänder Provinz, eine ehe-

malige Trotzkistin, die auf eine neue, vage politische Perspektive von links wartet, ein »einfaches« Mädchen, sanft und verträumt, das an Monica Vitti in *Dramma della gelosia* erinnert. Ihre Zukunft als Frau sieht sie dagegen sehr klar (Fiore: »Ich bin Jungfrau.« Mimì: »Jungfrau? Als Sternzeichen?« Fiore: »Ach, Catania ... an die Ehe glaube ich nicht, aber an die Liebe, und schlafen werd' ich nur mit dem Mann, den ich einmal lieben werde, und wenn ich fünfzig Jahre warten muß!«). Um unabhängig zu leben, verkauft sie selbstgemachte Stricksachen, jene greulichen Uniform-Pullover, in denen die Hippies und die revolutionäre Linke zu Beginn der siebziger Jahre herumliefen. Wenn sie in Mimì den Mann ihres Lebens gefunden hat, folgt sie ihm mit dem Kind, das aus ihrer Beziehung hervorging, überall hin, nur die letzte Verwandlung des Geliebten in einen Faschisten macht sie nicht mehr mit. Er dagegen ist eifersüchtig und besitzergreifend, ein leidenschaftlicher Naivling mit einem atavistischen Ehrgefühl (»Was heißt hier Kommunist! Ein Hahnrei bin ich!«), ein kleiner Mann, der Gut und Böse instinktiv erkennt, aber nicht in der Lage ist, sich dem Druck der sogenannten Sachzwänge zu widersetzen, und sich allmählich vom Räderwerk einer Macht zermalmen läßt, die unendlich viel stärker ist als er.

In den spannungsgeladenen Begegnungen dieser beiden Figuren und ihrer gegensätzlichen Dialekte (der echte mailänder Tonfall der Melato, der vom Ligurer Giannini mit großem professionellen Können synchronisierte Dialekt Catanias) hat der Film seine besten Momente. Die (wie immer von der Wertmüller verfaßten) Dialoge liegen auf dem Niveau der besten italienischen Drehbuchautoren. Über der Liebe zwischen Mimì und Fiore schwebt, wie in der griechischen Tragödie oder in einem Opernlibretto, das Schicksal, das hier von einer Mafia verkörpert wird, die in allen Bereichen der italienischen Gesellschaft präsent ist, im Norden wie im Süden, in der Kirche, der Gewerkschaft, der Justiz und in den Gemeinden. Bezeichnenderweise wird sie immer vom selben Schauspieler verkörpert, Turi Ferro, der stets mit den gleichen drei Muttermalen auf der Wange auftaucht. Verglichen mit *Le mani sulla città* (Hände über der Stadt. 1963) von Francesco Rosi oder *Il giorno della civetta* (Der Tag der Eule. 1967) von Damiano Damiani, bleibt die wert-

Mimì metallurgico

müllersche Analyse des Mafiasystems rudimentär und vordergründig. Sie ist im wesentlichen eine Art Deus ex machina für den Fortgang der Tragikomödie eines lächerlichen kleinen Mannes und steht für die Barrieren, die einen wirklichen Fortschritt noch deutlicher hemmen als historische Faktoren. Aber damit hat es sich auch schon.

Die Dialektik zwischen (falschem) Fortschritt und Regression, die viele mit Zynismus oder Opportunismus verwechselt haben, führt wie ein roter Faden durch die schwankende Architektur der Erzählung in MIMÌ METALLURGICO. Der Film leidet an verschiedenen Brüchen im Aufbau. Er ist in drei säuberlich abgegrenzte Teile geteilt: den sizilianischen Prolog, die Liebesgeschichte in Turin und die Rückkehr nach Hause. Doch wenn der Zuschauer sich endlich mit der Beziehung zwischen Mimì und Fiore vertraut gemacht hat, befinden wir uns schon wieder in Sizilien mit einer Menge neuer Figuren und Situationen und mit einer neuen Geschichte (die Rache des gehörnten Mimì mit Hilfe Amalias, der fetten Frau des Wachtmeisters). Der Schielfehler sozusagen von MIMÌ METALLURGICO ist jedoch ein schöner Silberblick, die plötzlichen Überraschungseffekte des Films, sein dauerndes Abgleiten von der Groteske in die Farce, vom

Ernst zum Witz, von der ohnehin nur angedeuteten Sozialkritik zum spöttischen Grinsen entschädigen für die Aufhäufung beziehungsloser Erzählbruchstücke.

Die Regieeinfälle folgen diesen hin- und herschaukelnden Bewegungen und verleihen dem Film einen holprigen, unreinen Rhythmus von großer Ausdruckskraft, fast im Stil der italienischen Western. Plötzliche Zooms (auf die drei Muttermale, an denen man die Verkörperungen der Mafia erkennt) und harte Schnitte (etwa der sehr schöne Übergang vom sonnigen, farbigen Sizilien, wo Mimì öffentlich herausschreit, daß er emigrieren will, zum grauen, nebelverhangenen Turin, das im Verkehr und im Smog erstickt und wo der Held frierend und verängstigt herumläuft) wechseln mit dem Einsatz des Teleobjektivs (das die Phase der Annäherung der beiden Verliebten beobachtet) oder des Weitwinkelobjektivs (im Fall der berüchtigten Szene mit dem monströsen Hintern Amalias, einem Alptraum aus Fleisch, der den armen Mimì-Charlie unter sich begräbt). In bester klassischer Hollywoodtradition steht die Musik, denn die ironischen Kommentare des Tons Piero Piccionis unterstreichen die verschiedenen Phasen der Handlung. Der Auftritt der faschistischen Mafia-Wahlhelfer wird durch die italienische Nationalhymne »Fra-

Mimì metallurgico

telli d'Italia« unterstrichen, Verdis *La Traviata* untermalt die Annäherungsversuche Mimìs an Fiore, Bellini begleitet die eheliche Liebe, ein Tango die Verführung Amalias.

Zum Gelingen des Films haben sicherlich auch die Schauspieler beigetragen. Die Melato war vor MIMÌ METALLURGICO eine berühmte Unbekannte, die nur Theater spielte; Giannini führt in dieser zweiten Bewährungsprobe seiner Karriere nach *Dramma della gelosia* eine Vielfalt an einfallsreichen Grimassen und Gebärden vor, wie sie nur ein großer Schmierenkomödiant beherrscht. Seine Mimik verleiht dem Mimì tausend Gesichter, sie kann ihn sogar in einen Charlie Chaplin unter den Fleischbergen Amalias verwandeln. Mimì lebt durch Giannini; er ist keine Figur, die von einem Schauspieler dargestellt wird. Unter den Nebenfiguren muß die neapolitanische Dialektschauspielerin Elena Fiore und ihr nicht unbeträchtlicher Mut, den eigenen Körper auf diese Weise der Kamera auszusetzen, erwähnt werden. Ihre Amalia zwischen sexueller Anziehung, Koketterie und Rachegelüsten ist eine Zehnkämpferin, die manchmal sogar Giannini an die Wand spielt.

Das Befremden über den politischen Zynismus des Films kann auch das quasi positive Ende des Films nicht zer-

Mimì metallurgico

streuen. Fiore (die Reinheit) und der Freund und Genosse Mimìs, ein Symbol des Proletariats mit »Flicken am Arsch«, das nicht klein beigibt, fahren mit ihrem Kleintransporter davon. Als der Film in Italien herauskam, überraschte er die völlig unvorbereitete Kritik, die auf die wertmüllerschen Provokationen teilweise positiv reagierte, sie aber auch wegen der Ausrutscher ins Vulgäre ablehnte. Wenige akzeptierten dieses Gemisch aus *Cavalleria rusticana* und Unbehagen an der Kultur, diesen Widerstreit von Kitsch, Stereotypen, Groteske und Ironie wirklich. Im Wettbewerb des Filmfestivals in Cannes 1972 wird der Film sehr unterschiedlich bewertet. Fast hätte aber die Melato den Preis für die beste weibliche Darstellung bekommen. In Italien wird MIMÌ METALLURGICO zum Kassenschlager und eröffnet trotz seiner Holprigkeiten und Stockungen im Erzählfluß die beste Zeit des wertmüllerschen Kinos. Mit der Entdeckung des Duos Giannini-Melato hat die Firma Lina & Co. ihre Schauspieler, ihr Thema und ihren unverwechselbaren Stil gefunden.

Film d'amore e d'anarchia. 1972/73

Zu Beginn der dreißiger Jahre geht Antonio Soffiantini, genannt Tunin, nach Rom. Er ist ein junger Bauer aus der Po-Ebene, der eine Zeitlang unter italienischen Emigranten in Paris gelebt hat, nachdem die Carabinieri seinen Freund, einen Anarchisten, erschossen hatten. Tunin will Mussolini umbringen und damit den Freund rächen, der eben diesen Plan verfolgt hatte. Er gerät an eine blonde Prostituierte, Salomè, ehemals Freundin Anteos, eines Anarchisten, der von den Faschisten niedergemetzelt wurde. Sie gibt ihn als ihren Cousin aus und bringt ihn in dem Freudenhaus unter, in dem sie arbeitet. Um das Attentat vorzubereiten, versuchen die beiden, Giancinto Spatoletti, einem plumpen Parteifunktionär der ersten Stunde, der den Sicherheitsdienst des Duce leitet, nützliche Informationen zu entlocken. In Erwartung des großen Tages verliebt sich Tunin in eine andere Prostituierte des Bordells, die seine Liebe erwidert. Er verrät der schönen Tripolina den Grund seines Aufenthalts in Rom. Nach zwei unverhofften Tagen zärtlichen Beisammenseins wecken Tripolina und Salomè Tunin am Morgen des Attentats nicht rechtzeitig. In einer Mischung aus Zorn und Panik schießt er auf eine Gruppe Carabinieri, die zufällig gerade eine Inspektion des Freudenhauses vornehmen. Er versucht zu fliehen, wird aber gefangengenommen und fällt in die Hände Spatolettis. Tunin wird im Gefängnis umgebracht. Sein Tod wird auf Wunsch des Duce als Selbstmord ausgegeben.

Mit FILM D'AMORE E D'ANARCHIA beginnt auch die wertmüllersche Vorliebe für barocke, kilometerlange Titel. In diesem Fall deutet der Untertitel STAMATTINA ALLE 10 IN VIA DEI FIORI NELLA CASA DI TOLLERANZA (heute morgen um zehn in einem bekannten Bordell in der Via dei Fiori) schon auf eine der Botschaften des Films, die dem Zuschauer erst am Ende klar wird: die Arroganz, mit der die Macht die Wahrheit verschleiert. Das gilt in der Intention der Wertmüller sowohl für die Zeit des Faschismus als auch für die demokratischen Institutionen der siebziger Jahre (in Italien waren die Polemiken um den Fall des Anarchisten Pinelli und die ungeklärten Punkte des – wie es hieß – »vom Staat gedeckten« Bombenanschlags in Mailand noch in vollem Gange). Wahrscheinlich auch aus diesem Grund wurde der Film erst für ein Publikum ab 18 Jahren freigegeben. Der Untertitel könnte allerdings auch irreführen und glauben machen, es handle sich um einen historischen Bericht – was der Mentalität der Wertmüller natürlich fremd ist, auch wenn die Regisseurin auf Ereignisse anspielt, die tatsächlich stattgefunden haben, und die sie zu einem fiktiven Plot verarbeitet (der Aufenthalt Gaetano Brescis in einem mailänder Bordell vor dem tödlichen Attentat auf König Umberto I.; zwei Versuche zu Beginn der dreißiger Jahre, Mussolini umzubringen).
Mit seinem programmatischen Titel – der über dem ganzen Werk der Wertmüller stehen könnte – repräsentiert der FILM D'AMORE E D'ANARCHIA in reinster Form die poetische Welt der Regisseurin. Es ist bezeichnend, daß die Liebe im Titel an erster Stelle steht. Der politisch-ideologische Hintergrund ist das Salz im Film, nicht die Vorspeise und auch keine Beilage. Die anarchistischen Überzeugungen Tunins dürfen ebensowenig ernst genommen werden, wie der vage, verworrene und tatenlose Kommunismus Mimìs. Sie sind aber ehrlich, denn sie wurzeln in einem traumatischen Erlebnis, von

Film d'amore e d'anarchia

dem das einfache Herz des verschlossenen, lombardisch-venezianischen Bauern erschüttert worden ist, und das ihn zu einer Tat verleitet, für die er weder geboren noch geschaffen ist (die moralische Empörung verbindet zwei sonst so verschiedene Figuren wie Mimì und Tunin). Diese Überzeugungen führen dann zur »sinnlosen« Aktion, von der die Autorin sich explizit am Ende des Films mit einem Zitat von Enrico Malatesta distanziert (es war die Zeit, als man wieder von dem italienischen Anarchisten sprach, wie etwa auch in dem Film *Malatesta* von Peter Lilienthal, 1969): »Ich will noch einmal meinen Abscheu vor Attentaten ausdrücken, die nicht nur in sich böse, sondern auch dumm sind, denn sie schaden der Sache, in deren Dienst sie sich stellen ... Aber diese Mörder sind auch Heilige und Helden ..., und eines Tages werden sie gefeiert werden. Man wird die brutale Tat vergessen, um nur der Idee, die sie erleuchtete, und des Martyriums, das sie heiligte, zu gedenken.« Zwischen erworbenen und vorgefundenen Sicherheiten erscheint hier also wieder einmal das Prinzip des Widerspruchs, auf das die Wertmüller besonders stolz ist.[39]

Abgesehen von den politischen Absichten und Rechtfertigungen der Autorin handelt der Film aber in erster Linie von der Liebe. Sie ist das Korrelat zur Makrostruktur der Aktion und der Politik – eine Liebe, die seltsamerweise in einem Freudenhaus entsteht. FILM D'AMORE E D'ANARCHIA oder: Antifaschismus in einem römischen Bordell zu Beginn der dreißiger Jahre. An einem solchen Ort ist die Liebe zwar zu Hause, aber damit sind wir noch nicht beim eigentlichen Punkt. Der Sex stellt nur den äußerlichen, gleichsam folkloristischen Aspekt der Dreieckskonstellation dar, die in der Via dei Fiori entsteht und das ungewöhnliche Schicksal Tunins aus der Bahn wirft. Unser Held, der in seinem Schmerz über den Liebesverlust auszieht, um eine gerechte Rache zu vollziehen, bei der sich persönliche Motive mit politischen verbinden, gerät in eine Lage, in der sich die tieferen Gründe für seine Tat immer mehr verflüchtigen. Da er für den Liebesentzug entschädigt wird, bleibt nur noch ein dünner Schleier ideologischer Motive und widerstreitender Gefühle: die Treue zu den emigrierten Genossen, der Wunsch nach Rache. »Mut ist etwas für die großen Herren«, sagt Tunin zu Spatoletti während einer nächtlichen Spritztour. Gleichzeitig aber gärt in ihm sein ganzer Zorn, der auf seine Art eine proletarische Übersetzung der berühmten vitalistischen Losung Mussolinis sein könnte: »Besser für einen Tag Löwe als hundert Tage ein Schaf.« Gewichtiger sind anscheinend die Motive der Bologneserin Salomè (Mariangela Melato in einer »Löwenrolle«, die schon auf TRAVOLTI DA UN INSOLITO DESTINA NELL'AZZURRO MARE DI AGOSTO hinweist). Ihre politische Gesinnung ist stabiler, und sie will ihre von den Faschisten umgebrachten Gefährten rächen. Im entscheidenden Moment erliegt aber auch sie den Gefühlen, die sie für Tunin empfindet (»Was sind wir bloß für dumme, sentimentale Huren«, sagt sie zu Tripolina). Den Katalysator bildet in diesem nur scheinbar gefestigten System, wie auch schon in MIMÌ METALLURGICO, eine sanfte und verträumte Person (eine gute Darstellung von Lina Polito), eine kleine Prostituierte, die noch fähig ist, sich in einen armen Bauern mit »einem

Film d'amore e d'anarchia

LINA WERTMÜLLERS
LIEBE UND ANARCHIE
prokino

Gesicht voller Sommersprossen« zu verlieben: Tripolina, deren Name an ein berühmtes nationalistisches Lied erinnert (man hört es mehrmals im Film erklingen): »Tripoli bel suol d'amore«, das sich an der Eroberung Lybiens 1912 inspirierte.

Die Liebe wird so zum Schicksal – denn mit dem Mädchen aus Neapel sind wir in ein Melodrama oder, wenn man so will, in eine neapolitanische sceneggiata geraten.[40] Das Schicksal muß, unterstützt vom Zufall, seinen unabwendbaren Lauf nehmen: Tunin wird als der (unbekannte) Held sterben, der er nie gewesen ist.

Im FILM D'AMORE E D'ANARCHIA stellt die Wertmüller zwei Bezüge zur Filmgeschichte her: zur Tradition der italienischen Bordellfilme – von *Adua e le compagne* (Adua und ihre Gefährtinnen. 1960) von Antonio Pietrangeli, über *La viaccia* (Das Haus in der Via Roma. 1960) von Mauro Bolognini bis zu *Roma* (1971) von Federico Fellini – und zum politischen Melodram im Stil Bernardo Bertoluccis (*La strategia del ragno* [Die Strategie der Spinne. 1969] und *Il conformista* [Der große Irrtum. 1969/70]). Zwischen Bertolucci, Bolognini und Fellini entwirft die Wertmüller eines ihrer besten Drehbücher, dem die Abschweifungen und Unausgeglichenheiten von MIMÌ METALLURGICO fehlen. Das zeigt sich schon an der Nüchternheit des Vorspiels, das in der Kürze eines Liedes

alle notwendigen Informationen für Tunins Mission liefert (das bäuerliche Umfeld; die anarchistische Gesinnung; der Tod des Freundes und geistigen Ziehvaters; die Emigration). Dann finden wir uns im geschlossenen Milieu eines römischen Freudenhauses wieder, in dem der Großteil des Films spielt. Im Wechsel mit diesen Innenräumen – als ob sie dem typischen Aufnahmestil der Wertmüller, der Halb- und Ganztotalen mit Nahaufnahmen (besonders der Augen) variiert, folgen wollten – stehen die Ausfahrten ins Freie: der Ausflug nach Sabaudia (Salomè, Spatoletti, Tunin und Tripolina), die fellineske Spritztour des Parteibonzen Spatoletti und Tunins durch das nächtliche, verlassene Rom.

In dieser klassischen, auf das Wesentliche beschränkten Erzählweise kommt ein neues Element hinzu, das Malerische (herausgehoben durch die Kameraarbeit Giuseppe Rotunnos mit Bühnenbild und Kostümen Jobs), das im Kino der Wertmüller bisher so noch nicht zu sehen war. Die Bezüge reichen von De Chirico (seine metaphysischen Plätze, hier zitiert im neoklassizistischen Stil der faschistischen Architektur Sabaudias) oder Rosai über die Bauernmalerei von Fattori (der das Modell für die Figur Tunins abgibt) bis zur Rekonstruktion eines Rom, das fast noch im Fin de siècle erscheint und an die Bilder Bettrames im *Domenica del Corriere* erinnert. Die Aufmerksamkeit für das Figürliche, die Bildästhetik, erweist

Film d'amore e d'anarchia

sich auch in der sorgfältigen Auswahl der Details im Inneren des Etablissements. Die Betonung der Spiegel in Salomès Zimmer spielt, wenn auch nicht so manieristisch wie bei Fassbinder, deutlich auf das klassische Melodram Hollywoods an.

In dieser neuen Mischung visueller Elemente (es ist der erste Kostümfilm der Wertmüller) verzichtet die Regisseurin aber nicht auf die vertrauten Merkmale ihres eklektischen Stils: eine Musicalnummer nach Art des pariser Varietés leitet in die Szene ein, in der die Mädchen den Kunden vorgestellt werden; die Filmmusik, ein effektvolles Sammelsurium aus anarchistischen Balladen, zeitgenössischen Schlagern und Originalton-Aufnahmen, unterstreicht die Handlung ironisch. Ein trauriges neapolitanisches Lied zur Gitarre begleitet den ersten schüchternen Blickkontakt zwischen Tripolina und Tunin, das Vorspiel ihrer Liebe; der »stürmische« Rossini präsentiert den groben Faschisten Spatoletti am Steuer seines Motorrads. Niemand scheint die italienische Sprache zu beherrschen: 25 verschiedene Dialekte (so behauptet jedenfalls Lina Wertmüller) wetteifern miteinander, um das Sprachgewirr des provinziellen und zersplitterten Italien wiederauíleben zu lassen, dem der Faschismus mit rassistischen und imperialen Ambitionen das Gesicht einer Nation zu geben versuchte. Die Antwort der Wertmüller ist ein groteskes Wuchern von Tonfällen verschiedenster Dialekte und Jargons.

Untersucht man die Personen des Films, lassen sich Konstanten und Neuigkeiten feststellen. Zum erstenmal in der Geschichte ihres Kinos schafft die Wertmüller eine rundum positive männliche Figur, der erklärtermaßen die Sympathien der Autorin gehören. In dieser Studie eines schüchternen, introvertierten Menschen gibt Giancarlo Giannini eine der besten Charakterdarstellungen seiner Karriere. Im Unterschied zur übertriebenen und eitlen Gestik seines Mimì läßt er hier fast nur verstörte Augen sprechen, mit denen er auf unvergeßliche Weise zu den anderen Personen und den Zuschauern spricht. Nur im Finale läßt die Wertmüller ihm freien Lauf, wenn der Schauspieler in einer spektakulären Szene Angst und Wut ausdrücken und vor dem abschließenden Martyrium alle aufgestauten Spannungen des Gefühls entladen muß. Verglichen mit der meisterhaften Darbietung Gianninis muß Mariangela Melato, eine emilianische Ver-

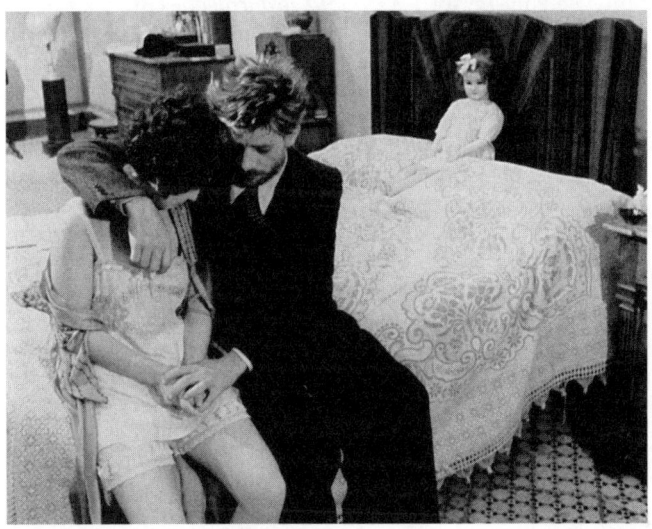

Film d'amore e d'anarchia

125

sion der Platinblonden à la Jean Harlow, auf alle Kniffe des Schauspielhandwerks zurückzugreifen, um nicht unterzugehen. Ihre Darstellung bleibt jedoch routinierter guter Durchschnitt. Im Gegensatz dazu verdienen die Leistungen von Lina Polito besondere Aufmerksamkeit sowie vor allem Eros Pagni, ein Theaterschauspieler, der in der Rolle eines toskanischen Faschisten der ersten Stunde sein Filmdebüt gibt. In seiner Maske eines kleinen Duce verkörpern sich die faschistischen Schläger der »heroischen Periode« (»Ich krieg' Lust, nach Knüppeleien Ausschau zu halten, wie in den guten alten Zeiten! Als wir noch mit den Sturmabteilungen loszogen, um den Anarchisten Rhizinusöl einzuflößen – ja das waren Zeiten!«). Der verbürgerlichte und befriedete Faschismus der dreißiger Jahre hat sie dann kaltgestellt. Oder als Aufpasser benutzt.

Trotz seiner beständigen Anleihen bei Fellini ist FILM D'AMORE E D'ANARCHIA ein Höhepunkt des Regietalents der Wertmüller, abgesehen vom Glücksfall der BASILISCHI. In der Zwischenzeit hatte sich die commedia all'italiana um zwei weitere Varianten bereichert: um das direkte politische Engagement (etwa Elio Petris) und um den historischen Kostümfilm, wie zum Beispiel *L'armata Brancaleone* (Branca Leone. 1965) von Mario Monicelli oder *Nell'anno del Signore* (1970) von Luigi Magni. Die Wertmüller drückt diesem Material ihren eigenen Stempel auf. Im geschlossenen Raum des Freudenhauses finden ihre spezifischen Notationen des Volkstümlichen und des Vulgären[41] den idealen Ort; nichts wirkt mehr übertrieben oder aus der Luft gegriffen. Der Stil ist gemessen, aber reich an Bildern, die Erzählung verläuft ohne Sprünge und Abschweifungen. Die vielen Nebenfiguren, etwa im Bordell, verführen auch in den Massenszenen nicht zu weiteren Geschichten, die von der vernünftigen Ökonomie der Erzählung ablenken könnten. Die Anschlüsse, die Schnitte und die Nebenhandlungen draußen erzählen alle, eng verbunden, von Liebe und Tod des Tunin und die Geschichte seiner Freundinnen. Auch die Regieeinfälle stehen in einem engen Zusammenhang, einem strengen Erzählrahmen, in dem das handwerkliche Geschick und die Kunst der Schauspielerführung der Wertmüller ein eigenes Betätigungsfeld finden. Ohne Mißtöne wird die Groteske zum Melodram und wieder zur Groteske. Auch die umstrittene

Szene des Selbstmordversuchs Tunins mit einer ungeladenen Pistole, bei dem er ruft: »Es lebe die Anarchie!«, erscheint nicht als ein Zug, der dem Zuschauer ein billiges Lachen entlocken soll, sondern als Ergebnis der aufregenden Ereignisse und eines plötzlichen psychologischen Zusammenbruchs. So rechtfertigt sich auch die folgende Flucht im Slapstick-Rhythmus auf dem Markt in der Via dei Fiori.

Mit wenigen Ausnahmen wird der Film von der italienischen Presse sehr gut aufgenommen. Er kommt zum Festival nach Cannes, wo Giannini ausgezeichnet wird. 1974 erscheint er auch in den USA und erhält dort hervorragende Kritiken. Er wird zum Grundstein für den Mythos Wertmüller.

Tutto a posto e niente in ordine. 1973

Ein paar Frauen und Männer sind aus verschiedenen Regionen Italiens nach Mailand ausgewandert, um Arbeit zu suchen und ihr Glück zu machen. Sie treffen zufällig aufeinander, es entstehen Freundschaften und Bindungen. In einem alten Haus, das sie vor habgierigen Bauspekulanten verteidigen müssen, wird eine Wohnung gemietet. Gigi und Carletto wandern von einer Arbeit zur anderen, dann schließt sich der erste einer Diebesbande an, während der zweite in der Küche eines großen Restaurants landet, bei der man eher an des Teufels Küche denken muß. Zwei der jungen, unverheirateten Frauen, Biky und Adelina, arbeiten als Zimmermädchen, während Isotta heimlich auf den Strich geht. Der Sizilianer Sante heiratet und macht Mariuccia in kurzer Zeit zur Mutter von sieben Kindern. Er muß nun wie ein Verrückter arbeiten, tritt in seiner Verzweiflung schließlich in eine faschistische Gruppe ein; er wird unschuldig in ein Attentat auf das Restaurant Carlettos verwickelt, was ihn ins Gefängnis oder ins Irrenhaus bringen wird. Adelina liebt zwar Carletto, will ihn aber nicht heiraten, weil sie die Ehe für »unwirtschaftlich« hält. Dem Jungen bleibt nichts anderes übrig, als von einer schönen, geheimnisvollen linken Studentin zu träumen, die er mehrmals zufällig gesehen hat.

TUTTO A POSTO E NIENTE IN ORDINE liegt zwischen dem historischen »Klassizismus« von FILM D'AMORE E D'ANARCHIA und

Tutto a posto

dem bissigen Geschlechterkampf von TRAVOLTI DA UN INSO-
LITO DESTINO. Protagonist ist das Ensemble, der Film also ein
eher chorartiges Werk, das vielleicht nicht rundum gelungen,
aber voll fruchtbarer Ansätze ist und von einer tiefen Aver-
sion gegen die Konsumgesellschaft getragen wird. Nach
einem gradlinig erzählten Film nimmt die Wertmüller hier
wieder die kaleidoskopische Struktur der BASILISCHI auf. In
ihrem Erstling diente diese jedoch der Wiedergabe einer
Atmosphäre, die durch phänomenologische Erkundungen
über die Personen entstand. In TUTTO A POSTO E NIENTE IN
ORDINE werden Atmosphäre und Figuren dagegen kurzent-
schlossen ein für alle Mal fertig eingeführt. Auf der imaginären Anklagebank der Wertmüller sitzt keine jahrhunderte-
lang vererbte atavistische Mentalität mehr, sondern ein
Schuldiger mit Namen und Gesicht: Mailand, das Cayenne
des modernen, raubgierigen Industriekapitalismus. Der
Schlachtruf, der banzai der Regisseurin lautet: Alles in Ordnung, nichts klappt – ein Slogan, mit dem man gewöhnlich
die italienische Bürokratie und die ganze chaotische Gesellschaft des Bel Paese charakterisiert.
Die zweite wichtige Metapher des Films ist die Teufelsküche
Dantes, die dem Theaterstück *The Kitchen* von Arnold Wesker entnommen ist, das die Wertmüller einige Jahre zuvor

inszeniert hatte. Im Riesenkochtopf der wertmüllerschen Küche kocht auf kleiner Flamme von allem ein bißchen: Emigranten aus dem Süden, aus dem mailänder Hinterland und anderen Regionen Italiens, die in die Stadt ziehen, um nicht als Bauern oder im Elend zu enden; Bauspekulanten; schöne außerparlamentarische Studentinnen; merkwürdige Diebe, die mehr Sinn für Humor als professionelle Fähigkeiten haben; Faschisten und schwarze Sturmtruppen, welche die bestehende Ordnung mit Gewalt und Bomben verteidigen. »In unserem Land, wo alles drunter und drüber geht, ist keine Zeit zum Lachen, und wir Italiener sind willens, alles zu schlucken, wir haben einen riesigen Magen, der alles verdaut.« Auf diese Einstellung zielt die Wertmüller mit ihren typischen Waffen der Groteske und der beißenden Ironie.

Bevorzugte Objekte des traurigen Zorns der Regisseurin sind die Frauen: in ihrem Wunsch nach Emanzipation und Befreiung von jahrhundertealten Spielregeln werden sie zu den eifrigsten Verteidigerinnen der falschen Mythen der Konsumgesellschaft, zu den treuesten Vestalinnen im Tempel des Gottes Geld. Die reizende Adelina gibt den Überfällen Carlettos, den sie liebt, nach und verliert lieber ihre Jungfräulichkeit, als den Fernseher fallenzulassen. Nach den

Tutto a posto

Freuden des Sex erwidert Adelina dem Jungen, der die Vergewaltigung mit einem Eheversprechen wiedergutmachen will: »Lieber entehrt als dumm. Auf unwirtschaftliche Sachen laß ich mich nicht ein.« Die sizilianische Moral wird als Paradox vom Kopf auf die Füße gestellt. Die blasse Blondine Mariuccia (eine nicht wiederzuerkennende Lina Polito), die von der Pille keine Ahnung hat und die verbotene Abtreibung durch eine Engelmacherin mit Entsetzen ablehnt, pro-

Tutto a posto

duziert Kinder am laufenden Band, ein unwissendes Opfer der enormen Fruchtbarkeit Santes (worin sich die alte wertmüllersche Phobie vor der Überbevölkerung bekundet). Biky aus dem Norden, eine ideologische Anwältin des Konsumismus, zögert nicht, für ihren Arbeitgeber den Rock zu heben oder auf diese Weise anderswo ihr Gehalt aufzubessern, und verwandelt die Wohngemeinschaft der Emigranten nach streng betriebswirtschaftlichen Kriterien in eine Pension, wo gerade noch fehlt, daß auch warmes Wasser extra kostet. Isotta schließlich hat sich mit der melodramatischen Begründung der fünfziger Jahre (das Elend in ihrem sizilianischen Dorf) direkt für den Strich entschieden. Aber nach ihrer verschrobenen Logik wird sie sich Gigi, der auch auf die schiefe

Bahn geraten ist, niemals hingeben, auch wenn er ihr eine Million zahlt.

Mit ihrer buñuelschen Polemik gegen den »falschen Fortschritt«, die hier noch weiter geht als in MIMÌ METALLURGICO gebärdet sich die Wertmüller wie ein wildgewordener Stier, der verrückt gegen ein rotes Tuch anrennt. Niemand bleibt verschont: die Rechte sowieso nicht, aber auch nicht die Linke, wie sie in ihren eigenen Widersprüchen und Illusio-

Tutto a posto

nen befangen ist, der Norden wie der Süden – : die Kritik ist ein radikaler Rundumschlag und entzündet sich vor allem an der (ehemaligen) Protestgeneration selbst. Die Verbürgerlichung wird als Krankheit des Jahrhunderts diagnostiziert. Sarkastische Zwischentöne sind häufig. Die Kamera zeigt eine Wandmalerei mit einem schönen, sympathischen Riesenporträt von Marx und der Aufschrift, natürlich in Rot: »Was für Zeiten, wo man hier steht und malt!« Eine Umweltschutzdemonstration kommt vorbei und ein Arbeiter schreit: »Es lebe die grüne Bewegung!« Ein anderer neben ihm: »Zum Teufel mit Agnelli!« Darauf der erste: »Was hat denn Agnelli damit zu tun?« Antwort: »Agnelli, zum Teufel, paßt immer!«

TUTTO A POSTO E NIENTE IN ORDINE ist besser geschrieben als erzählt. Der Film ist so reich an Stimmungen und Ideen, daß man ihn lieber einem Freund erzählen, als auf der Leinwand sehen möchte. Der polemische Ausbruch kommt zu unvermittelt und verliert sich in den tausend Facetten der kaleidoskopischen Struktur, die der Schnitt nicht mehr zusammenbringen kann. Es ist, als ob die vielen Einzelteile eines Puzzles dem Gesamtbild nicht mehr dieselbe Frische und Klarheit verleihen könnten, die sie als Einzelteile haben. Andererseits besitzen die Teile allein nicht genügend Kraft für die profane Erleuchtung. Positiv ausgedrückt, könnte man sagen, daß die Zersplitterung und Vereinzelung der Großstadt zum Erzählprinzip des Films geworden sind, gleich von der ersten Sequenz an, wo noch vor dem Vorspann die verschiedenen Figuren im Chaos des mailänder Hauptbahnhofs vorgestellt werden. Die Strategie der Streuung könnte funktionieren, wenn der Film beschreiben würde, statt erzählen zu wollen. Die Fäden der einzelnen Geschichten werden in einer Art Stop-and-go wie in einem Verkehrsstau dauernd unterbrochen und wiederaufgenommen (im Vergleich dazu war MIMÌ METALLURGICO von beispielhafter Klarheit). In TUTTO A POSTO (diesmal wirklich!) werden die Personen leicht zu Karikaturen, und auf der schwierigen Gratwanderung sind Ausrutscher in die billige Farce häufig. Die ganze Episode vom Wohnungseinbruch unter der Führung von Eros Pagni wirkt zum Beispiel wie eine Parodie der *Soliti ignoti* (Diebe haben's schwer. 1958) von Mario Monicelli. Die unerwartet komische Einlage verträgt sich schlecht mit den anderen Teilen des Films und fällt aus dem Rahmen.

Da das Kino der Wertmüller im Grunde nicht von der mise-en-scène lebt, überzeugt TUTTO A POSTO besonders dann, wenn die Regisseurin und der Kameramann Giuseppe Rotunno die Großstadthölle beschreiben, das andere, arme Mailand, das hier Seite an Seite mit Wohlstand und Prunk lebt (etwa der langsame Zoom aus der Vogelperspektive, der zwischen Wolkenkratzern aus Glas und Beton ein niedriges, ärmliches Haus entdeckt, einen der typischen mailänder Arbeiterwohnblocks mit Toiletten auf dem Flur, das vor der Bauspekulation verteidigt werden muß und in dem die Emigrantenkommune lebt). Die Kraft einiger halbdokumentari-

Tutto a posto

scher Szenen ist nicht von der Hand zu weisen. Eine Sequenz
im Schlachthaus, die ironisch von einer sanften Musik aus
dem 18.Jahrhundert untermalt ist, steht einer ähnlichen
Sequenz aus *In einem Jahr mit 13 Monden* von Rainer Werner Fassbinder (1978) mit dem Monolog aus Goethes *Tasso*
als Kommentar in nichts nach. Zum Besten dieser quasi
soziologischen Komödie gehört der Teil in der Küche, der
Anleihen macht bei der kafkaschen Entfremdung des Films
Der Prozeß (1962) von Orson Welles und den pantagruel-
schen Obsessionen des Films *La grande bouffe* (Das große
Fressen. 1973) von Marco Ferreri. Gewürzt wird alles mit der
typisch wertmüllerschen Lust an Bewegung und Durcheinander. Dazu gehört auch die letzte, vielleicht schönste Sequenz
des Films, die den düsteren Pessimismus der Autorin auf
eine apodiktische Formel bringt. Der faschistische Junior-
chef des Restaurants ist bestraft, das Küchenpersonal wird
nachdenklich, und Carletto sagt zu sich selbst: »Man müßte aufhören, woanders neu anfangen und alles anders machen …« Dann ertönt eine Stimme aus dem Off; es ist die
kapitalistische Vernunft, die dazu auffordert, mit der Arbeit
weiterzumachen, denn die Gäste warten auf ihr Essen. Alles
rennt aufgeregt durcheinander, hektisch läuft jeder an seinen
Platz zurück, und die Kamera fängt an, sich zu den Klängen

von Verdis *Dies Irae* wie verrückt im Kreis um sich selbst zu drehen. Das Bild erstarrt und abschließend erscheint die Schrift: Tutto a posto e niente in ordine. Eben.

Zwischen *Tout va bien* (Alles in Butter. 1972) von Jean-Luc Godard und *In Gefahr und größter Not bringt der Mittelweg den Tod* (1974) von Alexander Kluge und Edgar Reitz behandelt diese bittere Großstadtsinfonie über die Ausbeutung der Landflucht ihr Thema mit den klassischen Mitteln der commedia all'italiana. Der Grund für die Unausgeglichenheiten (aber auch die geglückten Momente) des Films liegt möglicherweise darin, daß die Wertmüller sich ausschließlich auf den Kanon der naturalistischen Ästhetik[42] verlassen hat, so daß die handelnden Personen wie mechanisch von ihrer Umgebung abgezogen erscheinen. Das steht im Widerspruch zum Prozeß der Formalisierung des komisch-grotesken Materials. »Die kindliche Einfalt, die es mit den tausend Fallen einer fortgeschrittenen Gesellschaft zu tun bekommt«, rennt hier vergeblich gegen die sogenannten sozioökonomischen Sachzwänge an, die der Film thematisiert und aus denen die Figuren sich nicht befreien können. Einige Themen, wie zum Beispiel die Abtreibung, werden ohne ausreichende Vertiefung angeschnitten und fallengelassen – das Amalgam gelingt nur in wenigen Momenten.

TUTTO A POSTO bestätigt jedoch erneut das Niveau, das die Arbeitsweise und der Stil der Wertmüller erreicht haben. Die Regisseurin hat hier auf das Erfolgsduo Giannini-Melato verzichtet zugunsten eines Ensembles wenig bekannter Schauspieler, die gemeinsam eine vortreffliche Probe ihres Könnens geben. Die Mischung aus Licht, Ton und Farben hätte zu einem besseren Film gepaßt. Doch auch diesem Film hört man den »tiefen Abscheu (der Wertmüller) vor dem gespreizten und eitlen falschen Italienisch, das unsere Leinwände durch die Synchronisation beherrscht«, an. Aber ein *Rocco e i suoi fratelli* (Rocco und seine Brüder. 1960), wie ihn Luchino Visconti für die sizilianische Emigration nach Mailand formuliert hatte, ist als Groteske unvorstellbar. Doch vielleicht ist TUTTO A POSTO ein Film, der erst nachträglich unter die Haut geht und den man später als Zeitdokument und gleichsam situationistisches Pamphlet lesen sollte. Schönheit und Paradoxien einer negativen Utopie sind jenseits aller Unreinheiten und strukturellen Mängel genießbar.

Travolti da un insolito destino nell'azzuro mare d'Agosto. 1974

Raffaella Pavoni Lanzetti, Gattin eines schwerreichen Industriellen aus Mailand, macht mit ein paar Freunden, kommunistischen Snobs aus der Schickeria, auf einer luxuriösen Jacht eine Kreuzfahrt vor der Küste Sardiniens. Die überhebliche und selbstgefällige Frau merkt nicht, wie sehr ihr autoritäres Verhalten und ihr politisch-ideologisches Geschwätz die Mannschaft des Schiffes beleidigen. Besonders Gennarino Carrunchio, Sizilianer, Kommunist und überhaupt ein schwieriger Charakter, schäumt vor Wut. Einmal fahren Raffaella und Gennarino im Schlauchboot, der Motor fällt aus, und sie landen nach zwei Tagen orientierungslosen Herumtreibens auf einer einsamen Insel. Die verzweifelte Situation bietet dem sizilianischen Macho Gelegenheit, die Machtverhältnisse umzukehren und jahrhundertelange Drangsalierungen zu rächen. Er macht die hochmütige Industriellengattin zur Sklavin, die erst wütend wird, dann Angst bekommt, plötzlich aber, wie durch Zauber, sich in Gennarino verliebt. Kurz darauf werden beide von einem vorbeifahrenden Schiff gerettet, und mit der Rückkehr nach Hause stellt sich der alte Abstand wieder her: mit einem leisen, frustrierten Bedauern kehrt Raffaella in ihr ehemaliges Leben zurück. Gennarino geht im letzten Bild davon, den Koffer seiner fülligen Frau tragend.

It Happened One Night (Es geschah in einer Nacht. 1934. Regie Frank Capra) in einer sado-masochistischen Version, oder: der Mythos von Robinson Crusoe, aktualisiert als Klassen- und Geschlechterkampf. Zwei Jahre vor der Wertmüller hatte schon Marco Ferreri auf einer Insel der Bocche di Bonifacio ein unbarmherziges, misogynes Lehrstück gedreht, *La cagna,* nach der Erzählung *Melampus* von Ennio Flaiano. Mit Sätzen der Erzählung läßt sich der Film zusammenfassen: »Unmöglichkeit, die Totalität der Liebe zu erfahren. Sie lieben sich, aber nur wenn sie sich zerstören oder erniedrigen, können sie einander ganz gehören, vielleicht ...«[43] Doch die Wertmüller ist weit von jeder metaphysischen Problematik entfernt. Sie läßt ihre Figuren naturalistisch aus dem sozialen Milieu hervorgehen und interessiert sich für die ökonomische Makrostruktur, von der die Typologien beeinflußt sind. Noch weiter entfernt ist sie von einem anderen Film, an den man sich automatisch erinnert, von *L'avventura* (Die mit der Liebe spielen. 1959) von Michelangelo Antonioni, der exemplarisch ist für das Kino der bürgerlichen Beziehungsunfähigkeit, das dem Regisseur Weltruhm einbrachte. Im Film der Wertmüller sprechen die Hauptfiguren eher zu viel, zum Beispiel Raffaella, die, wie Eros Pagni mit einem groben römischen Slangausdruck sagt, »allen die Eier löchert«. Es gibt also eine ganze Reihe positiver oder negativer Bezüge zu anderen Filmen, und es fällt auf, daß sich diesmal die Wertmüller ziemlich weit vorgewagt hat. Ob es gefällt oder nicht, Interesse oder Ablehnung hervorruft, dieses Werk nähert sich, trotz seiner halb scherzhaften Verkleidung, dem sozialen Drama. Die üblichen grotesken Stilmittel sind recht zurückhaltend eingesetzt und die Überraschungseffekte spärlich, denn es ist ja nicht besonders schwierig, sich vorzustellen, was auf der Insel passieren wird, wenn die beiden Schiffbrüchigen dort ankommen.

Nach einem polyphonen und dissonanten Werk wie TUTTO A

Travolti da un insolito destino

136

Travolti da un insolito destino

POSTO setzt die Wertmüller zum dritten und letzten Mal auf das Paar Giannini-Melato in einem gradlinigen Film, mit dem sie erneut ihre Filmideologie bekräftigt: »Ich stütze mich aufs Weinen und aufs Lachen, ich ziele auf die Gefühle und auf das große Publikum, um in jedem Film klarzustellen, daß wir die Gesellschaft sind, daß wir selbst verantwortlich sind und es nicht genügt, über Papa, Mama oder die Arbeitgeber zu heulen ... Man muß ganz klar unterscheiden lernen zwischen wahrer und falscher Entwicklung, zwischen Fortschritt und Illusionen, zwischen Wort und der Botschaft.« So einfach die Struktur der Fabel ist (ein Vorspiel auf der Jacht, das die gegensätzlichen Charaktere beschreibt; die Streitereien auf dem Schlauchboot; der Kampf der Geschlechter auf der Insel), so linear sind die Personen angelegt. Gennarino ist ein enger Verwandter Mimìs und spricht oft mit den Augen Tunins. Als proletarisierter Süditaliener repräsentiert er den verkrusteten Bodensatz des PCI, stumpfsinnig im Klassenkampf, patriarchalisch, mit einer Vorstellung von sozialer Gerechtigkeit als Rache oder Entschädigung für jahrhundertelange Unterdrückung. Er gleicht der

Karikatur eines proletarischen Stalinisten der fünfziger Jahre. Er hat nicht viel im Kopf, ist aber stolz auf die wenigen und unerschütterlichen Überzeugungen. Im Grunde hat er ein Herz aus Gold, das ihm trotz seines Mißtrauens gegen die »sozialdemokratische Industriellenhure« am Ende zum Verhängnis wird. Die blonde, schwerreiche, nervtötende Mailänderin verkörpert das gemäßigt progressive Italien der industriellen Aufsteiger. Sie liebt zum Beispiel »wahnsinnig« den Parteisekretär der Republikaner, La Malfa. Sie hat das typische ökologische Bewußtsein derer, die sich Dank ihrer Jacht noch ein sauberes Meer leisten können (»wie wunderbar, wie herrlich – ein Paradies«, sind ihre ersten Worte unmittelbar nach dem Vorspann). Natürlich ist sie eine emanzipierte Frau, die über Abtreibung und Überbevölkerung diskutiert (der übliche Tick der Wertmüller). Ihre besten polemischen Spitzen hebt sie sich aber für die Diskussionen mit ihren Freunden aus der radikalen linken Schickeria auf, die sie ständig mit Sätzen provoziert wie: »Die Kommunisten als Organisatoren der Wirtschaft? Daß ich nicht lache. Nach 50 Jahren sind sie immer noch mit ihren Sonntagsschuhen in Moskau und mit ihren Stiefeln in Stalingrad.« Bei diesem Satz sehen wir zum erstenmal Gennarino oder besser: seine tiefen Augen, die aus einer Luke der Jacht hervorschauen. Der atavistische, primitivkommunistische, ineffiziente Matrose aus dem Süden wird sofort Zielscheibe von Raffaellas lebensstrotzender und machtbewußter Aggressivität, und noch auf dem Schlauchboot, in einer Gefahrensituation, scheut sie sich nicht auszurufen: »Das mußte ausgerechnet mir passieren, mit einem vertrottelten Seemann schiffbrüchig zu werden.«

Auf diesen beiden antithetischen Charakteren basiert der Plot von TRAVOLTI. Die Dialoge sind ausgesprochen brillant und voller Anspielungen auf die damalige Tagespolitik, natürlich mit ein paar Übertreibungen, die im Charakter der Personen liegen. Es ist müßig, nach dem Realitätsgehalt der Hauptfiguren zu fragen, denn die Wertmüller verwendet bewußt stilisierte, polemische Zuspitzungen, um die italienische Situation zu zeichnen. Im Unterschied zu den proletarischen Frauen in TUTTO A POSTO, die sich an die Konsumgesellschaft anpaßten, verkörpert Donna Raffaella diese Gesellschaft höchst persönlich. Gennarino dagegen ist der übliche arme Schlucker, dem sich zum ersten und wahrscheinlich auch letzten Mal die Gelegenheit bietet, vom Geschmack der Macht zu kosten, indem er eine reiche Frau aus dem Großbürgertum erobert.

Es ist leicht, diese Dichotomie lächerlich zu machen (»Spartakus in den Armen einer Lady Chatterly«), die ein »(erotisches) Lehrstück über den Klassenkampf tragen soll«[44]. Noch einfacher ist es, sich ironisch über die naive Rückkehr zur Natur auszulassen, über das Bild eines noch nicht von Zivilisation oder Industriekapitalismus verdorbenen glücklichen Kindheitsstadiums der Menschheit, das die Wertmüller in diesem Film auszumalen scheint. Die einschlägige Szene klingt beim Nacherzählen eher kitschig: Giannini und die Melato lieben sich nachts am Strand im Widerschein eines kleinen Feuers, und die Frau, die wie zum erstenmal die Freuden der Liebe erfährt, ruft aus: »Liebling, du bist der Mann, wie er von der Natur erdacht war, bevor alles verdorben wurde.« Dazu erklingt eine süßliche Gitarrenmusik.

Eine solche Betrachtungsweise bleibt aber an der Oberfläche und privilegiert ausschließlich Inhalte. TRAVOLTI ist aber mehr. Der interessanteste Aspekt des Films liegt nicht darin, daß die Wertmüller ihre klassische Story von der Verstädterung (immer zieht ihr Held von der Provinz in die Industriestadt) mit dem üblichen Nord-Süd-Konflikt kreuzt, den sie dann auch noch ins Private verlegt, in den neutralen Raum einer verlassenen Insel, wo dann alle Spielarten der Kombination von Macht und Sex die Handlung hergeben. Im Grunde verfolgen alle Geschichten der Wertmüller in den siebziger Jahren ein triadisches Schema: ein Held ist zum Scheitern verurteilt, wie in der besten Tradition des europäischen Autorenkinos (während die Amerikaner dem Mythos vom Erfolg huldigen); eine oder mehrere Gegenspielerinnen, die als Träger der Problematik von Liebe und Politik die Widersprüche in Gang setzen; ein höllischer oder paradiesischer Raum (Fabrik, Großstadt, Küche) als Katalysator. Diesem Schema entzieht sich nicht einmal TUTTO A POSTO, wenn man Carletto als die eigentliche Hauptfigur des Films ansieht, die er in Wahrheit auch ist. TRAVOLTI ist die reinste und radikalste Form dieses Modells, das unter veränderten Umständen auch in THE END OF THE WORLD auftaucht.

Der Aspekt, der an TRAVOLTI am meisten interessiert und

überzeugt, ist, daß die Regisseurin alles auf die Identifikation des Zuschauers mit den Figuren setzt, auf seine Fähigkeit, den eigenen Standpunkt in seiner Beziehung zu den Personen dauernd zu wechseln. Natürlich muß er sich dabei den Spielregeln des Kinos unterwerfen (wer das nicht tut, ist out) und die Figuren des Spiels und das, wofür sie in ihrer rohen Weise stehen, a priori akzeptieren. Gennarino und Raffaella folgen jeder einer unsympathischen Situationstypologie. Je nach Entwicklung der Lage ergreift man für den einen oder anderen Partei, bis am Schluß beide einen gehörigen Teil ihrer aggressiven Sicherheit verlieren. Zum wiederholten Mal konfrontiert uns Lina Wertmüller so mit den Widersprüchen und Paradoxien, die auf dem psychosozialen Substrat der italienischen Realität ruhen und sich nicht mit einfachen und bequemen Lösungen aus der Welt schaffen lassen. Radikale Feministinnen und nostalgische Machos werden an diesem Film viel auszusetzen haben. Äußerst geschickt hat die Regisseurin genau in dem Moment, in dem am hitzigsten über das Geschlechterverhältnis diskutiert wurde, einen Film wie TRAVOLTI auf den Markt gebracht.

Wenn man den Kampf auf Leben und Tod als mäeutisches Prinzip des Films akzeptiert, kann man ihn nicht als moderne, proletarische Version des shakespeareschen *The Taming of the Shrew* ansehen. Alles läuft auf diesen Kampf hinaus, die verbale Gewalt der Dialoge und die physische Gewalt in den verschiedenen Momenten und Aktionen. Die Inszenierung ist sanft, als ob es sich um gefilmtes Theater handle. Die Möglichkeiten der Kamera werden meistens nur minimal genutzt, und selten gibt es die heftigen Zooms von der Totale auf die Augen der beiden Hauptfiguren, etwa um ihr Zögern zu unterstreichen, als ein Boot vorbeifährt und sie sich fragen, ob sie der schönen, aber außergewöhnlichen Lage durch Hilferufe ein Ende setzen sollen. Die Musik geht noch weiter, wenn sie mit verhaltener Ironie die Situationen untermalt: Stammestrommeln begleiten die Szene, in der Giannini auf die Melato Jagd macht. Eine Opernarie erklingt, wenn Gennarino von der bevorstehenden Abreise Raffaellas erfährt, die endgültig in ihre Welt zurückkehrt.

Im übrigen lebt TRAVOLTI fast ausschließlich von den Dialogen und der Umkehr des Herr-Knecht-Verhältnisses, wovon die Handlung vorangetrieben wird. Auch die Adam- und

Eva-Situation im irdischen Paradies erschöpft sich nicht in einer zivilisationskritischen Botschaft. Die verlassene Insel ist mehr ironisches Mittel als Zweck (und die Wahl einer extrem schönen und unberührten Landschaft ist der Beweis). Nur in einer natürlichen Null-Situation, in der die Macht des Geldes ausgeschaltet ist und es auf Überlebenskünste ankommt, kann Gennarino seinen persönlichen Sturm auf das Winterpalais unternehmen. Für die Wertmüller gestatten nur Ausnahmesituationen einen kürzeren oder längeren Umsturz sozialer Hierarchien und Werte, so »ein Tag als Löwe« des Tunin in FILM D'AMORE E D'ANARCHIA, so der Aufstand in der Küche in TUTTO A POSTO, so die Fiktion der verlassenen Insel außerhalb der Geschichte.

Das Opfer wählt seinen Schlächter selbst, sagte Fassbinder. Die Streitereien auf der Jacht und im Schlauchboot dienen dieser Strategie der Rollenverteilung und ihrer Umkehr. Endlich an die Macht gekommen, wird jedoch Gennarino mit seiner grobschlächtigen Ideologie (»die Partei ist heilig, du bist eine Hure und gehörst jetzt mir«; »die Frau ist ein Lustobjekt, ein Zeitvertreib für den Arbeiter«; »die Liebe hat nichts Ordinäres, das habt ihr Bürger euch nur erfunden«) auf herzogsche Weise des Hochmuts und Wahnsinns schuldig: gegen alle Logik fordert er einen Liebesbeweis außerhalb der Natur, in der Gesellschaft. Wäre die Wertmüller durchgängig Naturphilosophin oder auf seiten ihrer Helden, hätte sie dem Paar vielleicht ein Happy-end gegönnt und ihr außergewöhnliches Idyll auch auf dem Festland fortgesetzt. So gibt Gennarino den für Raffaella gekauften »Scheidungsring« dem Meer, der großen mediterranen Mutter, zurück und beobachtet melancholisch die Abfahrt des Schiffes, das sie auf die Insel zurückbringen sollte. Schließlich trägt er, in der letzten Einstellung, lustlos den Koffer seiner rechtmäßigen Frau.

TRAVOLTI ist unvorstellbar ohne Mariangela Melato und Giancarlo Giannini, von deren großem Können die psychologische Plausibilität der Personen, die Überzeugungskraft der nuancenreichen Haß-Liebe und der sado-masochistischen Verstrickungen abhängen. Donna Raffaella kann zur Liebessklavin und wieder zur gnädigen Frau Pavoni Lanzetti werden, weil die Melato alle Register von Hochmut, Sinnlichkeit, Unterwürfigkeit, Liebe, Machtbewußtsein und sexueller Anziehung zieht. Das besondere Gewicht des Films ruht mehr auf ihr als auf Giannini. Aber auch er ist in Hochform. Abgesehen von Schreierei, Witzen und dem Ausspielen paradoxer Situationen (die Ohrfeigen, die Raffaella mit politisch-sozialen Begründungen erhält: Preissteigerung, Inflation, schlechte Gesundheitsvorsorge), hat dieser Film stellenweise etwas vom Theater der Grausamkeit Artauds.

In den USA kommt der Film unter dem Titel *Swept Away* heraus und wird von Kritik und Publikum begeistert gefeiert. Vincent Canby schreibt: »Not since John Barrymore and Carol Lombard squared off in *Twentieth Century* have there been such epic physical battles of the sexes as in *Swept Away* … *Swept Away* is the first major release of the fall season and I hope it becomes the first major hit.«[46] Natürlich stößt der Film auch auf Ablehnung; Molly Haskell betitelt ihren Verriß mit »Swept Away on a Wave of Sexism«[47]. Aber der amerikanische Mythos der Wertmüller strahlt bereits in vollem Glanz.

Dreharbeiten Travolti da un insolito destino

142

Pasqualino Settebellezze. 1975

Pasqualino Frafuso, wegen seines Erfolgs bei Frauen Settebellezze (Sieben Schönheiten) genannt, ist ein kleiner, aufstiegsbewußter Camorrist, der weiß, daß er irgendwann ein großes Ding drehen muß, um in der neapolitanischen Unterwelt zur Geltung zu kommen. Die Gelegenheit bietet sich ihm, als er entdeckt, daß seine Schwester Concetta von Totonno hereingelegt worden ist, der versprochen hatte, sie zu heiraten, und sie stattdessen auf den Strich geschickt hat. Nach einem ersten Versuch, der auf lächerliche Weise schiefgeht, schleicht sich Pasqualino, der im Grunde ein armseliger Feigling ist, nachts in Totonnos Wohnung und bringt ihn eher zufällig um. Auf Anraten des Bosses Don Raffaele zerstückelt er die Leiche und verschickt sie in drei Koffern nach Norditalien. Von der Polizei entdeckt, wird er verhaftet, gibt sich als geistig unzurechnungsfähig aus und wird für zwölf Jahre ins psychiatrische Gefängnis von Aversa verbracht. Als er eine Patientin vergewaltigt, wird er mit Elektroschocks behandelt. Es gelingt ihm aber, aus der Anstalt zu entkommen, indem er sich bei Ausbruch des Zweiten Weltkriegs als Freiwilliger meldet. In Rußland desertiert er und flieht zusammen mit einem anderen Versprengten, Francesco aus Mailand, nach Deutschland, wo beide verhaftet werden und in einem Konzentrationslager landen. Hier lernt Pasqualino Pedro, einen spanischen Anarchisten, kennen, und um sich zu retten, täuscht er vor, in Hilde, die monströse Aufseherin des KZs, verliebt zu sein. Nach einem Liebesbeweis macht sie ihn zum Kapo und zwingt ihn, Francesco, der inzwischen sein bester Freund geworden ist, umzubringen. Gleich nach dem Krieg kehrt Pasqualino nach Neapel zurück, wo Carolina auf ihn wartet, ein junges Mädchen, das ihn immer geliebt hat. Seine sieben Schwestern gehen alle auf den Strich.

Nachdem sie in TRAVOLTI mit der Dialektik der Ekzesse experimentiert hatte, kehrt die Wertmüller zu einem historischen Thema zurück. Wieder knüpft sie dabei an den Faschismus und die dreißiger Jahre an (wie im FILM D'AMORE E D'ANARCHIA). Im Gegensatz zur gradlinigen Erzählung von TRAVOLTI ist PASQUALINO SETTEBELLEZZE komplex und ehrgeizig in seiner totalen, ganz autorenhaften Sublimierung der Materialien der commedia all'italiana, deren Theorie kommunizierender Röhren zwischen Lachen und Weinen, Posse und Tragik voll durchschlägt. Gleichzeitig berührt die Wertmüller jedoch einen äußerst delikaten Punkt: die Möglichkeit, den Nazifaschismus zu »historisieren« und in einer nicht tragisch-dramatischen Form darzustellen. Sie selbst sagt dazu: »Niemand hat bisher gewagt, die Welt der Konzentrationslager auf eine groteske Weise darzustellen.«[48] Auf diesen Aspekt hat sich die amerikanische Rezeption des Films mit ihren Polemiken konzentriert, während er in Italien fast stillschweigend übergangen wurde. Das mag daran liegen, daß das italienische Kino sich mit dem Komplex Sexualität-Nazifaschismus-Macht schon in ganz anderen Werken beschäftigt hatte, wie in *La caduta degli dei* (Die Verdammten. 1968) von Luchino Visconti, *Il portiere di notte* (Der Nachtportier. 1974) von Liliana Cavani, aber vor allem in Pier Paolo Pasolinis *Salò o le 120 giornate di Sodoma* (Die 120 Tage von Sodom. 1975), der einen Monat vor der Premiere des Wertmüller-Films in Paris uraufgeführt wurde. Offensichtlich sind die thematischen oder zeitlichen Übereinstimmungen rein zufällig, sie weisen allenfalls darauf hin, daß die italienische Filmkultur Mitte der siebziger Jahre sich dem Phänomen des Faschismus auf eine ganz andere Weise nähern wollte als die Tradition des Neorealismus.

PASQUALINO SETTEBELLEZZE enthält genau wie die vorhergehenden Filme die übliche poetische Welt der Wertmüller. Louis Marcorelles hat richtig bemerkt, daß alle Filme dieser Regisseurin immer das gleiche Thema behandeln und nach dem gleichen Muster gestrickt sind: es ändert sich die Anordnung der Elemente, aber das Produkt bleibt das gleiche. Das ist weder ein Vorzug noch ein Nachteil, denn letztlich zählt immer nur die Qualität. PASQUALINO SETTEBELLEZZE ist weit von den komplexen Problemstellungen Viscontis oder Pasolinis, aber auch vom Pseudointellektualismus der Cavani entfernt. Es ist ein Film, der nicht mit gezinkten Karten spielt oder Ansprüche erhebt, die er nicht einlösen kann. Er ist vielleicht nicht ihr bester, aber auf jeden Fall der am besten konstruierte und gemachte Film. So ist die Erzählstruktur zum erstenmal nicht zeitlich linear, sondern verschachtelt und voller Rückblenden, die einen ständigen Übergang zwischen den beiden wichtigsten Orten der Handlung ermöglichen: dem Nazideutschland gegen Kriegsende beziehungsweise dem Konzentrationslager und dem Neapel der dreißiger Jahre. Auf diesen beiden Schauplätzen entwickelt die Wertmüller ihre Geschichte, die eine Kritik des italienischen Transformismus und Qualunquismus ist, das heißt der charakterlosen, kleinbürgerlichen Anpassungsfähigkeit und der ihr zugrundeliegenden vitalistischen Philosophie; sie klingt an in dem berühmten »Tira a Campà« (man lebt halt weiter), dem Lied von Enzo Jannacci im Finale.

Wie im expressionistischen Stationendrama geht der Antiheld Pasqualino einen Leidensweg durch die verschiedenen »Teufelsküchen« (die Unterwelt Neapels; die psychiatrische Abteilung des Gefängnisses; der Krieg; das KZ). Im triadischen Schema, das als das tragende Gerüst der wertmüllerschen Filme funktioniert, fehlt diesmal die Rolle des Gegenspielers, der das Prinzip des Widerspruchs verkörpert und die Situationen in ein neues, anderes Licht rückt, sie erschüttert und explodieren läßt. Stattdessen gibt es eine Fülle von Nebenfiguren, die alle das Gute, Positive verkörpern: einen alten sozialistischen Professor, der vor der Einlieferung Pasqualinos in die Anstalt von Aversa seine Ausführungen über die Realität des Faschismus macht; Francesco, der für das Erwachen des antifaschistischen Bewußtseins während der Kriegskatastrophe und den Abscheu vor den nationalsozialistischen Verbrechen steht; den Anarchisten Pedro, der drei mißlungene Attentate auf die Diktatoren Mussolini, Franco und Salazar hinter sich hat und der die Philosophie (der Wertmüller) vom »Mensch in Unordnung« vertritt, als Künder einer wenn auch schwer zu realisierenden besseren Welt. Diese Figuren begleiten Pasqualino ein Stück auf seinem Weg, werden aber nie zu wirklichen Gegenspielern, die seine Widersprüche zum Ausdruck bringen. Die Rolle Gianninis muß also fast ganz allein These und Antithese darstellen. Mit einem Bild aus der Philosophiegeschichte könnte man sagen, daß die hegelsche Dialektik nicht zur marxschen fortschreitet, sondern auf Fichte zurückfällt. Die Möglichkeit des Zuschauers, sich spielerisch mal mit der einen, mal mit der

Pasqualino Settebellezze

145

anderen Figur zu identifizieren, die den Reiz von TRAVOLTI ausmachte, ist hier zugunsten eines eindimensionalen Schemas aufgegeben, so daß der Zuschauer es im Guten wie im Bösen mit Pasqualino hält oder dessen Position für die der Autorin nimmt.[49]

Zugespitzt könnte man sagen, daß die Kritik an der neapolitanischen Philosophie des Überlebens um jeden Preis in den Prinzipien Liebe und Politik, die die inneren Antriebe des wertmüllerschen Kinos sind, wie ein Fremdkörper wirkt. Pasqualino ist eine atypische Figur im Kino der Wertmüller, ein Lumpenproletarier im abwertenden Sinn des Worts (also nicht im pasolinischen Sinn), ein kleiner, unpolitischer Camorrist mit verschwommenen Sympathien für das Regime, aber stets bereit, es sich auf Grund irgendwelcher Erfahrungen oder Kritik anders zu überlegen (wer weiß, für wielange). Seine Liebe findet keinen Gegenstand, denn er ist von zuviel Gratisliebe umgeben, der Liebe der Mutter, der Schwestern, Carolinas (eine Figur, die ohne jede dramaturgische Konsistenz ist). So ist er ein Gefangener seiner Faszination als Herzensbrecher. Die typisch wertmüllerschen inneren Antriebe, die ihm fehlen, muß Pasqualino sich von außen holen, oder besser: die Geschichte und die Gesellschaft (auch die »ehrenwerte« der Camorra), das Umfeld müssen sie ihm vor die Füße werfen – der Naturalismus wird gesellschaftlich-mechanistisch. Man könnte einwenden, daß das Diagramm eines Durchschnittsitalieners, eines neapolitanischen »Normalverbrauchers« nur so, auf einer tabula rasa gezeichnet werden kann. Gerade diese Typologie ist das Rückgrat der commedia all'italiana gewesen (so wie Alberto Sordi sie tausendmal verkörpert hat, zum Beispiel in der Figur des Feiglings Oreste in *La grande guerra* [Man nannte es den großen Krieg] von Mario Monicelli, 1959). Mit diesem Vorgehen der Wertmüller verliert sich aber ihr spezifischer Beitrag zu diesem Genre: Typen mit fixen Ideen (ob richtigen oder falschen, ist unwichtig), deren Schicksale durch die Liebe und durch die Zustände ihrer Umgebung verkettet werden. Es handelt sich um das gleiche Konstruktionsproblem wie in TUTTO A POSTO, das damals noch durch die »Streuung« der Erzählweise verstärkt wurde. Wenn die Hypothese zutrifft, hat sich die Wertmüller in PASQUALINO SETTEBELLEZZE gezwungen gesehen, ihr Kino, das im Prinzip eher aus dem Bauch kommt, zu intellektualisieren, das heißt: die unmittelbare polemische Verve mit ziemlich fadenscheinigen psychologischen Begründungen zu entschärfen: »Pasqualino hat eine starke Beziehung zu Frauen. Aber es sind alles falsche Beziehungen, die er zu Frauen hat, Beziehungen, die schlecht ausgehen ... Um der Selbstbestätigung willen muß er es immer mit Frauen zu tun haben ... Bei den Frauen sucht er immer die Sicherheit, wie bei der Mutter.«[50]

Verglichen etwa mit TRAVOLTI fällt ein wirklich äußerst harter Gebrauch der Mittel der Groteske auf. Die ganze Szene des Mordes an Totonno und der Blähungen bei der Vierteilung seines Kadavers mag eine italienische Antwort sein auf die hitchcockschen Überlegungen über die Schwierigkeiten, einen Menschen umzubringen und seine Leiche verschwinden zu lassen. Doch während das noch im Bereich der Komik angesiedelt ist, werden die Vergewaltigung in der Gefängnispsychiatrie und mehr noch der ungeheuerliche Geschlechtsverkehr mit der KZ-Aufseherin zur reinen Tragik. Es genügt, diese letzte Szene mit der Verführung Amalias in MIMÌ METALLURGICO zu vergleichen. Ob diese Einfälle oder visuellen Deformationen (»Die Groteske ist ein sehr visuelles Phänomen. In unserer Zeit ist die Groteske sehr selten geworden, auch die Ironie. In unserer Zeit gibt es einen Hang zum Sentimentalen.«) die Grenzen des guten Geschmacks überschreiten, ist eine offene und ganz persönliche Frage, die vom individuellen Geschmack abhängt.

Trotz der mangelnden dialektischen Flexibilität der Hauptfigur[51] und einer unzureichenden Dosis an Antikörpern gegen die Philosophie des »Man lebt halt weiter« hat die Wertmüller alle Ingredienzen ihrer Filmküche hervorragend serviert. Das zeigt schon zu Beginn die Verwendung von dokumentarischem Material über Faschismus und Krieg, das von den ironischen Worten des Liedes »Quelli che ... oh jes« von Enzo Jannacci kommentiert wird. Eine erste Rückblende verbindet die beiden Höllen: nach den Worten Gianninis »Für eine Frau hab ich gemordet« erfaßt die Kamera in einer Panoramaaufnahme den Wald, in den sich die beiden Versprengten, Pasqualino und Francesco, geflüchtet haben. Varietémusik erklingt aus dem Off, und kurz darauf erleben wir eine Nummer aus der Revue »Auch Neapel schafft es ganz

allein«, in der die fette Schwester Pasqualinos, Concetta
(Elena Fiore), plump ihre Beine schwenkt. Sofort danach
wird der Antiheld gleichsam auf amerikanisch vorgestellt:
der Blick der Kamera geht von unten nach oben und erfaßt
die Schuhe, dann den Anzug und zum Schluß den pomadisierten Kopf Pasqualinos mit der Zigarettenspitze – halb
Gangster, halb Karikatur aus dem sentimentalen Varieté, das
er gerade anschaut. Eine Erschießung von Juden vor der
Szene, in der Pasqualino und Francesco in den Wald laufen,
ist der erste Hinweis auf das tragische Ende. In dieser ausge-
feilten Arbeit sind Dosierungen und Geometrie der verschiedenen Elemente bei den Übergängen und Anschlüssen fast
perfekt. Die ganze dritte große Rückblende in die Gefängnispsychiatrie (eine indirekte Polemik gegen geschlossene
Anstalten) stellt den letzten Höllenkreis vor dem Konzentrationslager dar, das wir schon vorher zu den Klängen von
Wagners »Walkürenritt« betreten hatten. Ein filmisches Bra-
vourstück ist die Sequenz, in der Pasqualino, dem »Monster
von Neapel«, der Prozeß gemacht wird: die Szene besteht
nur aus von Musik untermalten Blickwechseln zwischen den
Anwesenden. Abgesehen von einigen Auswüchsen wie dem
melodramatischen Selbstmord Pedros, der sich in die

Pasqualino Settebellezze

Pasqualino Settebellezze

Scheiße stürzt, ist die ganze Tragödie im Lager von großer bildlicher Strenge und filmischer Gemessenheit auch in den Extremsituationen. Das gilt auch für die schwierig darzustellende Beziehung zwischen dem »kleinen mediterranen Wurm« Pasqualino und der monströsen Vertreterin der arischen Nazi-Ideologie, die man auch als inzestuöses Verhältnis deuten kann: eine Großaufnahme Hildes wird mehrmals mit einem Bild der Mutter des Helden unterschnitten. In diesem stärksten Teil des ganzen Films wird in kondensierter und dramatischer Form der sadomasochistische Konflikt von TRAVOLTI wieder aufgenommen, jene Dialektik von Mann-Frau, Herr-Knecht, Schlächter und Opfer, über die man hier nicht mehr lächeln, geschweige denn lachen kann. Zum Schlächter geworden und kein kleiner Camorrist mehr, der auf lächerlichste Weise zum »Monster von Neapel« wurde, finden wir Pasqualino gerettet, aber zerstört, in seiner Heimatstadt wieder. Zum Ausgleich übernimmt er auf verdrehte und recht unsinnige Weise die Ideologie Pedros. Er erklärt Carolina, daß er viele Kinder haben wolle, um sich gegen die Überbevölkerung, an der die Welt bald zugrunde gehen werde, zu schützen.

In seiner Mischung der Einfälle, Provokationen und Widersprüche verkörpert PASQUALINO auf exemplarische Weise das stilistische Universum der Wertmüller und bleibt noch frei von formalen, akademischen Stilübungen. Man denke nur an den Doppelcharakter ihrer Schilderungen: die strahlenden, sonnigen, mediterranen Farben des italienischen und die grauen, dunkelgrünen Töne des nordischen Teils, ein Kontrast, der in MIMÌ METALLURGICO lediglich ironisch angedeutet wurde, hier dagegen zum bildlichen Erzählmaterial, zur Seelenlandschaft wird. Die Modelle und Stilmittel der sceneggiata, des traditionellen, neapolitanischen Melodram, bereits von Tripolina in FILM D'AMORE zitiert, sind hier das Stilprinzip, um die Welt der Camorra, ihren Ehrenkodex und das Leben in der Vaterstadt Pasqualinos zu schildern. Eine Vorliebe für spektakuläre Effekte durchzieht das narrative Gewebe in immer neuen Kombinationen ohne nennenswerte Abschweifungen.

Zum exzellenten Bühnenbild Jobs und zur Fotografie Tonino Delli Collis gesellt sich die letzte große Darstellung Gianninis für die Wertmüller in der Rolle des »kriecherischen Überlebenskünstlers« (John Simon), während der Amerikanerin Shirley Stoler (Hauptfigur in *The Honeymoon Killers* von Leonard Kastle. 1969) die anspruchsvolle und schwierige Interpretation der Hilde anvertraut ist. Von der italienischen Kritik sehr gelobt als überzeugende Parabel des vitalistischen Qualunquismus, erzielte PASQUALINO in den USA einen gewaltigen Skandalerfolg: »Als ich mit PASQUALINO SETTEBELLEZZE in New York ankam, zeigte die Stadt gerade in einer Retrospektive alle meine Filme. Es war ein wunderbares Gefühl, auch wenn man Angst bekommen könnte.«[52] Aber nach dem Erfolg und den Polemiken begann der Stern der Wertmüller zu sinken.

The End of the World in Our Usual Bed in a Night Full of Rain. 1977

1968: Paolo, ein kommunistischer Journalist, sieht zufällig in Padula, einem abgelegenen Nest zwischen der Campania und Kalabrien, einer religiösen Prozession zu. Eine feministische Studentin aus Amerika, Lizzy, provoziert unvorsichtig einen Zusammenstoß mit den Gläubigen und wird mit knapper Not von Paolo gerettet. Er folgt ihr durch die verlassenen Räume der herrlichen Kartause. Paolo verliebt sich in die Frau, fliegt nach San Francisco und spürt sie auf. Nach heftigem Werben gelingt es ihm endlich, sie zu erobern und von einem anderen Mann, Jack, wegzubringen. Seit zehn Jahren leben die beiden nun, verheiratet, mit ihrer kleinen Tochter Alex in einem schönen Haus in Rom. Aber ihre Ehe kriselt, wie übrigens alle ihre früheren Ideale. In einer dramatischen Nacht schlagen sich die beiden im Schlafzimmer all ihre aufgestauten Frustrationen und ungelösten Probleme um die Ohren. Aber nach dieser Regennacht voller persönlicher und sozialer Neurosen wird sich vielleicht einiges ändern.

Lina Wertmüller geht nach Amerika, das heißt, sie unterschreibt einen Vertrag mit Warner Brothers, die diesen Film produziert. Die Wertmüller ist weder der erste noch der letzte europäische Autor, der sich auf das trügerische amerikanische Abenteuer einließ. Für sie war es eine negative Erfahrung. Im nachhinein ist es nicht schwierig, Gründe für den Mißerfolg von THE END OF THE WORLD zu finden. Die Regisseurin ist eng mit der commedia all'italiana verbunden, die immer schon Exportprobleme hatte, denn sie lebt ganz von den Stimmungen, dem Vulgären und dem Unterbewußten der italienischen Gesellschaft. Die Wertmüller hätte sich völlig verändern müssen, um einen Film für ein internationales Publikum zu machen, der, wie Douglas Sirk einmal sagte, gleichzeitig in Kansas City und Singapur gefällt. Der Mittelweg jedoch »bringt den Tod« – und leider ist das der Weg, den die Wertmüller einschlägt (oder einschlagen mußte). Die Intellektualisierung, die sich schon in PASQUALINO SETTEBELLEZZE bemerkbar machte, ohne damals größere Schäden anzurichten, wird zur Gewaltanstrengung. Natürlich ist es nicht einfach, von heute auf morgen Edoardo De Filippo durch Strindberg und Fellini durch Bergman zu ersetzen. Die Wertmüller hat es mit der für sie typischen naiven Unbekümmertheit probiert.

THE END OF THE WORLD/LA FINE DEL MONDO wurde in zwei philologisch korrekten Versionen gedreht, eine für den amerikanischen Markt, in der Giannini sich selbst auf englisch synchronisiert, und eine italienische Ausgabe, in der Candice Bergen die Sprache des Bel Paese spricht. So hat der Film alle Nachteile eines Bastards und eines durch Ambitionen verwässerten Talents. Sein Muster entspricht dem »Kampf auf Leben und Tod« von TRAVOLTI. Es ist ein Film für zwei Stimmen, ein nordisches Kammerspiel in einer römischen Wohnung. Außer den Hauptpersonen wohnen hier die geisterhaften Masken der Freunde von Paolo und Lizzy, die als weiteres theatralisches Hilfsmittel wie ein surrealer griechischer Chor das feministische Unterbewußtsein der Frau und das machistische des Mannes vertreten. Die Erzählung stützt sich nicht mehr auf komische Effekte oder Verhaltensweisen, sondern auf psychologische, kausale Ableitungen der beiden gegensätzlichen Typologien: er ist ein stalinistischer Eurokommunist (seltsame Mischung!) und südlicher Macho, sie eine romantisch-bürgerliche, protestantisch-fortschrittliche Feministin.

Der Film, der in 100 Minuten die existenzielle und politische Krise der 68er Generation behandeln und den linken Jargon ironisieren will, scheint konkret zu sein, ist aber das abstrakteste Werk der Regisseurin. Obwohl er sich durchgehend an einen geschichtlichen Hintergrund hält, ist er von allen Arbeiten der Wertmüller in den siebziger Jahren die harmloseste und am wenigsten provozierende. Die aktuellen Bezüge

The End of the World

154

The End of the World

vergißt man sofort über dem anstrengenden Nachvollziehen der (verregneten) Ereignisse, der Verstrickungen und Streitereien des Paares. Die Verlagerung der Optik von der Nord-Süd-Schiene auf die planetarische Ebene Europa-Amerika hat der Geschichte nicht genützt.

Wie üblich enthält der endlose Titel alle wichtigen Bestandteile des Plots: eine Katastrophenahnung (the end of the world/la fine del mondo/das Ende der Welt), die mit den Trompeten des jüngsten Gerichts für den Hausgebrauch angeboten wird, den Ort des Geschlechterkampfs (our usual bed/il solito letto/das übliche Bett) und schließlich als Symbol der Gefühlsstürme die Entfesselung der Naturelemente (a night full of rain/una notte piena di pioggia/eine Nacht in strömendem Regen), gleichzeitig ein ahnungsvoller Hinweis auf die mögliche Rettung durch eine Art Arche Noah, die auf den Wellen der Sintflut schaukelt.

Man hat gesagt, daß der Wertmüller hier die Lust am Lachen vergangen sei und sie auch niemand zum Lachen bringen wolle.[53] In der Tat sind die grotesken Elemente noch dünner gesät als in TRAVOLTI. Trotz seines sadomasochistischen Kerns spricht THE END OF THE WORLD im Unterschied zum vorhergehenden, ironischen Film in einem orakelhaften Ton, der hier deplaziert wirkt. Er hat die Schwerfälligkeit und Überladenheit eines teutonischen Beziehungsfilms, die kaum jemand mit tiefen Eingebungen verwechselt haben wird.

Wie ein Neuling in der Psychologisierung hat die Wertmüller versucht, den stilistischen Anforderungen an ein solches Werk mit einer unkontrollierten Häufung von Nahaufnahmen zu genügen. Sie sollen sozusagen »die Gedanken der Hauptfiguren fotografieren« (Elia Kazan). Aber auf diese Weise wird sie dem ökologischen Gleichgewicht ihres Kinos untreu. Sie verlagert alles auf diese Technik, und auch der intensive Gebrauch von Rückblenden schafft da nur wenig Abhilfe. Trotz seiner gekonnten Machart funktioniert der Film nur als routiniertes Handwerk, als ein träges Verwalten der wertmüllerschen Welt, die hier nicht genügend Kraft besitzt, sich aus sich selbst zu erneuern. Den wenigen Streifzügen ins Freie (schön ist zum Beispiel die Verfolgung in der Kartause und sind einige Szenen in San Francisco) fehlt die dramaturgische Kraft der Ausflüge in FILM D'AMORE E D'ANARCHIA. In der Sequenz mit der Prozession (ein italienischer Film-Topos, der auch das großartige Finale von Roberto Rossellinis *Viaggio in Italia* [Liebe ist stärker. 1953] inspiriert hatte) sucht man vergeblich nach der üblichen Brillanz der wertmüllerschen Schlüsselszenen. Auch eine groteske Einlage – die Musikkapelle der PCI-Sektion intoniert »Bandiera Rossa«, eine Anspielung auf die berühmten Streitereien zwischen Don Camillo und Peppone – bringt nur wenig Leben in die Szene. Selbst die schauspielerische Leistung bleibt unter dem Niveau früherer Filme: Candice Bergen scheint in dieser Rolle, die von fern an ihren Part in *Getting Straight* (1970) von Richard Rush erinnert, nicht in Hochform. Giannini muß als ein etwas geläuterter und gebildeter, aber immer noch recht animalischer Gennarino alle Register seiner beachtlichen Kunst ziehen, um in der Rolle dieses unglaubwürdigen Journalisten zu überzeugen.

Man könnte den Film als einen Betriebsunfall ansehen, eine notwendige Reflexionspause nach der glücklichen Folge gelungener Werke. Aber der nächste Film, FATTO DI SANGUE, bestätigt eine gewisse Schaffenskrise der Wertmüller. In

The End of the World

ihrem Drang, alle Stimmungen und Frustrationen einer ganzen Generation zu erfassen, griff sie nach Stilmitteln, die ihrem Talent und ihrer Bildersprache zuwiderliefen, und opferte das Projekt eines populären Kinos auf dem Altar der internationalen Konfektion. Damit verlor sie auch für die Amerikaner ihren besonderen look und wurde in ihren Augen eine neurotische, bissige, manchmal unverständliche Variante der eigenen Komödie. Der Schlagabtausch mit Amerika hat auch bei der Regisseurin Spuren hinterlassen.

Fatto di sangue fra due uomini per causa di una vedova, si sospettano moventi politici. 1978/79

In Comitini auf Sizilien weiß die ganze Stadt, daß Angelo Paternò vom Mafioso Vito Acicatena ermordet wurde, aber keiner redet, und beim Prozeß wird der Mörder freigesprochen. Der sozialistische Anwalt Rosario Maria Spallone kehrt in seine Heimat zurück und versucht vergeblich, die neapolitanische Witwe Paternòs, Titina, in die er sich verliebt hat, von einer Wiederaufnahme des Prozesses zu überzeugen. Eines Tages trifft Acicatena die Frau zufällig und versucht, sie zu vergewaltigen. Spallone greift ein, wird im Handge-

Fatto di sangue

Fatto di sangue

menge verletzt und gewinnt Titinas Zuneigung, worauf er mit ihr eine Liebesnacht verbringt. Wenige Tage später erscheint Nick Sanmichele im Dorf, ein Cousin Paternòs, der in Amerika durch Schmuggel und Killerdienste reich geworden ist. Auch zwischen dem Neuankömmling und Titina entsteht eine Liebesbeziehung. Die politische Situation, die sich mit Mussolinis Marsch auf Rom zugespitzt hat, zwingt Nick und Spallone aus verschiedenen Gründen abzureisen. Nach seiner Rückkehr nach Sizilien nimmt Spallone an einer Landbesetzung teil, wird aber zusammengeschlagen und von der faschistischen Sturmabteilung unter Leitung Acicatenas gezwungen, Rhizinusöl zu trinken. Auch Nick ist in der Zwischenzeit nach Comiti zurückgekehrt und wird wider Willen in eine blutige Schießerei verwickelt, die Spallone verursacht hat. Er rettet Spallone und verletzt Acicatena schwer. Der Killer und der Anwalt versuchen zu fliehen; sie nehmen Titina mit, die ihnen erklärt, daß sie schwanger sei. Am Hafen, kurz vor der Einschiffung nach Amerika, erreicht sie eine von Acicatena angeführte faschistische Truppe. Es kommt zu einem Massaker, bei dem alle drei männlichen Protagonisten den Tod finden. Bevor Nick und Spallone sterben, gesteht ihnen Titina ihre Liebe und sagt jedem, er sei der Vater ihres zukünftigen Kindes.

Fatto di sangue

Theoretisch paßte die Idee, ein richtiges Melodram – das internationale Genre schlechthin – zu drehen, viel besser zum Temperament und zu den Fähigkeiten der Wertmüller als ein bergmansches Kammerspiel. Mit seinen Möglichkeiten hatte sie schließlich schon oft experimentiert. Aber diese zweite italo-amerikanische Produktion wirkt nur wenig überzeugender als THE END OF THE WORLD. In der italienischen Version synchronisieren sich die Hauptfiguren im Dialekt, und der Film besitzt stellenweise einen epischen Rhythmus. Die zwei amerikanischen Versionen aber – die erste, 112 Minuten lang, unter dem Titel THE BLOOD FEUD und eine zweite, auf 99 Minuten gekürzte Fassung mit dem Titel REVENGE – bringen den politischen Hintergrund der Geschichte zum Verschwinden. Das Englisch Mastroiannis und Gianninis ist ziemlich unglaubwürdig und dramaturgisch nicht gerechtfertigt, anders als in THE END OF THE WORLD, wo die unterschiedlichen Muttersprachen von Paolo und Lizzy Gelegenheit zum Austausch der Sprachen gaben.
Als ob sie eine Triologie zum Faschismus abschließen wollte, legt die Wertmüller ihren Film in das Jahr 1922, in die Zeit unmittelbar vor und nach dem Marsch Mussolinis auf Rom, dem ersten Akt der Faschistisierung Italiens. Das Land hatte den Krieg und eine Periode großer politischer und sozialer

Auseinandersetzungen hinter sich. (Einmal begründet Mastroianni seine gemäßigte Position mit der Spaltung von Livorno im Jahre 1921, wo aus einem Flügel der PSI die kommunistische Partei hervorging.) Vor diesem geschichtlichen Hintergrund mit der Ausbreitung der Gewalt faschistischer Schlägertrupps konstruiert die Wertmüller ihre mittlerweile klassische Geschichte von Liebe und Politik in Form eines Melodrams fürs Fernsehen, und dabei ans Fernsehen zu denken, liegt nahe, weil es keine andere logische Erklärung für die ständigen Großaufnahmen der Schauspieler gibt. In einem psychologischen Drama wie THE END OF THE WORLD mögen sie am Platz gewesen sein, aber in einem im Freien gedrehten Melò sind sie wohl eine unbewußte Unterwerfung unter den zeitgenössischen Wildwuchs der Fernsehsprache. Einige italienischen Rezensenten haben mit leiser Bosheit hervorgehoben, daß die Drehorte und die schönen sizilianischen Landschaften fast ausschließlich nach touristisch-folkloristischen Gesichtspunkten offenbar mit Rücksicht auf das amerikanische Publikum ausgewählt wurden. Zur Entlastung der Wertmüller könnte man anführen, daß die Einbeziehung der Monumente der Magna Grecia (Tempel, Theater) Anspielung und entferntes Zitat des klassischen Dramas sein könnten.

Fatto di sangue

Der schwächste Aspekt des Films ist aber nicht seine touristische Stilisierung, sondern die Tatsache, daß – wohl aus Gründen der internationalen Verständlichkeit – zwei der tragenden Figuren des melodramatischen Dreiecks zur bloßen Karikatur verkommen. Zum erstenmal verfehlt die Wertmüller die Effektmischung ihrer Hauptfiguren. Spallone ist ein Jammerlappen, ein geschwätziger sizilianischer Anwalt, ein Schießbudenpolitiker, dessen moderater sozialer Idealismus der Rest eines jugendlichen Aufbegehrens gegen die Klasse der Großgrundbesitzer ist, aus der er kommt. Nick dagegen ist ein italo-amerikanischer Mafioso wie aus dem Comicstrip, dessen Schicksal ebenfalls durch soziale Umstände determiniert ist (ein Bauernsohn, der auswandern mußte). Kurz: die sizilianische Welt nach Mario Puzo. Neben diesen beiden Karikaturen, die Mastroianni und Giannini so gut wie möglich zu beleben versuchen, hat die Wertmüller, in der besten Tradition des Neorealismus, die wunderbare epische Figur einer stolzen und kämpferischen Frau à la Anna Magnani gestellt.

Aber abgesehen davon ist FATTO DI SANGUE seinem Grundton und seiner Struktur nach ein Melodram, das seine genauen Gesetze hat, die hier nicht respektiert werden. Andererseits ist der Film auch keine typisch wertmüllersche

Fatto di sangue

Montage verschiedener Elemente, unter denen auch die melodramatischen ihren Platz haben und sich dann in etwas anderes verwandeln. Ergebnis: die grotesken oder ironischen Momente (Mastroianni fällt vom Rad bei der Landbesetzung, zu der er fast mit Gewalt hingeschleift werden mußte) verbinden sich im Duktus eines Films, der ständig seine Register wechselt, nur schlecht miteinander. Das gilt auch für die Milieuschilderungen oder die historischen Abschweifungen (Dokumentaraufnahmen vom Marsch auf Rom, kommentiert im Off von der Stimme Mastroiannis), die den Plot behindern. Die Wertmüller greift auf zwei Erinnerungen aus den sechziger Jahren zurück: auf den Kulturverein (Circolo Culturale) der Honorationen mit seinen endlosen, trägen Erörterungen über Frauen und Politik, den wir ebenso wie das Vorbild für die Mutter von Spallone, ein böser Wachhund der Großgrundbesitzerinteressen, bereits aus den BASILISCHI kennen, und auf den Westernstil von THE BELLE STARR STORY mit der langen Pokerpartie und der Schießerei im griechischen Theater, bei der Acicatena verwundet wird. Solche spektakulären Elemente machen den Plot jedoch nicht spannender, sondern führen zur Zerstreuung der Erzählung, die mit der Figur der Titina eigentlich einen epischen Charakter annehmen müßte.

Fatto di sangue

Aber trotz seiner Unausgeglichenheit und seiner strukturellen Schwächen ist FATTO DI SANGUE ein Film, der Spaß macht, vor allem mit visuellen Gags (Giannini taucht zum erstenmal mit einer Madonna in einem Oldtimer auf, zu Charleston-Klängen). Das starke Finale am Hafen, ein tragisches Ballett um Liebe und Tod, ist ein Glanzstück »im ›Puzzle‹ eines Films, der noch gedreht werden muß«[54]. Was bleibt, ist vor allem die eindrucksvoll ursprünglich-wilde Figur der Titina. Manfredi träumte in QUESTA VOLTA PARLIAMO DI UOMINI von der Loren, und hier ist sie und liefert während ihrer kurzen Rückkehr nach Italien eine weitere Meisterleistung nach *Una giornata particolare* (Ein besonderer Tag. 1977) von Scola. Von ihr schrieb die Kritik zu recht: »Nach vielen Jahren zu ihrem Heimatdialekt zurückgekehrt, zeigt Sophia hier ein Temperament und eine Ausstrahlungskraft wie in ihren besten Filmen. Die schwere, rußige Maske und die rauhen Trauerkleider verdunkeln ihren südlichen Charme, ohne ihm Abbruch zu tun.«[55] FATTO DI SANGUE verdankt dieser Faszination seine guten Momente.

È una domenica sera di Novembre. 1980/81

Luftaufnahmen aus einem Hubschrauber. Sie zeigen die Trostlosigkeit vollkommen zerstörter Dörfer und verbinden wie ein roter Faden Bilder von grauenhafter Verwüstung und voller Verzweiflung aus der aktuellen Fernsehberichterstattung mit Archivmaterial über religiös ergriffene Flagellanten – die gläubigen Anhänger der Madonna dell'Arco – sowie mit Teilen aus einem Dokumentarfilm von Nino Russo über den Fall des »seligen Alberto«, eines Arbeiters, der während des Baus der Autobahn von einem Lastwagen überrollt und in einer Tante »wiedergeboren« wurde. Am Ende steht ein Interview mit dem italo-amerikanischen Regisseur Martin Scorsese, der von seinen kulturellen Wurzeln in Süditalien spricht.

»È una domenica sera di Novembre«: mit diesen Worten beginnt der Dokumentarfilm, bis heute die einzige Arbeit der Wertmüller im Bereich des nicht-fiktionalen Kinos. Fünfzehn Jahre nach dem GIORNALINO DI GIAN BURRASCA ist sie zur

RAI zurückgekehrt und gleichzeitig zu einem ur-italienischen Thema: zum armen, diesmal nicht amerikanisch verpackten Süden, »der mich betroffen macht und stimuliert. Dieses Land voller Wölfe und Könige, wo ich meine Wurzeln habe, vielleicht wegen einer Großmutter aus der Irpinia ...« Ein sehr trauriges Ereignis veranlaßte dieses coming home, jenes Erdbeben vom 23. November 1980, das zwischen Avellino, Potenza, Salerno und Neapel dreitausend Tote forderte und mit seinen furchtbaren Zerstörungen eine der ärmsten Gegenden Italiens traf. Die Katastrophe brachte Tod, Elend und Leiden in die Wohnungen von 57 Millionen Menschen. Die Massenmedien waren sofort zur Stelle und dokumentierten aller Welt, wie sich der italienische Staat durch seine totale Unfähigkeit, rasch und unbürokratisch zu helfen, schuldig machte. Mit den Möglichkeiten des »globalen Fernsehdorfs« konnte die Nation das makabre Schauspiel einer ungeheuren kollektiven Katastrophe ein paar Tage lang mit ohnmächtiger Wut und Schmerz verfolgen.

Lina Wertmüller drehte unmittelbar nach dem Geschehen an den verschiedenen Schauplätzen des Unglücks und stellte dann sechs Monate lang am Schneidetisch das unterschiedlichste Material zusammen (Aussagen von Journalisten, Nachrichtenbeiträge, Interviews, Reportagen). Was entstand, ist keine einfache Schilderung der Ereignisse, aber auch nicht nur eine Kritik an den Versäumnissen des Wiederaufbaus, die man damals schon absehen konnte (Ende 1987 sollte der Wiederaufbau nach offiziellen Angaben zu sechzig Prozent abgeschlossen sein; pessimistischere Berechnungen sprechen von zehn Prozent). Dabei ist die Regisseurin ihrem klassischen, alles vereinnahmenden und schillernden Stil treu geblieben. Sie hat versucht, die journalistisch dokumentarische Wiedergabe der Dokumente zu einer ethnografischen Analyse der Kultur und der Machtverhältnisse Süditaliens auszuweiten, wobei sie die Themen untersucht, die ihr am Herzen liegen: Magie, Religiosität, Prozessionen, Volkstänze, Aberglauben, aber auch die Geschichte Neapels mit seinen Kunstschätzen und der Bourbonenherrschaft.

Bilder und Text (den die Regisseurin zum großen Teil selbst im Off spricht) überstürzen sich gegenseitig: der Fluch der Emigration; die historische Neubewertung der Bourbonenherrschaft, die nicht mehr - wie noch in der eher sozusagen nordischen Tradition des Risorgimento – als Schauplatz der »drei F« gesehen wird: festa, farina e forca (Fest, Mehl und Galgen), sondern als eine Herrschaft, die jener der Piemonteser im Grunde vorzuziehen war. Zwar hat man mitunter den Eindruck, daß der Film mit zu vielen Themen überfrachtet ist, aber è UNA DOMENICA ist auch eine sehr persönliche Reise durch den Süden, ein Werk, das mit einer überbordenden Fülle sehr gegensätzlichen Materials arbeitet, um einen ganz bestimmten Süden zu zeigen: barock und elend zugleich, ein Land, in dem Mutter, Sex, Religion und Tod eine untrennbare Einheit bilden. Alberto Bevilacqua hat den Film ein »Klagelied« genannt und ihn mit einer spezifischen literarischen Tradition in Verbindung gebracht.[56] Auf jeden Fall ist er mit seinen scharfen Kontrasten zwischen aktuellen Problemen und kunsthistorischen Schönheiten ein weiterer Beweis dafür, mit wieviel Talent die Wertmüller das mystische und heidnische Italien, das sie liebt, wiederauferstehen lassen kann. Unter der Verkleidung einer Fernsehreportage erhebt sich wie Phönix aus der Asche die ganze versunkene mythologische Welt der römischen Regisseurin.

Der Film wurde vom Fernsehen am ersten Jahrestag des Erdbebens ausgestrahlt, während gleichzeitig in den Buch-

Scherzo del destino

handlungen der Roman der Wertmüller, *La testa di Alvise*[57], auftauchte. Eine Reihe von Voraufführungen in den betroffenen Gebieten rief erbitterte Polemiken hervor. Der Darstellung der Wurzeln der südlichen Kultur und Religiosität warf man einen Ekzeß an »folkloristischen Gemeinplätzen« vor und beschuldigte die Regisseurin, blind gegenüber den Wandlungsprozessen im Süden zu sein. Einige forderten sogar die Beschlagnahme des Films wegen seines »Rassismus« und weil er so »gefühllos« sei, Szenen mit Flagellanten zu zeigen. Die Wertmüller antwortete ihren Kritikern: »Der Wiederaufbau ist nur möglich, wenn man das historische und kulturelle Erbe des Südens berücksichtigt ... Auch in Zukunft wird das antike Herz des Südens schlagen müssen. Das ist jedenfalls meine Meinung.«

Scherzo del destino in agguato dietro l'angolo come un brigante di strada. 1983

Auf seiner Fahrt zu einer Pressekonferenz bleibt der Innenminister auf dem Gianicolo-Hügel in Rom in seinem gepanzerten, von einem hochkomplizierten japanischen Computer kontrollierten FIAT mit einer Panne liegen. In der Nähe befindet sich die Villa seines verhaßten Parteifreundes, des christdemokratischen Abgeordneten De Andreis. Um eine unter Umständen gefährliche Panik zu vermeiden, schiebt dieser das Auto mit Hilfe zweier vorbeikommender Carabinieri in seine Garage, wo sich unter großer Geheimhaltung die Rettungsmaßnahmen vollziehen, denn das Auto ist nicht mehr zu öffnen. Nacheinander treffen der Sekretär des Ministers, ein zuverlässiger Carabinieri-Hauptmann und ein Techniker ein, den Agnelli aus Turin geschickt hat. Während man vergeblich versucht, den Minister aus dem Auto zu befreien, plagen den Abgeordneten De Andreis eigene Probleme: seine Frau, eine Feministin und ehemalige Achtundsechzigerin, entdeckt, daß ihr Geliebter, ein entflohener Terrorist, sich im Keller versteckt hält; seine Schwiegermutter raucht Joints, und die fünfzehnjährige Tochter hat sich in einen der Carabinieri verliebt und sich mit Hilfe eines Tricks mit Handschellen an ihn fesseln lassen. De Andreis entdeckt seine Frau mit dem Terroristen im Keller und bietet sich nach einem halbherzigen Selbstmordversuch als Geisel an, um seiner Frau seine Liebe zu beweisen; er will ihr sogar ermöglichen, gemeinsam mit ihrem Geliebten ins Ausland zu fliehen. Aber niemand wird mehr aus der Villa entkommen. Nach einem Telefongespräch mit den Konstrukteuren des Computers in Tokio setzt das teuflische Auto einen anderen, perversen Mechanismus in Gang, durch den alle Beteiligten von seinem Inneren verschluckt werden.

Nach fast fünfjähriger Spielfilm-Abstinenz und einigen gescheiterten Projekten (zum Beispiel »Tieta de Agreste« mit der Loren) erscheint die Wertmüller – wie gewohnt am Beginn eines neuen Jahrzehnts – mit diesem SCHERZO von neuem in Hochform. Wieder einmal kehrt sie zu den bissigsten und satirischsten Tönen, zum Ursprung der alten commedia all'italiana zurück, die in der Zwischenzeit so oft totgesagt und begraben worden war, daß man ihr sogar in der letzten Episode von *I nuovi mostri* (Viva Italia. 1977; mit Alberto Sordi unter der Gemeinschaftsregie von Mario Monicelli, Dino Risi und Ettore Scola) ein metaphorisches Begräbnis bereitet hatte. Aber hier steht sie wieder auf und beweist mit Hilfe der römischen Regisseurin ihre unverminderte Lebendigkeit, überdies in einem Moment, in dem das italienische Kino in einer seiner schwersten Krisen steckt. Verzweifelt versucht es, gegen die Fernsehkonkurrenz und die Profitlogik idiotischer, seichtester Produktionen anzukommen, aber es fehlt an Ideen, und das Publikum bleibt aus. Die Wertmüller selbst beschreibt das Problem genau: »Ich habe Angst vor diesem Wettrennen. Mit dieser Art Komik haben wir nur erreicht, daß die Leute in den letzten Jahren ins Kino gingen, um fernzusehen, und zu Hause vor dem Fernsehen blieben, um Filme zu sehen. Ich fürchte, daß das Publikum keine Zeit hatte, seine Sehgewohnheiten auszubilden und diese großartigen Weggenossen fürs Leben, wie Autoren und Schauspieler es sein können, liebzugewinnen. Ich fürchte, wir haben dazu beigetragen, daß eine Generation ohne Bilder aufgewachsen ist, während unsere mit den Bildern aus *La dolce vita, Otto e mezzo* und den vertrauten Gesichtern von Mastroianni, Gassman, Tognazzi und der Loren heranwuchs.«[58]

Die Filmemacherin hat darum für ihren Wiederbelebungsversuch eine Symbolfigur wie Ugo Tognazzi ausgesucht und zum erstenmal in ihrer Laufbahn einen Drehbuchautor um Mithilfe gebeten, einen »Fürsten« der commedia all'italiana, Agenore Incrocci, besser bekannt als Age, Verfasser der Drehbücher von *I soliti ignoti* (Diebe haben's schwer), *L'armata Brancaleone* (Branca Leone), beide von Monicelli, oder *C'eravamo tanto amati* (Wir hatten uns so geliebt) von Scola, um nur einige zu nennen. Auch wenn SCHERZO ein absoluter Wertmüller-Film bleibt, verrät die Flüssigkeit und Lebendigkeit seiner Geschichte, daß ein erfahrener Könner wie Age mitgeholfen und die Feinarbeit übernommen hat. Nach zweijährigem Schlaf in verschiedenen Produzentenschubladen konnte das Werk endlich dank der Gaumont Italia unter der Leitung Renzo Rossellinis realisiert werden. Die Gaumont war damals als einzige bereit, Risiken mit dem Autorenkino einzugehen. Künstlerisch war es die verlorene Zeit wert, denn SCHERZO ist zu einem der besten Wertmüller-Filme geworden, der das Thema der »bleiernen Zeit« des Terrorismus auf seine Weise angeht. Es gibt nur wenige Arbeiten zu diesem Thema, und SCHERZO ist den »ernsthafteren« Werken *La tragedia di un uomo ridicolo* (Die Tragödie eines lächerlichen Mannes. 1980; wieder mit Tognazzi) von Bernardo Bertolucci oder dem fast gleichzeitig erscheinenden *Colpire al cuore* (Ins Herz getroffen. 1982) von Gianni Amelio ebenbürtig.

Der Film beginnt rasant: nach einer Schilderung des republikanischen Rom, wie die Wertmüller sie liebt (auch Tunin wurde in FILM D'AMORE E D'ANARCHIA so eingeführt), erleben wir, während die letzten gesungenen Worte einer sehr ironischen »Habanera« des Liedermachers Paolo Conte verklingen, eine zweifache Ankunft auf dem Gianicolo-Hügel. Auf der einen Seite bleibt der schwarze, mit seiner unnützen Technologie gepanzerte Wagen der Macht ruckelnd stehen; auf der anderen Seite sehen wir einen Mann heranschleichen (der »brigante di strada« des Titels), der in einen Keller schlüpft. Später erfahren wir, daß er ein lächerlicher Terrorist ist, ein Trottel, dem nur durch Zufall die Flucht aus dem Gefängnis gelungen ist. Sobald die Kamera uns einmal in die palastartige Villa des christdemokratischen Abgeordneten eingeführt hat, werden Zuschauer und Film sie nicht mehr verlassen. Außer dem großen Garten hat der Bühnenbildner

Enrico Job drei Räume für den wertmüllerschen Scherz geschaffen: das mit Art-déco-Objekten überladene, schwülstige Innere der Wohnräume, ein Mittelding zwischen dem Bordell von FILM D'AMORE E D'ANARCHIA und dem vornehmen Salon von QUESTA VOLTA; einen Keller, in dem außer dem Terroristen auch die Statuen und der klassische, imperial-faschistische Gipsplunder aus FILM D'AMORE E D'ANARCHIA Unterschlupf gefunden haben; die kahle Garage, wo die Macht im Auto sitzt und sich fürchterlich aufregt, durch die perfekte Geräuschisolierung des Wagens aber zum Schweigen verdammt ist und sich mit Gesten und Grimassen verständigen muß.

Auf diesen drei Schauplätzen agieren die Figuren, unter denen Ugo Tognazzi hervorsticht. Mit seiner Aura und einer gemessenen, fast unterkühlten Spielweise lenkt er den Film in ein ruhigeres Fahrwasser, fern von den üblichen Exzessen und Kurzschlußhandlungen des Kinos der Wertmüller. An seiner Seite repräsentiert die neurotische Gestalt der Abgeordnetenfrau, dargestellt von Piera degli Esposti, ein Gegenstück zur Fiore in MIMÌ METALLURGICO, eine romantische Idealistin, die sich im Widerspruch zwischen ihrer Ehe mit einem Christdemokraten und ihrer revolutionären Vergangenheit (politisches Engagement, Feminismus, Kampf um Legalisierung der Abtreibung), ganz zu schweigen von anderen Abirrungen (die Unterstüzung des bewaffneten Kampfes unter dem Pseudonym Rosa L.) aufgerieben hat. Und dann die Nebenrollen: der molièresche, südländische Sekretär des Ministers, ein Tartüff, der die okkulte Macht getreu verwaltet, sehr gut von Roberto Herlitzka dargestellt; der Carabinierihauptmann; ein Turiner, der Agnelli und der Effizienz huldigt, aber von einem Erlebnis mit einer Feministin und den ständigen Mängeln der italienischen Technologie frustriert ist; eine blutjunge, flirtende Tochter (Valeria Golino hier zum erstenmal vor der Kamera, bevor sie ein Star des jüngsten italienischen Kinos wurde), die einen flotten Teenager-Jargon spricht und einen Carabiniere liebt, worin ein Zitat des Films *Pane, amore e fantasia* (Brot, Liebe und Fantasie. 1953. Regie Luigi Comencini) zu erkennen ist. Hinzu kommen typisch italienische Ticks: das Fußballspiel der

Scherzo del destino

Nationalmannschaft als neuer »Großer Schlaf«, dem alle, vom Carabiniere bis zum Terroristen erliegen; das schlechte Funktionieren der italienischen Telefone, weshalb immer wieder die Pizzeria Bella Napoli in der Leitung hängt.

In SCHERZO entsteht das Groteske nicht, oder nur sehr vereinzelt, durch extreme Stilisierung der Figuren (etwa der Gestalt der Schwiegermutter Tognazzis, die Joints raucht, um freier zu werden und jugendlich zu wirken). Es ist hier vor allem Ergebnis einer minutiösen Beobachtung und ausgewogenen Konstruktion der handelnden Personen. Zum Beispiel offenbart sich die Krise der Ideologien von 1968 nicht durch Übertreibungen oder orakelhafte Töne wie in THE END OF THE WORLD, sondern durch Nuancen oder eine ausdrückliche Neurose wie im Fall von Piera degli Esposti. Die politische Satire, die das italienische Kino seit langem vernachlässigt hatte, das »castigat ridendo mores«, mildert sich hier, nimmt andere, hausbackenere Umrisse an. Das nimmt ihr aber nicht die Kraft, sondern humanisiert sie gleichsam: die Beziehungen zwischen politischer und privater Sphäre (zur Zeit des Films sehr diskutiert) findet so ihre passende Form; sie äußert sich nicht mehr nur durch Geschrei und wird nicht rückhaltlos eindimensional propagiert.

Die Schlüsselszenen sind vom entspannten Ton des ganzen Films getragen, wie beispielsweise die Abrechnung im Keller zwischen dem Terroristen (der Liedermacher Enzo Jannacci), dem Abgeordneten und der Ehefrau. Es handelt sich um ein Selbstzitat aus FILM D'AMORE E D'ANARCHIA, jener nächtlichen Sequenz auf dem Kapitol mit seinen Statuen, wo Tunin und Spatoletti das Gute und das Böse verkörpern. Daran erinnert die Bühne in dieser Innenaufnahme, die zu einem Reigen zwischen armseligen Versagern wird, zu einem typisch italienischen »Im Grunde mögen wir uns ja«. Niemand bleibt in dieser Szene vom Hohn verschont. Der Scherz wird bitter, und der Film streift das metaphysische Lehrstück von der Art des *Angel exterminador* (Der Würgeengel) von Louis Buñuel – eine läßliche Sünde des wertmüllerschen Hochmuts. Das satanische Symbol des Systems, das teuflische Automobil, schluckt unterschiedslos alle Personen des Films, löscht ihre Differenzen aus, nivelliert sie. Zuguterletzt muß sogar Piera degli Esposti, die romantische Idealistin, der die Sympathien der Autorin zu gehören schienen, dran glauben.

Dazu wurde richtig bemerkt: »Anstatt über die wie immer in den Filmen der Wertmüller überreichen und widersprüchlichen Deutungsmöglichkeiten der Fabel nachzugrübeln, sollte man sich lieber dem Vergnügen hingeben, das die Typen, die Situationen und die Wortwitze bereiten.«[59] SCHERZO ist ein chorartiges, geschmeidig inszeniertes Werk, in dem sich die vornehmsten Elemente der italienischen Satire aufs beste verbinden. Vielleicht hat die »marxistische Komödie«, wie John Simon sie definierte, einige Stacheln verloren oder ist »in Klausur gegangen« (Stefano Reggiani); in diesem Fall aber hat ihr die Abmagerungskur gut getan, das Groteske wird dadurch ausgewogener und aufs Wesentliche beschränkt, die Dialoge sind wirkungsvoller. In seiner stilistischen Geschlossenheit erinnert das Werk an FILM D'AMORE E D'ANARCHIA, zwar ohne dessen melodramatische Leidenschaftlichkeit, aber mit aufrichtig melancholischen Akzenten im Finale.

Von der italienischen Kritik sehr gut aufgenommen, erfreute sich SCHERZO jedoch nicht der Gunst des Publikums, vielleicht weil der Film von der Gaumont, die sich aus dem italienischen Markt zurückzuziehen begann, schlecht vertrieben wurde. Oder es stimmt, was Tognazzi behauptet: daß ein Autorenfilm, in dem er mitspiele, ein Flop werde. In den folgenden Jahren bleibt die Wertmüller jedenfalls der sich hier abzeichnenden Wende zur realistischeren und nachdenklicheren Groteske hin nicht treu. SCHERZO bleibt ein Einzelfall, ein kleines Schmuckstück.

Scherzo del destino

Sotto ... sotto ... strapazzato da anomale passione. 1984.

Nach der Rückkehr von einem Ausflug mit Verwandten und Freunden, darunter auch die Kräuterladenbesitzerin Adele, in den Park von Bomarzo, muß Oscar, ein römischer Tischler, erfahren, daß seine Frau Ester aus der Emilia nicht mehr mit ihm schlafen will. Der Grund wird ihm nicht genannt, und so fragt er Amilcare um Rat, einen der Freunde in der kleinen Gasse, in der sie leben, direkt hinter dem Teatro Marcello in Rom. In einer verzauberten Vollmondnacht wird Oscar leidenschaftlich von seiner Frau verführt, während im Haus gegenüber auch Adele mit ihrem Ex-Mann Mario, der aus Schweden heimgekommen ist, schläft. Aber sofort darauf erklärt Ester ihrem Oscar, daß sie jemand anderes liebe. Und so beginnt der Leidensweg des Tischlers. Er verdächtigt Amilcare und fährt nach Cinecittà, wo Amilcare arbeitet, um sich mit ihm zu schlagen. Auch Ester ist bei der Auseinandersetzung dabei. Sie verrät ihrem Mann, daß sie eine Frau liebe, und flieht. Der Tischler fällt aus allen Wolken und wird immer verzweifelter. Zunächst verfolgt er eine falsche Spur (eine Novizin in einem Kloster), auf die ihn seine Frau gelockt hat, dann fragt er sogar einen Priester um Rat. Eines Abends kommt er betrunken nach Hause und mißhandelt Ester vor den Augen der Großmutter und des Sohnes, worauf sie sich zu Adele flüchtet. Jetzt ist alles klar: zwischen den beiden Frauen besteht eine Beziehung, die in Bomarzo begann, aber nie wirklich ausgelebt werden konnte. Beim Handgemenge, das nun in Adeles Wohnung stattfindet, wird Oscar mit einem Messer verletzt, er erklärt der Polizei jedoch mürrisch, daß er sich selber verwundet habe. Während der Krankenwagen ihn wegbringt, sieht Ester, die ihn begleitet, Adele, die zurückbleibt und immer kleiner wird: wie ein Wunsch, der vergeht. Die Familie ist vorübergehend gerettet.

Verglichen mit SCHERZO, der Vielfalt und Dichte seiner Figuren und den kontrastreichen Gefühlen, die der Film zeichnete, scheint die Wertmüller hier die Ansprüche ihres Kinos herunterzuschrauben. Es ist, als ob sie sich mit diesem aktuellen Thema (der weiblichen Homosexualität) eine unterhaltsame Pause gönnte, einen Spaß, der an einen Schwank im Stil der fescennini (römische Volksfeste) erinnert. Auch hier möchte die Groteske realistischer sein, aber sie ist so reduziert wie die Figur des Oscar, dem im Gegensatz zu den klassischen proletarischen Figuren der Regisseurin eine politische Leidenschaft völlig fehlt. Obwohl sich der Film wieder einmal ironisch eines allgemeinen Themas annimmt, verschiebt sich seine Optik schnell: von einem echten Tabu und einem umfassenden Bild der Ängste und Probleme des Italien, das gerade aus dem Tunnel des Terrorismus herausgekommen war, auf eine kaum mehr als private, lokale Dimension, einen der Winkel im alten Rom, die wie seine Handwerker auszusterben drohen. Daher scheinen auch die häufigen, bissigen Bezüge auf die Hollywood-Kommunisten zu rühren, genauer: auf den damaligen Stadtrat für Kultur, PCI-Mitglied Renato Nicolini, den Vorkämpfer für die »reine Unterhaltungskultur« und Organisator der großen Filmvorführungen im Freien während der Veranstaltungen des Römischen Sommers. Es scheint sich fast um so etwas wie eine Familienrunde zu handeln, denn der Film spielt genau um die Ecke des berüchtigten Amtes für Kultur der Stadt Rom.

Abgesehen von solchen Kleinigkeiten, von denen der Film allerdings überquillt, haben dem gemeinsam mit Enrico Oldoini verfaßten Drehbuch zwei Klassiker der commedia all'italiana direkt Modell gestanden: *Straziami, ma di baci saziami* (1968) von Dino Risi und *Dramma della gelosia: tutti i particolari in cronaca* (Eifersucht auf italienisch. 1970) von Ettore Scola. Damals ging es darum, herauszufinden, welchen Einfluß die Sprache der Kitsch- und Fotoromane auf ihre proletarischen Leser hat, hier befinden wir uns dagegen in den achtziger Jahren, in der Epoche der Inflation privater Fernsehanstalten und ihres Überangebots an Filmen. Die beiden weiblichen Hauptfiguren, fanatisch fernsehsüchtig, haben über den Bildschirm eine Überdosis Kino geschluckt und gebärden sich genauso, wie die stereotypen Verhaltensmuster in den Fernsehfilmen es ihnen vormachen. Entsprechend leben die beiden Frauen ihre Leidenschaft in fiktionaler Form, und das erste auslösende Moment ihrer Liebe ist der Augenblick, in dem sie wie in einer Filmeinstellung durch ein Fenster des Schiefen Hauses in Bomarzo zwei

Sotto . . . sotto . . .

andere Frauen in zärtlicher Umarmung beobachten. Anspielungen auf die Filmwelt, wie sie in jedem Film der Wertmüller wiederkehren, häufen sich hier übermäßig. Die Regisseurin behilft sich, indem sie den wütenden Auftritt Oscars fellinisch in die Filmstudios von Cinecittà verlegt, wo gerade ein Kostümfilm über das 16. Jahrhundert gedreht wird. Die Szene geht dann in der Abteilung Bühnenbild weiter, wo es von Gipsfiguren und -statuen nur so wimmelt, und schließt auf einer der Straßen des Studiogeländes, wo kostümierte Komparsen über die Homosexualität, Fassbinder und soziologische Studien zum Thema diskutieren (Homosexualität ist in der Welt des Kinos *der* Topos der »Unsittlichkeit«), was unseren armen Proletarier noch mehr durcheinanderbringt. (»Jetzt ist auch schon der Arsch Kultur!«)

Daß der Film zu einer konsequenten Parodie bestimmter Klischees wird, verhindert jedoch leider die gewohnte wertmüllersche Überfülle widersprüchlicher Signale, die sich für den Zuschauer in SOTTO ... SOTTO ... noch schlechter verbinden als in anderen Filmen. Obwohl der Komiker Enrico Montesano den Oscar, diesen echten römischen Tischler, der

Plastiksachen haßt, gut darstellt, leidet die Figur an Ausrutschern ins Schwankhafte; ihr fehlen die charakteristischen zweideutigen Untertöne, die Giannini den besten männlichen Figuren der Regisseurin verleihen konnte. In diesem post-modernen Proletarier einer nach-Mimischen-Epoche (»Ich gehörnt? Ja, wenn's das nur wäre!«) sexueller Freiheit kristallisiert sich nur noch Komik. Ihre Waffen sind stumpf geworden, denn beim Zuschauer, der von Anfang an über die Beziehung zwischen Adele und Ester im Bilde ist, lösen Oscars Verzweiflung und sein Sich-Winden nur noch Gelächter aus; identifizieren kann sich keiner mit ihm.

Diese Verkümmerung erklärt andererseits, warum sich Gags und reine Situationskomik in diesem Film häufen. Das zeigt zum Beispiel der Wortwechsel zwischen Oscar und dem Priester, der mit Sprüchen wie »Jesus – das war ein anständiger Mensch, Sohn eines Tischlers und links!« von Don Camillo und Peppone abzustammen scheint. Der Held entdeckt urplötzlich, daß er im Herzen ein »historischer Materialist« ist. Wie um das ganze noch zu verkomplizieren, führt die Wertmüller in SOTTO ... SOTTO ... magische und surreale

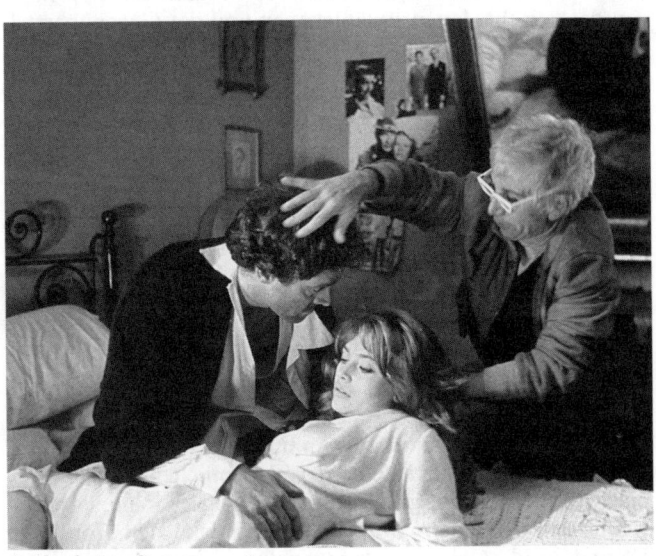

Dreharbeiten Sotto ... sotto ...

Elemente ein, die es bisher in ihrem Kino noch nicht gab (eine geheimnisvolle, wunderschöne weibliche Gestalt, die Oscar während des ersten schicksalträchtigen Besuchs in Bomarzo ablenkt; Aufnahmen vom Mond; das Beharren auf dem übernatürlichen Wesen der Steinmonster im Park). Der Film überzeugt weder durch diese künstlichen Reize noch durch die von Dante Spinotti fotografierten schönen Schauplätze, vielmehr dort, wo ein altes Rom gezeigt wird, das allmählich verschwindet, ohne daß etwas Neues an seine Stelle träte.[60] Es ist ein Rom voller Katzen, ein päpstliches und heiteres Rom, voll von den zierlichen Gestalten aus den Dialektsonetten Bellis, bevölkert von einem unverfroren-selbstbewußten, prä-industriellen und prä-pasolinischen Proletariat. Dort, wo er ein Vakuum verlorener Werte zeigt, anstatt sich über eine seltsame Dreiecksbeziehung zwischen Proletariern lustig zu machen, hat der Film seine eigentlichen, starken Momente.

SOTTO ... SOTTO ... ist innerhalb der Filmografie der Wertmüller ein lustiges Unterhaltungsprodukt, das man einfach wegen seiner Gags und seiner Situationskomik im Stil der commedia all'italiana genießen sollte. Durch die Dissonanzen der verschiedenen Erzählebenen und der Gegenüberstellung der Figuren erhält der Film einen zusammenhanglosen, fast neurotischen Rhythmus, einen unordentlichen Stil, der dauernd hin- und herschwankt. Auch das übliche handwerkliche Geschick, der Einsatz von Musik und Dialekt, die professionelle Arbeit der Techniker und Schauspieler können nicht mehr verhehlen, daß die Wertmüller-Maschine an Schlagkraft zu verlieren beginnt. Vielleicht hätten die Momente melodramatischer, schüchterner Zärtlichkeit zwischen den beiden Frauen, anders entwickelt und ausgeweitet, dem Film einen größeren Atem verliehen.

Un complicato intrigo di donne, vicoli e delitti. 1985

Die ehemalige Prostituierte Annunziata Perella führt eine zweifelhafte Pension in einem volkstümlichen Viertel Neapels. An die Pension grenzt eine ehemalige Kirche, jetzt entweiht und in einen Tanzsaal verwandelt, den Totò, der Freund und Geliebte Annunziatas, leitet. Eines Tages bekommt sie Besuch von einem Camorristen, Babà Rocco, der sie zu vergewaltigen versucht; aber er wird umgebracht, und der Mörder hinterläßt eine schreckliche Unterschrift: in den Genitalien des Mannes steckt eine Spritze. Annunziata weiß nichts oder will nichts wissen, jedenfalls sagt sie dem Carabinierihauptmann Puglisi, daß sie den Mörder nicht gesehen habe. Am Ausgang der Polizeiwache wartet Frankie Acquasanta auf sie, ein Camorrist, mit dem Annunziata einst zusammen war, den sie aber verlassen hat, als er vom Schmuggelgeschäft zum Drogenhandel wechselte. Nicht nur Frankie will von ihr etwas über den Mord erfahren, auch Guaglione, das alte, blinde Oberhaupt der Familie Rocco. In der Zwischenzeit geschieht in den Gassen Neapels ein weiterer Mord mit der gleichen grausigen Signatur. Dieses Mal traf es das Mitglied eines Camorra-Clans, der mit den Roccos verfeindet ist. Auf einem Fest der Sängerin Carmela – deren Ehemann Tony Frankies geheimer Komplize im Drogengeschäft ist – sieht Annunziata Frankie wieder, der ihr vorschlägt, gemeinsam mit ihrem Sohn Neapel zu verlassen, aber das Mädchen lehnt ab. Nach einem heftigen Streit im Clan der Rocco zwischen Guaglione und seinem Sohn Tango wird beschlossen, Annunziata zu entführen, um sie zum Reden zu bringen. Im entscheidenden Moment tauchen jedoch vorgewarnte Carabinieri auf, um Tango zu verhaften. Sie finden ihn tot im Badezimmer, auf die übliche makabre Weise umgebracht. Während Frankie noch auf seinem Plan mit Annunziata besteht, wird ihr Sohn in den Drogenhandel verwickelt, und Totò, der eingreift, um das Kind den Händlern zu entreißen, erstochen. Annunziata geht zu Carmela und verrät ihr, daß die Morde das Werk einer Gruppe tapferer Mütter sind, die Zwietracht unter den verschiedenen Händlerclans säen wollen, um der Drogenplage ein Ende zu bereiten. Aber Frankie und Tony hören in ihrem Versteck alles mit. Während Tony von seiner Frau umgebracht wird, flieht Frankie mit einer großen Menge Heroin und schleppt Annunziata gewaltsam mit sich. Auf dem Glasdach der Galerie im Zentrum Neapels fordert er sie noch einmal auf, mit ihm zu gehen, aber die anderen Frauen kommen hinzu, bedrängen ihn, und er stürzt in den Abgrund. Guaglione nimmt das Heroin an sich und zerstreut es in alle Winde. Am Tag des Prozesses kommen die Frauen geschlossen aus ihren

Gassen, um sich vor dem Gericht massenhaft zu den Morden zu bekennen.

Durch eine Reihe von geheimnisvollen, schwer zu erklärenden Umständen ist Neapel im Verlauf weniger Jahre plötzlich zum Lieblingsschauplatz des italienischen Kinos geworden. Die Stadt scheint sich als Umgebung für so verschiedene Werke wie *Mi manda Picone* von Nanni Loy, *Blues metropolitano* von Salvatore Piscicelli, *Maccheroni* von Ettore Scola und *Cosi parlò Bellavista* (Also sprach Bellavista) von Luciano De Crescenzo zu eignen. So voller Widersprüche wie Neapel ist auch der Film der Wertmüller. Er beginnt als Thriller und endet mit einem dramatischen Marsch schwarzgekleideter Frauen durch die Elendsviertel in der Tradition des Gemäldes *Il quarto stato* von Pellizza da Volpedo, und es folgt ein stummer, nur vom *Stabat Mater* des Giovan Battista Pergolesi kommentierter Prozeß. Doch so irritierend das auch sein mag: die Angst vor Widersprüchen ist immer noch der schlechteste Ausgangspunkt einer Kritik am Kino der Wertmüller.

Zum drittenmal überrascht Lina Wertmüller mit einem Film, der sich vom vorhergehenden total unterscheidet. Mit PASQUALINO SETTEBELLEZZE endete nicht nur die spritzigste Phase ihres Kinos, sondern auch sein typisch monothematischer Charakter, der rückblickend als eine der Stärken des wertmüllerschen Werks erscheint. Es folgte eine Phase mehr oder weniger erfolgreicher Suchbewegungen in verschiedenen Richtungen. UN COMPLICATO INTRIGO bezeichnet bis heute den Abschluß dieser Phase, denn der nächste Film, NOTTE D'ESTATE ist nur ein schwaches Remake von TRAVOLTI. Allerdings bringt mich der vorliegende Film, den ich weder ganz verstehen, noch recht einordnen kann, einigermaßen in Verlegenheit. Nicht nur mich: es reicht, die extrem auseinandergehenden Pressestimmen zu überfliegen. Er hat zum Beispiel einigen der schärfsten Kritiker der Wertmüller gefallen und ihre Verteidiger kalt gelassen. Das Bild Neapels, das er zeichnet, ist ganz unterschiedlich aufgenommen worden, einige fanden es kitschig, andere realistisch.

Eines jedenfalls ist sicher: die Filmemacherin war hier ganz

Un complicato intrigo

Verführung · Gewalt · Rache

CAMORRA

Ein Film von
LINA WERTMÜLLER
mit ANGELA MOLINA · HARVEY KEITEL · FRANCISCO RABAL
CANNON ⊕ SCOTIA

Verführung · Gewalt · Rache

CAMORRA

Ein Film von
LINA WERTMÜLLER
mit ANGELA MOLINA · HARVEY KEITEL · FRANCISCO RABAL

Un complicato intrigo

vom Geist der Anklage beseelt. Mit seinen vielen deklamatorischen, ja propagandistischen Momenten erscheint UN COMPLICATO INTRIGO als ein politisch engagiertes Werk im Stil von Elio Petri oder Damiano Damiani, als eine aktuelle Version des Politkrimis der beginnenden siebziger Jahre. Natürlich taucht in diesem spannenden Film, der Tagesaktualitäten (die Frauen von den Quartieri spagnoli in Nepal, die Mütter von Pietralata in Rom, deren gemeinsamer Protest zur Verhaftung einiger Drogenhändler führte) und sogar außeritalienische Anregungen (die argentinischen Mütter von der Plaza de Majo) verarbeitet, von Zeit zu Zeit die alte Welt der Regisseurin auf. Da ist etwa die Szene des Festes, wo sich die Haßliebe zwischen Annunziata und Frankie und die Widersprüchlichkeit von Gefühlen offenbaren. Oder die schöne Sequenz vom Eindringen der Ordnungskräfte in das Haus der Roccos: ein Chor schreiender Frauen, eine Küche und im Alkoven das Versteck des Camorra-Paschas im überladenen Art-déco-Stil. Nur in diesem Moment bekommt der Film Schwung, während der Rest wirkt, als ob die Regisseurin die ganze Bandbreite ihrer Möglichkeiten und handwerklichen Fertigkeiten demonstrieren müßte. Als wolle sie beweisen, daß sie auch ein Musical machen kann, präsentiert sie Tanzszenen mit der Choreografie und dem Auftritt Daniel Ezrolows oder die Kabarettnummer von Carmela (Isa Danieli). Als wolle sie demonstrieren, daß sie Action-Kino machen kann, inszeniert sie eine lange Sequenz quer durch ganz Neapel, die Verfolgungsjagd zwischen Totò und den Drogenhändlern mit Annunziatas Kind. Dem Film, schrieb Andreas Kilb, »mangelt es nicht an Stilisierungen, sondern an Stil«[61].

Für mich stellt sich das Problem anders: die Stilisierung hat hier kein bestimmtes Thema gefunden, keine starke Leitidee, die mehr wäre als nur eine moralische Empörung über das Drogenproblem. Entsprechend mangelt es auch an Stil. Zwar sind manche der klassischen Wertmüller-Ingredienzen da, aber so bewegungslos, als ob sie nicht mehr von der Hand der Regisseurin stammten. Neapel, das fast immer aus der Vogelperspektive aufgenommen wird, müßte, dramatischer noch als das Mailand in TUTTO A POSTO, zu jenem brodeln-den Kessel werden, in dem die Auswüchse der Konsumge-sellschaft ihr Unwesen treiben. Aber mit seinen natürlichen

Dreharbeiten Un complicato intrigo

Lichtern und Farben überzeugt das Bild Neapels hier weniger als das ansichtskartenhaft stilisierte in PASQUALINO SETTEBELLEZZE, es hat keine eigene Kraft und bleibt bloßer Hintergrund.

Alle guten Dinge sind drei: die Wertmüller läßt sich wieder auf das internationale Abenteuer ein – überdies mit den Amerikanern von der Cannon, einer Produktionsgesellschaft, die, von wenigen Ausnahmen abgesehen, einen umgekehrten Midas-Effekt zeitigt: ihr wird alles zu Blei. Freiwillig zügelt die Regisseurin ihr visionäres Talent und unterwirft es einer allzu strengen Ordnung (heraus kommen dubiose Einfälle wie die Spritze in den Hoden der Ermordeten). Die wirklich komplizierte Geschichte ist ohne Sprünge, in der simplen und anonymen Weise des Kommerzkinos erzählt, und nicht einmal der gewohnt unruhige Aufnahmestil der Wertmüller kann solche Gradlinigkeit stören. Den Schauspielern verdankt UN COMPLICATO INTRIGO seine besten Momente: mit Sex-Appeal und Professionalität erarbeitet die Spanierin Angela Molina eine glaubwürdige stolze Süditalienerin, ihr Landsmann Francesco Rabal verkörpert in der Rolle eines Laertes der Camorra die alte Unterwelt, deren Ehrenkodex sich der »Industrialisierung« des Verbrechens durch den Drogenhandel widersetzt. Ebenso überzeugend sind die Italiener in den wichtigeren Rollen. Der Rest ist Schweigen.

Auf den Filmfestspielen in Berlin fand UN COMPLICATO INTRIGO wenig Beifall der Kritiker; der Film ist in der italienischen, längeren Version, die im harten neapolitanischen Dialekt synchronisiert wurde, besser. Trotz der Ernsthaftigkeit oder Aufrichtigkeit seiner Botschaft und den wenigen geglückten Momenten können weder die Bilder noch die Inszenierung dieses Pseudo-Krimis wirklich aufrütteln. Wieder muß man Tullio Kezich zustimmen, der schreibt: »Kurz vor Schluß stürzt ein Schurke von der Kuppel der Galerie wie in einem Film von Hitchcock; der alte Guaglione streut das Pulver in den Wind wie in einem Film von John Huston; und die Abrechnung am Schluß findet in einem Angeklagtenkäfig statt wie in einem Film von Francesco Rosi. Wir hätten lieber gesehen, daß alles so endet wie in einem Film von Lina Wertmüller.«[62] In diesem Film fehlt so viel, daß es wenig nützt, die Qualität der Musik und der Fotografie zu erwähnen.

Notte d'estate con profilo greco, occhi a mandorla e odore di basilico. 1986

»Eine Traumvilla, sehr einsam gelegen, umgeben von einem herrlichen Park, fantastische Kleider von Valentino, weiße Flugboote, Terrassen im romantisierenden Jugendstil aus den italienischen Träumen von der goldenen Zeit Hollywoods. Die schrecklich-schöne, superraffinierte, grausame und gierige Blondine beißt in ein duftendes Stück Pecorino, trinkt starken, aromatischen sardischen Wein und spricht über dieses wundervolle antike Fleckchen Erde mit dem schönsten Meer der Welt: Sardinien. Sie hat der ganzen Scheißwelt den Krieg erklärt. Die Dame will mit den zahlreichen Initiativen ihrer Umweltschutzvereine die alte Unberührtheit der Natur wiederherstellen und außerdem mit all der menschlichen Scheiße aufräumen. An ihrer Seite ein geheimnisvoller Ratgeber. Er trägt eine Augenklappe, die nach Wüste und Moshe Dayan aussieht, die verletzte Hand versteckt ein schwarzer Handschuh, und sein Klumpfuß weckt Assoziationen zwischen Boris Karloff und Dr. Strangelove. Er hat viele Abenteuer hinter sich, darunter auch die CIA. Aber das eigentliche Geheimnis ist *er,* der wirkliche, der richtige Hauptfeind, der lahmende Hund, dem die Beine eingerenkt werden müssen und der im Turm der schönen Villa eingesperrt sitzt: *der* Mann, die schwarze, elende Bestie. Er ist all das Dunkle, das in den Träumen lebenshungriger alter englischer Jungfern, diesen leider ausgestorbenen, unersetzbaren Figuren, herumgeistert, das jemand wie »Marlene« Blok sich aber vornehm zerteilt und mit einem Bissen einverleibt ... Natürlich bleibt sie eine Dame, aber diese schwarzen Bestien sind das Salz der Erde. Das Blut von antiken Helden, Wüstenräubern und Piraten mit scharfen weißen Zähnen fließt in den Adern dieses mediterranen Er, das darf man nicht vergessen. Der Rest ist Komik, und dem Film ist nicht gedient, wenn man seine Handlung und Geheimnisse verrät.«

Das ist, anstelle einer Wiedergabe der Handlung, die visionäre Beschreibung, welche die Verfasserin von ihrem Werk gibt, das eine »sophisticated summer-comedy« werden sollte. Es ist bedauerlich, diese Kommentierte Filmografie auf so tiefem Niveau abschließen zu müssen, aber NOTTE D'ESTATE ist der schlechteste Film der Wertmüller seit vielen Jahren. Die Selbstdarstellung des Plots aus der Feder der Regisseurin schien ja noch begründet und hat Verve, aber auf der Leinwand fehlt sie völlig. Handlungsverlauf und die Themen stammen, mit leichten Variationen, aus TRAVOLTI: Raffaella hat ihre ökologische Leidenschaft gewinnbringend umgesetzt; zwölf Jahre später ist aus ihr Fulvia Blok geworden, die sich bemüht, die durch Entführungen verletzte Ehre der Reichen wiederherzustellen. Ihr kleines sadomasochistisches Laster hat sie nicht verloren und bereut das am Ende (aber nicht zu sehr). Gennarino ist »schlauer« geworden, er hat sich in Beppe Acireale verwandelt, den Robin Hood der sizilianisch-sardischen Personenentführungsindustrie. Kleine Variante: ein dritter im Bunde, der aber nicht stört, Turi Cantalamessa, Karikatur eines trotteligen Superagenten, der in die Chefin verliebt ist und ihr hilft, mit sozialer Wiedergutmachung und moralischer Aufrüstung gegen die Erpresser vorzugehen. Moral: ich entführe dich, du entführst mich; der Kampf auf Leben und Tod aus TRAVOLTI wird zum harmlosen Gesellschaftsspiel der Reichen. Fulvia entführt Beppe und verliebt sich in ihn; er tut so, als ob er das Lösegeld zahlen wollte, und nimmt sie mit. Ende.

Die mageren Reize, die NOTTE D'ESTATE für den Zuschauer bereithält, liegen in den flotten Sprüchen der Melato, die sich redlich bemüht, die alte Figur der Raffaella wieder aufleben zu lassen. Dabei hilft ihr der Fernsehschönling Michele Placido überhaupt nicht. Er spielt seine Rolle ohne die Passion und die Überzeugungskraft Gianninis, was nur beweist, wie schädlich es für das Kino der Wertmüller in den achtziger Jahren war, daß künstlerische Differenzen zur Trennung von diesem Schauspieler führten. Der ganz auf komische Effekte konzentrierte Montesano konnte diese Lücke noch verdecken, Placido zeigt ihre ganze Tragweite. Aber der traurigste Aspekt von NOTTE D'ESTATE ist, daß er in den Comic-strip abgleitet und zu einer unfreiwilligen Parodie der wertmüllerschen Welt wird. Die Inszenierung, die sich schrecklich ernst nimmt, ähnelt derjenigen eines Dokumentarfilms fürs Ausland über das »Made in Italy«. Vorführungen der Natur-

Notte d'estate

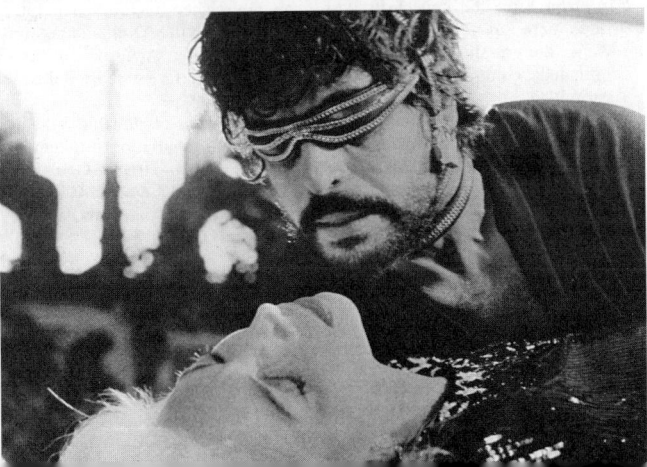

schönheiten an der sardischen Costa Smeralda wechseln mit einprogrammierten, von Valentino gesponserten Modenschauen (die Melato zieht sich mindestens fünfundzwanzigmal um). Beim besten Willen entdeckt man kein Gramm Ironie in der bombastischen, schreiendbunten Fotografie Camillo Bazzonis, aber auch nicht im reichbestückten, schrillen Bühnenbild Jobs.

Der kommerzielle Aspekt einer Tourismuspromotion ist vom Verband italienischer Filmproduzenten so ernst genommen worden, daß er, nicht ohne erbitterte Auseinandersetzungen, den Film für einen Oscar vorschlug, wobei auf den amerikanischen Ruhm der Wertmüller und die Erinnerung an die vier Nominierungen für PASQUALINO SETTEBELLEZZE spekuliert wurde. Ein typisches Eigentor, das Debakel einer Mannschaft in Formkrise, das besser schnell vergessen wird. Aber man kann sich trösten mit den üblichen Höhen und Tiefen der wertmüllerschen Laufbahn und sicher sein, daß die alte Klasse, das »verquere Talent« der römischen Regisseurin wieder auferstehen wird. Hier hat es sich nur in einem Detail bewiesen, einem kleinen Wunder des Schnitts, der eine wunderbare Villa am Gardasee an die sardische Küste verpflanzt.

Übersetzung: Peter Kammerer und Annette Kopetzki

1 Ein Beispiel: in seiner umfangreichen (über 800 Seiten) Storia del cinema italiano del 1945 agli anni Ottanta, Rom 1982, widmet Gian Piero Brunetta der Wertmüller zwei Seiten.

2 In erster Linie die Zeitschrift Positif mit zahlreichen ausführlichen Interviews nicht nur mit den Regisseuren, sondern auch den Drehbuchautoren. Weiter die gründlichen Forschungen von Jean A.Gili: Arrivano i mostri. I volti della commedia italiana. Bologna 1980; und La comédie italienne. Paris 1983.

3 Vgl. mindestens Masolino D'Amico: La commedia all'italiana. Mailand 1985; Pietro Pintus (Hrsg.): Commedia all'italiana: parlano i protagonisti. Rom/Reggio Calabria 1985; Riccardo Napolitano (Hrsg.): Commedia all'italiana: angolazioni e controcampi. Rom/Reggio Calabria 1986; Pier Marco De Santi/RoRossano Vittori: I film di Ettore Scola. Rom 1987.

4 Roberto Campari in: Riccardo Napolitano, a.a.O., S.29.

5 Vgl. Lorenzo Pellizzari in: ebd., S.114. Pellizzari zitiert auch ein Urteil Gilis, dessen Meinung nach mit den großen Komikern und Dialektautoren des Theaters Ettore Petrolini (1886-1936) und Raffaele Viviani (1888-1950)

»die Anfangsgründe für das gelegt werden, was die commedia all'italiana in ihrer besten Form werden wird, eine Mischung aus Groteske und nuancierter Beobachtung, in der die Verzweiflung nie weit von der Komik entfernt ist«.

6 Adelio Ferrero: I »gettoni« del riflusso, in: Cinema Nuovo, Nr. 169, Mai/ Juni 1964. Ferrero bezieht sich auf den Episodenfilm *I mostri,* 1963, von Dino Risi, dessen Drehbücher die Asse der commedia all'italiana schrieben, Age und Scarpelli, Ettore Scola und Ruggero Maccari, und in dem Vittorio Gassman und Ugo Tognazzi spielten.

7 Renzo Renzi in: Riccardo Napolitano, a.a.O., S.61f.

8 Piera Detassis/Tullio Masoni/Paolo Vecchi: Il cinema di Antonio Pietrangeli. Venedig 1987. – Der Komiker Totò ist dagegen schon zu Beginn der siebziger Jahre »rehabiliert« worden. Vgl. Goffredo Fofi: Totò. Rom 1972.

9 Antonio Pietrangeli: Perché il dialetto? in: L'eco del cinema e dello spettacolo, Nr. 64, 15. Januar 1954; neu in: Detassis/Masoni/Vecchi, a.a.O., S. 156.

10 Pietro Pintus in: Riccardo Napolitano, a.a.O., S. 18.

11 In: Andrea Garibaldi/Roberto Giannarelli/Guido Giusti (Hrsg.): Qui comincia l'avventura del signor ... Florenz 1984, S. 100. Mit größerem Detailreichtum auch in: Franca Faldini/Goffredo Fofi (Hrsg.): L'avventurosa storia del cinema italiano, raccontata dai suoi protagonisti 1960-1969. Mailand 1981, S. 82 ff.

12 Pietro Pintus in: Riccardo Napolitano, a.a.O., S. 24. Vgl. auch Lino Micciché: Il cinema italiano degli anni Sessanta. Venedig 1975.

13 Tullio Kezich: Sechs Filme, in: Film 1964, Luzern, Nr. 4, April 1964, S. 3: »Die ›22 dicembre‹ entstand aus der Arbeitsgruppe der Filmabteilung einer großen Mailänder Firma (Die Edison). Ihr Ursprung ist im Dokumentarischen, im konkreten Bereich des Films verwurzelt ... Obwohl sich die neue Gesellschaft die verschiedensten Ziele im filmischen Bereich stellte, wurde der Spielfilm als erstes Wagnis gewählt. Die allgemeinen Ideen lassen sich leicht ablesen: Bewährung der Qualität innerhalb vernünftiger Kosten, Vertrauen in die Autoren, volle Freiheit für begabte Anfänger.« – Vgl. auch die Einführung: 22 dicembre von Leonhard H. Gmür und eine Rezension von I BASILISCHI von Rolando Jotti in derselben Nummer der Zeitschrift. – In den zwei Jahren seines Bestehens produzierte das mailänder Experiment sechs Filme, darunter *La rimpatriata* (Wiedersehen für eine Nacht. 1962) von Damiano Damiani und *I fidanzati* (Die Verlobten. 1962) von Ermanno Olmi und ermöglichte das Debüt weiterer drei junger Autoren: Eriprando Visconti, Alberto Caldana, Gianfranco de Bosio.

14 Eine andere Generation und ein anderes kulturelles Umfeld trennen die Wertmüller vom französisierenden und bilderstürmenden Wüten der schwachen »Nouvelle Vague« Italiens: Bernardo Bertolucci, Jahrgang 1941, löst sich mit *Prima della rivoluzione* (Vor der Revolution. 1963/64) vom Einfluß Pasolinis, Marco Bellocchio, Jahrgang 1939, debütiert 1965 mit *I pugni in tasca* (Mit der Faust in der Tasche), während Salvatore Samperi, Jahrgang 1944, erst später, 1967, seinen Film *Grazie zia* (Danke, Tante) dreht.

15 Zu dieser Revision hat auch Antonioni beigetragen. Mit seinem Film *Il grido* (Der Schrei. 1956/57) befreite er sich von jeder narrativen Verpflichtung, weil es ihm darauf ankam, das kaum wahrnehmbare dramatische

Gewicht jeder verstreichenden Sekunde zu erfassen und in der Intensität der Erzählung voller Bewunderung aufzuheben.

16 »Die Fotografie von I BASILISCHI ist sehr wichtig, sie ist ein großer Teil des Films« in: Franca Faldini/Goffredo Fofi, a.a.O., S.82. In der Dokumentation zum Film, die das Programmkino Ritz in Mailand herausgab, heißt es, daß die Handschrift Di Venanzos »im fertigen Werk derart deutlich zu erkennen ist, daß es nicht unangebracht scheint, ihn als richtigen Mitautor anzusehen«. – Di Venanzo war das historische Gewissen des Neorealismus, an dessen Hauptwerken er mitgearbeitet hat: *Ossessione* und *La terra trema* von Visconti, *Roma città aperta* und *Paisà* von Rossellini, *Miracolo a Milano* von De Sica; er war Kameramann bei Fellini, Antonioni und Rosi.

17 In La Gazzetta del Mezzogiorno (der Tageszeitung des Südens) vom 22. November 1963 schreibt Piero Virgintino beleidigt: »Und darum denken wir an ein großes Mißverständnis dieses Films, der, wenn überhaupt, nicht auf den Süden hinweist, sondern auf irgendeine beliebige Provinz, die ›verschlafene Provinz‹ unter jedem Himmel und auf jedem Breitengrad. Ein spezifisches Thema auf den ganzen Süden hin verallgemeinert zu haben, halten wir deshalb für den Irrtum in der Perspektive der Wertmüller.« Touché!

18 Morando Morandini in: Bianco e Nero, Nr.7/8, Juli/August 1963, der wiederholt behauptet: »Der Film hat mehr als einen Fehler ...: eine mangelhafte Verbindung zwischen komischen Akzenten und dramatischen Motiven und vor allem einen ungenügenden Übergang zwischen moralischer und sozialer Ebene, zwischen dem Bürgertum im Vordergrund und der bäuerlichen Welt im Hintergrund.«

19 Zit. nach dem Presseheft des Ritz-Kinos in Mailand zu I BASILISCHI; zu diesem Zeitpunkt begannen die Vorbereitungen zum GIORNALINO.

20 Anläßlich der Wiederholung des Fernsehspiels erinnert sich die Wertmüller, wie der Text eines lustigen Tangos, der Karl Marx gewidmet war, auf Wunsch der RAI-Funktionäre Maralli in die Schuhe geschoben wurde. Der Sendung widerfuhr außerdem die Ehre einer parlamentarischen Anfrage wegen ihres vermeintlich »unpädagogischen« Charakters. Vgl. Lina Wertmüller: La mia avventura in soffitta, in: Il Mattino, Neapel, 25. Januar 1983.

21 La regista Wertmüller chiarisce come sarà il suo terribile Giannino, in: Radiocorriere TV, Nr.51, 13.-19. Dezember 1964.

22 Die Sache gab natürlich Anlaß zu politischen Spekulationen, und man konnte sogar lesen, daß die Ausstrahlung auf einen Zeitpunkt nach den Wahlen verschoben worden sei, um die Sozialistische Partei Pietro Nennis nicht zu verstimmen.

23 Wahrheit und Legende des Rufs der Wertmüller als einer äußerst energischen Regisseurin sind bei den komplizierten und schwierigen Arbeiten zum GIORNALINO entstanden.

24 Tullio Masoni und Paolo Vecchi vermuten (in: Riccardo Napolitano, a.a.O., S.85), daß die Aufsplitterung der Komödie in Episoden auf den Versuch des Kinos zurückgeht, der schon zu Beginn der sechziger Jahre spürbaren Konkurrenz durch die Fernsehsketche zu begegnen.

25 Der Begriff wird hier ganz diskursiv und impressionistisch gebraucht, um den Eindruck von der Einstellung der Wertmüller in diesem Film zu beschreiben. Aus verschiedenen Gründen und nicht zuletzt, weil sich ein Grad an Feminismus schlecht messen läßt, hält sich der Autor nicht für

kompetent, zu beurteilen, ob und in welchem Maß die Ideen der Wertmül-ler mit denjenigen der feministischen Gruppen übereinstimmen. Auf Fra-gen wie »how left is Lina?« oder »how feminist is she?« wird man hier keine Antwort finden.

26 Zit. nach Lietta Tornabuoni: Ciak in gonnella, in: Novella, Nr. 7, 14. Februar 1965. Und später, anders argumentierend: »Man hat gesagt, daß QUESTA VOLTA PARLIAMO DI UOMINI ein Film war, der nach soviel Macho-Kino versuchte, die Frauen zu rächen. Ich verneine das. Es gehört mehr und anderes dazu, um uns zu rächen. Zweitens sehe ich bei der Arbeit den Menschen und nicht den Mann oder die Frau ... QUESTA VOLTA PARLIAMO DI UOMINI habe ich gemacht, weil man immer viel Ironi-sches über Männer machen kann, auch in meinen anderen Filmen habe ich ironisiert.« Zit. nach Franca Faldini/Goffredo Fofi, a. a. O., S. 367.

27 Pier Marco De Santi/Rossano Vittori, a. a. O., S. 72.

28 Vgl. auch Vittorio Bonicelli: Gli uomini della Wertmüller, in: La fiera lette-raria vom 11. April 1965. Zum gleichen Ergebnis war schon Marco Ferreri mit seinem ersten italienischen Film *Una storia moderna: L'apre regina* gekommen.

29 In: Vie Nuove vom 15. April 1965; jetzt in: Aldo Bernardini (Hrsg.): Nino Manfredi. Rom 1979, S. 120.

30 Alberto Moravia: Il marito della prostituta per bene, in: L'Espresso vom 19. April 1964.

31 In: Franca Faldini/Goffredo Fofi, a. a. O., S. 368.

32 Zu Beginn der sechziger Jahre stellten die Filme mit Peter Alexander, Cate-rina Valente, Conny Froboess, Peter Kraus usw. »oft fast ein Viertel der gesamten deutschen Produktion«: Robert Fischer/Joe Hembus: Der Neue Deutsche Film 1960-1980. München 1981, S. 190.

33 Einige Kritiker erkannten die Absicht und rezensierten NON STUZZICATE LA ZANZARA in den einschlägigen Zeitschriften - was bei dieser Art von Film vollkommen unüblich war. Vgl. Ermanno Comuzio in: Bianco e Nero, Nr. 5, Mai 1967, und Francesco Dorigo in: Cineforum, Nr. 70, Dezember 1967. In seiner ausgezeichneten Untersuchung sieht Comuzio die Gründe für die mangelhafte Qualität des Films im Fehlen einer »strengen Profes-sionalität. Erfahrene Interpreten, ausreichende Mittel und genügend Pro-ben sind in Italien, wo Stümperei und Improvisation vorherrschen, zur Zeit nur schwer zu bekommen.«

34 Gian Piero Brunetta, a. a. O., S. 708. Diese Feststellung ist prinzipiell richtig, auch wenn die Tagespresse die einzelnen Filme differenzierter beurteilt hat. Jedenfalls gibt es bis heute kein Buch und nicht einmal einen fundier-ten Essay in italienischer Sprache über das Werk der Wertmüller.

35 Eine Kopie des Films war nicht zu ermitteln, auch die Regisseurin selbst besitzt keine.

36 Die Ankündigung des Centro Cattolico zeigt auf jeden Fall, daß der Film im Umlauf war. Das moralische, seelsorgerische Urteil ist streng: »Ein Konzentrat der Gewalt, Sadismus und Erotik, die ohne Scham und ohne die geringste Rechtfertigung vorgeführt werden.«

37 Diese Informationen stammen aus einem Gespräch mit Lina Wertmüller in ihrer römischen Wohnung am 12. Dezember 1987. - Der Autor nimmt die Gelegenheit wahr, für die Hilfsbereitschaft der Regisseurin zu danken, und dafür, daß sie ihr reiches Privatarchiv zur Verfügung stellte. - Im Verlauf des Gesprächs hat die Wertmüller folgende Episode erzählt: Der amerika-

nische Schauspieler Robert Woods verließ aus Ärger darüber, daß die Martinelli mit häufigen Großaufnahmen begünstigt wurde, den Set, was sich die Regisseurin zunutze machte, indem sie die Figur Cols sterben ließ. Sie drehte eine Szene mit einem Double, und die Geschichte ging mit Larry weiter, der von Luigi Montefiori gespielt wurde. – Lina Wertmüller hat in dem Gespräch wiederholt bekräftigt, daß sie nur für die »Sachen einsteht, die mit eigenem Namen gezeichnet sind«, daß sie also die Urheberschaft bei diesem Western wie bei den beiden Musicals bestreite. »NON STUZZI-CATE LA ZANZARA mußte ich aus Liebe zu Fellini firmieren, denn ich hatte Freunde wie Giulietta Masina und Romolo Valli hineingezogen.«

38 Tatsächlich regten sich die Apologeten der Lukács-Schule auf, etwa Roberto Alemanno in: Cinema Nuovo, Nr. 128, Juli-August 1972: »Die Emigranten aus dem Süden sind gemeinsam mit der Arbeiterklasse des Nordens Protagonisten der gewerkschaftlichen Auseinandersetzungen gewesen. Sie haben, beginnend mit dem Häuserkampf, die ganze kapitalistische Ordnung des Staates infrage gestellt. Obwohl diese Kämpfe Widersprüche und Grenzen hatten, bezeichnen sie einen ersten Schritt in Richtung auf die wirkliche Emanzipation, die mit der Ehre Mimìs, des Süditalieners, überhaupt nichts zu tun hat. Mimì ist das Symbol einer Geschichte, die seit Jahren falsch erzählt wird, oder besser: so erzählt wird, wie das Kapital es will.«

39 »FILM D'AMORE E D'ANARCHIA mag ich von meinen Filmen vielleicht am liebsten. Ich habe ihn einer Sache gewidmet, von der später dann viel die Rede war: Terrorismus, Anarchie, Wahnsinn, der Traum von Gerechtigkeit, Ideale, Revolten. Kurz: die Namen ändern sich, die menschlichen Leidenschaften bleiben. Ich habe den Film 1973 gedreht, also vor den Ereignissen, die aus ähnlichen Formen von Wahnsinn hervorgingen und Italien und die Welt erschüttert haben. Der Film war jener verrückten Leidenschaft nach Gerechtigkeit gewidmet, die sich in unerbittliche, meist schlecht vorbereitete und schlecht informierte Aktionen kleidet. Sie kann einen bestimmten Typus Mensch in bestimmten Momenten des Lebens dazu verleiten, Greueltaten zu begehen.« Zit. nach Franca Faldini/Goffredo Fofi: Il cinema italiano d'oggi 1970-1984. Mailand 1984, S. 200.

40 Vgl. Francesco Savio in seiner Rezension in: Il Mondo. – Was das Schicksal anbetrifft, sind auch für Karsten Witte die Personen des Films »prädestiniert«; in: Die Zeit vom 15. Februar 1985.

41 In seiner scharfsinnigen Rezension behauptet Francesco Savio, daß die »Vulgarität« für Lina Wertmüller »wie ein ursprünglicher Trieb, ein fantastischer, praktischer Impuls wirkt. Ohne sie läuft die Realität Gefahr, ihre Koordinaten und ihren spröden, fotogenen Charakter zu verlieren. Kino zu machen, Bilder weiterzugeben, bedeutet, jenen wunderlichen Hexensabbat öffentlich zu machen, an dem wir alle teilnehmen, auf den Straßen, in unseren Gedanken, Verhaltensweisen und in unserer Sprache.« Die Vulgarität wäre demnach die kollektive Vorstellungswelt Italiens, von der die italienische Komödie lebt.

42 Gleich zu Beginn seiner Rezension bemerkt Alberto Moravia in: Espresso. »Die Wertmüller ... demonstriert uns mit ihrem Film, wie zweideutig der Naturalismus ist ... Angesichts des Abbaus revolutionärer Hoffnungen schwankt die Wertmüller zwischen einer theratologischen und fellianianischen Objektivität (aber Fellini hat Humor, er ist liebevoller) und sentimentalen Charakterdarstellungen im Stil der commedia all'italiana. Sie sieht

unserer Meinung nach nicht, daß eine Wiederaufnahme des Naturalismus nur möglich ist, wenn man ihn mit einer humanistischen Weltanschauung belebt.« - Der Hinweis auf Fellini und seine Kritik an der Verwüstung der Großstadt ist richtig. Andererseits kann rückblickend gesagt werden, daß instinktiver und grober Naturalismus die Wertmüller davor bewahrt hat, in die sentimentalen Klischees abzurutschen, von denen die Qualität der letzten Filme Fellinis *(Ginger e Fred, L'intervista)* stark beeinträchtigt wird.

43 Zit. nach Tullio Kezich: Il Mille Film. Mailand 1977. Bd. 1, S. 87. Der kurzen Rezension von TRAVOLTI durch Kezich, abgedruckt in Bd. 2, S. 575, verdankt der Autor einige der hier weiter entwickelten Anregungen.

44 Lino Miccichè: Cinema Italiano degli Anni '70. Venedig 1980, S. 213. Miccichè, schon immer einer der schärfsten Kritiker der Wertmüller, schreibt: »Erkennen wir an, daß die Wertmüller sich selbst treu bleibt. Ihr Kino wird von Mal zu Mal schlechter. Man müßte diese Stetigkeit bewundern, wäre sie nicht, zum Weinen.« Außerdem hat Miccichè von Anfang an den wertmüllerschen Gebrauch des Dialekts als »geschmäcklerischen Abklatsch und Pseudo-Mundart« kritisiert. Er übersieht, daß für die Wertmüller der Dialekt vor allem mit Musikalität zu tun hat und aus einer gewollten Mischung aus Klängen besteht, die Zustände und Situationen evozieren. Kommunikation und Philologie in strengem Sinn greifen also zu kurz; es handelt sich um Erkennungssignale für den (italienischen) Zuschauer.

45 Antonio Gattoni in: Lina Wertmüller, Martin Scorsese. Dokumentation. Zürich 1986, S. 36.

46 In: The New York Times vom 21. September 1975. - Oder Henry Miller: »Have you seen any of Lina Wertmüller's film? *Swept Away,* perhaps? There's a woman I admire, as I do Germaine Greer ... Lina, in my opinion, is a better director than any man. When I saw *Swept Away* I was reminded of *Topic of Cancer* and *Sexus.* Humor and fucking - lots of it ... a belly full. Hollywood doesn't give us that, for all the stars they have.« (In: Dear, Dear Brenda. New York 1986, S. 25)

47 In: The Village Voice vom 29. September 1975.

48 Interview mit Gertrud Koch/Heide Schlüpmann: Der Mensch in Unordnung. In: Frauen und Film, Nr. 39, Dezember 1985, S. 84.

49 Das ist die nicht ganz unbegründete prinzipielle Kritik von Bruno Bettelheim in seinem Essay: Surviving. Reflections. In: The New Yorker, Nr. 24, vom 2. August 1976. Deutsch in: B. B.: Überleben in Extremsituationen. München 1982.

50 Zit. nach Gertrud Koch/Heide Schlüpmann, a. a. O., S. 83. - Ich bin mißtrauisch gegen eine Überinterpretation des Kinos der Wertmüller und zumal dieses Films. Jede psychoanalytische, zu sehr personalisierende oder tiefgehende Deutung von PASQUALINO SETTEBELLEZZE verfehlt ihren Gegenstand. Die Wagner- und Nietzsche-Zitate sind - ähnlich wie der Dialekt für das italienische Publikum, für das die wertmüllerschen Filme bis zum PASQUALINO gedacht waren - Bezüge zur germanischen Welt, die der Durchschnittsbildung eines Italieners zugänglich sind. - An den Haaren herbeigezogen sind meines Erachtens die »rationalen« Erklärungen, die Lina Wertmüller von manchen ihrer Bilderfindungen gibt, etwa die mythologischen Aufschneidereien über die »große mediterrane Mutter« anläßlich der Szene, in der das Bild Hildes mit dem der Mutter überblendet wird.

51 Das liegt wahrscheinlich an einer Art von klebrigem Realismus der zugrun-

deliegenden Geschichte, die der Autorin zufolge wahr ist: »Eine bestimmte Kritik könnte mir vorwerfen, den Charakter dieses Lumpenproletariers negativ übertrieben zu haben ... Ich habe Pasqualino geliebt. Pasqualino ist eine wahre Geschichte, und wichtig ist, was sie repräsentiert und bedeutet. Es ist eine Geschichte, deren realen, explosiven Gehalt ich abschwächen mußte, damit sie nicht künstlich grausam wirkt ... Es gab keinerlei Übertreibungen, eher das Gegenteil. Ich wollte kein Kino der Grausamkeit machen, sondern in grotesker Form ein schmerzhaftes Dokument über die Unausweichlichkeit der Logik der Gewalt erzählen.« In: Franca Faldini/ Goffredo Fofi, Il cinema italiano d'oggi, S. 201.

52 ebd., S. 200.

53 Tullio Kezich: Una nevrosi che ha nome matrimonio, in: La Repubblica vom 18. Januar 1978. Von allen italienischen Kritikern haben nur Kezich und Giovanni Grazzini (in: Corriere della Sera vom 18. Januar 1978) den Film wohlwollend besprochen.

54 Lino Miccichè, a. a. O., S. 3111.

55 Morando Morandini in: Il Giorno vom 22. Dezember 1978. – Auch in der amerikanischen Fassung, in der die Loren sich mit ihrem guten Englisch selbst synchronisiert, behält sie ihre Lebendigkeit und ihren Glanz.

56 Lamento per una domenica di novembre, in: Corriere della Sera vom 30. November 1981. Bevilacqua schreibt weiter: »Das Klagelied ist ein ganz bestimmtes Genre und meistens in Verse gefaßt (hier haben wir den – irrtümlich für Rhetorik gehaltenen – poetischen Glanz der Texte, welche die Regisseurin zusammengeflickt hat). Es ist eine volkstümliche Form, deren Ursprünge bis auf die biblischen Klagelieder zurückgehen. Im Mittelalter verbreitete es sich mit religiöser und profaner Thematik ..., und später wurden diese Texte von der politischen Lyrik benutzt, eben um traurige Ereignisse wiederzugeben.«

57 Essere o avere ma per essere devo avere la testa di Alvise su un piatto d'argento. Mailand: Rizzoli 1981. – Deutsche Ausgabe: Alvises Kopf. Haben oder sein/Doch um zu sein/muß ich haben/und zwar Alvises Kopf/ auf einem Silberteller. Wiesbaden: Limes 1986.

58 Anna Maria Mori: Interview mit Lina Wertmüller. In: La Repubblica vom 13. März 1983.

59 Tullio Kezich: Che scherzo, per l'onorevole avere una moglie militante. In: La Repubblica vom 1. Oktober 1983.

60 So auch Carlo Scarone in: Film, Nr. 3, Mai-Juni 1984.

61 In: Frankfurter Allgemeine vom 23. April 1986.

62 In: La Repubblica vom 25. Januar 1986.

Daten

Von Wolfgang Jacobsen

Biografie

Lina Wertmüller
eigentlich: Arcangela Felice Assunta Wertmüller von Elgg von Brau-
cich-Job
geboren am 14. August 1928 in Rom.

Lina Wertmüllers Vorfahren waren Schweizer Adlige. Ihr Ururgroß-
vater, Baron Erich Wertmüller von Elgg, mußte nach einem Duell
aus Zürich fliehen und ließ sich in Neapel nieder. Ihr Vater, Federico
Wertmüller, war Rechtsanwalt und lange Zeit Generalsekretär der
italienischen Anwaltsvereinigung. Ihre Mutter, Maria Santa Maria,
ließ sich 1973 scheiden.
Lina Wertmüller wächst in einer antifaschistisch eingestellten Familie auf. Sie besucht - nach eigener Aussage - 15 Schulen, weil sie
immer wieder relegiert wird. Dem Wunsch des Vaters, Jura zu stu-
dieren, widersetzt sie sich. Von ihrer Freundin Flora Carabella, der
späteren Frau von Marcello Mastroianni, animiert, besucht sie die
Theaterakademie in Rom, studiert bei Pietro Sharoff. 1951 erhält sie
das Diplom, gründet die Theatergruppe »Harlequin« und schreibt
Theaterstücke. Mit der Marionettenbühne von Maria Signorelli geht
sie auf Tournee durch Europa, aber wegen des avantgardistischen
Programms hat die Truppe keinen Erfolg. Nach Italien zurückgekehrt, arbeitet Lina Wertmüller in den folgenden Jahren als Schauspielerin, Regieassistentin, Bühnenbildnerin und Inspizientin bei
verschiedenen Theatern; häufig ist sie auch als Journalistin tätig,
schreibt für den Hörfunk, adaptiert Texte von Tschechow und ist
Mitarbeiterin für Show-Sendungen. Durch Vermittlung Flora Cara-
bellas wird sie Regieassistentin bei Federico Fellinis *Otto e mezzo*.
Fellini unterstützt sie 1963 bei ihrem ersten Film, I BASILISCHI, einem
Porträt junger Leute in der süditalienischen Provinz, das stilistisch
weitgehend dem Neorealismus verpflichtet ist. Der Film wird von
der Kritik gelobt und auf dem Festival von Locarno 1963 mit der
Vela d'argento für die beste Regie und dem Preis der Internationalen
Filmkritik (FIPRESCI) ausgezeichnet. 1965 kann Lina Wertmüller
mit Nino Manfredi in der Hauptrolle ihren zweiten Film, QUESTA
VOLTA PARLIAMO DI UOMINI, inszenieren, eine Komödie in vier Episo-

den. Manfredi wird als bester männlicher Darsteller mit dem Nastro d'argento (1965) ausgezeichnet.

Anfang der sechziger Jahre lernt die Regisseurin den Schauspieler Giancarlo Giannini kennen, mit dem eine enge Zusammenarbeit beginnt. Giannini wird ihr Protagonist, ihr schauspielerisches alter ego. Für das Fernsehen realisiert sie mit ihm und der Sängerin Rita Pavone zwei Musikfilme. Giannini vermittelt ihre Theaterkomödie DUE PIU DUE FA PIU QUATTRO an Franco Zeffirelli, der das Stück 1968 inszeniert. Als Drehbuchautorin ist Wertmüller an Filmen anderer Regisseure beteiligt.

Einen neuen eigenen Kinofilm kann Lina Wertmüller 1971/72 realisieren: MIMÌ METALLURGICO FERITO NELL'ONORE, ein politisches Sujet, dessen Darstellung des Machismo und Neigung zu grotesken Zuspitzungen im Stilistischen Spezifika auch der folgenden Filme werden sollen. Mariangela Melato spielt als Partnerin Gianninis die weibliche Hauptrolle, die sie auch in fast allen weiteren Filmen Wertmüllers übernehmen wird. FILM D'AMORE D'ANARCHIA bringt 1973 in Cannes Erfolg; Giancarlo Giannini wird als bester Darsteller ausgezeichnet. Für die USA erwirbt der Kunsthändler Herbert R. Steinman die Rechte des Films, der 1974 seine amerikanische Premiere im new yorker Little Carnegie Theatre erlebt. Damit beginnt eine zum Teil enthusiastische, zum Teil schroff ablehnende Rezeption der Filme in den USA. Diese amerikanische, im besonderen new yorker, Rezeption in den siebziger Jahren begründet Wertmüllers in dieser Zeit legendären Ruf als Regisseurin. Man nennt sie die »heilige Lina von New York«. John Simon gehört zu den exponierten Verfechtern ihrer Filme, Molly Haskell und Pauline Kael zu ihren engagierten Kritikerinnen. Sowohl der politische Standpunkt, als auch vor allem die »feministische« Einstellung (diese besonders im Film TRAVOLTI DA UN INSOLITO DESTINO NELL'AZZURRO MARE D'AGOSTO) werden kontrovers diskutiert. In Europa dagegen werden die Filme trotz der Festivalerfolge kaum wahrgenommen, nur wenige finden in Frankreich, England und der Bundesrepublik einen Verleih. PASQUALINO SETTEBELLEZZE wird wegen seiner KZ-Darstellung in den USA, wie später auch in der Bundesrepublik, sehr kritisch aufgenommen. Bruno Bettelheim nimmt im Magazin *The New Yorker* Stellung. Der Film erhält für das Jahr 1976 vier Oscar-Nominierungen: bester Auslandsfilm, beste Regie, bestes Drehbuch, bester männlicher Hauptdarsteller. Obwohl als einer der Favoriten des Academy-Award gehandelt, wird der Film jedoch nicht ausgezeichnet.

1975 bietet Gore Vidal dem Penthouse-Verleger Bob Guccione ein Filmprojekt über den römischen Kaiser Caligula an. Vidal verhandelt mit Lina Wertmüller über die Regie, die sie aber ablehnt, weil sie ein eigenes Caligula-Projekt realisieren möchte. Für Guccione/Vidals Film übernimmt Tinto Brass die Regie (*Caligola*, 1976). Von

Warner Brothers erhält sie einen Vertrag für vier Filme. THE END OF THE WORLD wird ihr erster englischsprachiger Film. Da der erwartete Erfolg ausbleibt, wird der Vertrag einvernehmlich gelöst.

Als unabhängige Regisseurin wieder in Italien, dreht sie 1978/79 FATTO DI SANGUE mit Sophia Loren, Marcello Mastroianni und Giancarlo Giannini. Über das Erdbeben in Irpinia realisiert sie 1980/81 für das italienische Fernsehen eine Dokumentation. Ein neues Projekt mit Sophia Loren, *Tieta d' Agreste,* nach einem Roman des brasilianischen Schriftstellers Jorge Amado, scheitert. 1981 wird ihr Roman *Essere o avere ma per essere devo avere la testa di Alvise su un piatto d'argento* veröffentlicht, der 1986 in deutscher Übersetzung erscheint. In Co-Produktion mit der Cannon Group entsteht ein Film über die Mafia, UN COMPLICATO INTRIGO DI DONNE, VICOLI E DELITTI, der bei seiner Premiere auf den Filmfestspielen Berlin 1986 reserviert aufgenommen wird. Lina Wertmüllers letzter Film, NOTTE D'ESTATE CON PROFILO GRECO, OCCHI, A MANDORLA E ODORE DI BASILICO, ist eine burleske Auseinandersetzung mit dem Terrorismus und variiert das Thema von TRAVOLTI DA UN INSOLITO DESTINO NELL'AZZURRO MARE D'AGOSTO.

Das Filmfest München widmet Wertmüller 1984 eine Retrospektive, die wesentlich dazu beiträgt, ihre Filme dem deutschen Publikum bekanntzumachen. 1987 erhält sie den Berliner Kunstpreis.

Nach dem Zweiten Weltkrieg hat sich Lina Wertmüller zunächst dem kommunistisch orientierten Circolo Giovani angeschlossen und wurde dann Mitglied der KPI. Wegen des Einmarschs sowjetischer Truppen in Ungarn verläßt sie die Kommunistische Partei (1956) und wird Mitglied der Sozialistischen Partei, der sie bis 1978 angehört. Sie versteht sich heute als gemäßigte Sozialistin.

An den Filmen Lina Wertmüllers sind immer wieder Familienmitglieder beteiligt. Ihr Mann, der Bildhauer und Bühnenbildner Enrico Job, mit dem sie seit 1968 verheiratet ist, betreut das Production design; ihr Bruder, Enrico Wertmüller, ist zuständig für die Öffentlichkeitsarbeit; ihr Sohn, Massimo spielt als Darsteller in ihren Filmen; und auch ihre Mutter war einmal, in dem Fernsehfilm NON STUZZICATE LA ZANZARA, als Schauspielerin zu sehen.

Lina Wertmüller, zu deren Markenzeichen extravagante Brillen gehören, lebt in Rom.

Filmografie

Die Filmografie nennt Daten zu den Filmen, bei denen Lina Wertmüller Regie geführt hat. Es folgen Hinweise auf die Filme, an denen sie als Autorin beteiligt war, als Regieassistentin oder in anderer Funktion. Abschließend werden Theater-, Opern- und Hörfunkarbeiten genannt. – Bei den Regiearbeiten wird neben dem Original- und dem deutschen Verleihtitel, der den Originaltitel oft nur verkürzt wiedergibt, in Klammern eine genaue Übersetzung des eigentlichen Filmtitels gegeben. – Für die Zusammenstellung der Angaben über den Stab, die Darsteller und ihre Rollennamen wurden vor allem folgende Quellen benutzt: die Kopien der Filme, soweit sie zur Verfügung standen; die filmografischen Angaben im International Film Guide 1977 und im Katalog zum Europäischen Filmfestival/Filmfest München 1984; die Handbücher der Katholischen Filmkritik.

Abkürzungen: R = Regie (wird genannt bei den Filmen, die Wertmüller nicht selbst realisierte). – B = Buch. – K = Kamera. – K-F = Kameraführung. – K-Ass = Kameraassistenz. – Sch = Schnitt. – Sch-Ass = Schnittassistenz. – T = Ton. – T-M = Tonmischung. – M = Musik. – M-L = Musikalische Leitung. – Ba = Bauten. – A = Ausstattung. – Ko = Kostüme. – Ma = Maske. – R-Ass = Regieassistenz. – D = Darsteller. – P = Produktionsgesellschaft. – Pd = Produzent. – Pl = Produktionsleitung. – P-Ü = Produktionsüberwachung. – Do = Drehort. – Dz = Drehzeit. – F = Format. – sw = schwarzweiß. – OL = Originallänge. – DL = Länge der deutschen Fassung. – U = Uraufführung. – DE = Kinoerstaufführung in der Bundesrepublik. – TV = Fernsehausstrahlungen in der Bundesrepublik. – V = derzeitiger Verleih in der Bundesrepublik.

1963   I BASILISCHI. Die Basilisken. – B: Lina Wertmüller. – K: Gianni Di Venanzo. – K-F: Pasquale de Santis. – Sch: Ruggero Mastroianni. – T: Giudo Nardone, Mario Morigi. – M: Ennio Morricone. – A: Antonio Visone. – R-Ass: Gabriella Ferri, Franca Santi. – D: Toni Petruzzi (Antonio), Stefano Satta Flores (Francesco), Sergio Ferranino (Sergio), Luigi Barbieri (Antonios Vater), Enrica Chiaromonte (Maddalena), Flora Carabella (Luciana Bonfanti), Mimmina Quirico (Tante Maria), Enzo Di Vecchia (Freund), Marisa Omodei (Cicci d'Andrea), Manlio Blois (Nicolino), Rosetta Palumbo (Rosetta), Rosanna Santoro (Anna). – P: Galatea, Rom/22 Dicembre, Mailand. – Pd: Ermanno Olmi, Tullio Kezich. – Pl: Albertino Soffientini, Luigi Giacosi. – Do: Palazzo San Gervasio, Minervino Murge (Apulien). – Dz: 6 Wochen. – F: 35 mm, sw. – OL, DL: 85 min. – U: 23.7. 1963, Filmfestspiele Locarno. – Italienische Erstaufführung: 28.9. 1963, Cinema Ritz, Mailand. – TV: 23.12. 1968 (ARD); 5.11. 1977 (S 3); 19.1. 1978 (WDR III); 23.8. 1978 (BR III). – V: in der Bundesrepublik nicht verliehen.

1964   IL GIORNALINO DI GIAN BURRASCA. (Das Tagebuch von Gian Burrasca). – B, Musiktexte: Lina Wertmüller, nach dem gleichnamigen Buch von Vamba (d.i. Luigi Bertelli). – K: Guido

Caracciolo; Mitarbeit: Walter Antro, Giancarlo Cecchini, Claudio Codilupi, Luigi Massei. - T: Attilio Scudellari. - M: Nino Rota. - M-L: Luis Bacalov. - Ba, Ko: Piero Tosi. - R-Ass: Luciana Congia. - D: Rita Pavone (Gian Burrasca), Valeria Valeri (Mutter), Ivo Garrani (Vater), Milena Vukotić (Schwester Virginia), Pier Paolo Bucchi (Schwester Luisa), Alida Cappeli (Schwester Ada), Laura Torchio (Caterina, Dienstmädchen), Elsa Merlini (Tante Bettina), Arnoldo Foà (Maralli), Paolo Ferrari (Doktor Collalto), Mario Maranzana (Sig. Capitani), Adolfo Censi (Schuldirektor), Gino Pernice (Professor Muscolo), Edoardo Spadaro (Onkel Venanzio), Carlo Croccolo (Gosto), Alfredo Bianchini (Clodoveo), Marisa Omodei (Frau Olga), Enzo Guarini (Sig. Luigi), Sergio Tofano (Rektor des Internats), Bice Valori (Seine Frau), Alberto Bonucci, Gennarino Palumbo. - P: RAI, Rom. - Pl: Franca Santi Gabriella Tagliaferri. - Dz: Ende Januar, Ende Februar, Anfang April–Mitte Mai 1964. - OL: je 65 min. - U: 19.12. 1964 (Folge 1), RAI (TV); alle weiteren sieben Folgen im wöchentlichen Wechsel.
TV-Serie (8 Teile).

1965 QUESTA VOLTA PARLIAMO DI UOMINI. (Dieses Mal sprechen wir über Männer). - Episodenfilme: UN UOMO D'ONORE / IL LANCIATORE DI COLTELLI / UN UOMO SUPERIORE / UN BRAV' UOMO. - Sujet, B: Lina Wertmüller. - K: Ennio Guarnieri. - Sch: Ruggero Mastroianni. - M: Luis Enriquez Bacalov. - Ba: Paolo Tomassi, Ferdinando Giovagnoni, Giorgio Hermann. - D: 1. Episode: Nino Manfredi (Federico), Luciana Paluzzi (Manuela); 2. Episode: Nino Manfredi (Pedro), Milena Vukotić (Saturnia); 3. Episode: Nino Manfredi (Rafael), Margaret Lee (Marquesa); 4. Episode: Nino Manfredi (Salvatore), Patricia De Clara (Seine Frau), Alfredo Bianchini, Giulio Coltelacci. - P: Archimede - Crono Film, Rom. - Pd: Piero Notarianni. - Dz: 7 Wochen. - F: 35 mm, sw. - OL: 93 min. - U: 17.3. 1965, Turin. - V: in der Bundesrepublik nicht verliehen.

1966 RITA LA ZANZARA. (Rita, die Mücke). - B: Lina Wertmüller, nach einer Geschichte von Sergio Bonotti. - K: Dario Di Palma. - Sch: Franco Fraticelli. - M: Bruna Canfora. - Ba: Fabrizio Frisardi. - D: Rita Pavone (Rita), Giancarlo Giannini (Paolo), Bice Valori (Schuldirektor), Turi Ferro (Bärtiger Professor), Vittorio Congia (Ciccio), Giusi Raspani Dandolo (Stellvertretender Schuldirektor), Nino Taranto (Bürochef), Peppino De Filippo (Carmelo), Laura Efrikian (Lidia), Tania Lopert, Milena Vukotić, Gino Bramieri, Rosella Spinelli, Sergio Ferranino, Mirella Panfili, Teddy Reno. - P: Mondial Te.Fi., Rom. - Pd: Sergio Bonotti, Gilberto Carbone. - F: 35 mm, Farbe (Eastmancolor). - OL: 86 min. - V: in der Bundesrepublik nicht verliehen.

Lina Wertmüller realisierte den Film unter dem Pseudonym George Brown; ihr offizieller credit gilt nur für die Regie der Musikszenen.

1967 NON STUZZICATE LA ZANZARA. (Reizet die Mücke nicht!). – B: Lina Wertmüller. – K: Dario Di Palma; Zusätzliche K: Giulio Zamboni. – Sch: Franco Fraticelli. – M: Bruna Canfora. – Ba: Fabrizio Frisardi, Enrico Job. – D: Rita Pavone (Rita), Giancarlo Giannini (Paolo), Giulietta Masina (Ritas Mutter), Romolo Valli (Ritas Vater), Mita Medici (Vanessa), Peppino De Filippo (Carmelo), Raffaele Pisu (Feldwebel), Giusi Raspani Dandolo (Schuldirektor), Catena Boratto (Marchesa Filangeri), Enrico Viarisio (General), Ugo Fangareggi (Wolfgang), Pietro De Vico, Carlo Pavone & JB Band, Mirella Panfili, Maria Wertmüller, Alfredo Censi, Gina Mattarolo, Franco Melidon, Bruno Sgueglia, Teddy Reno. – P: Mondial Te.Fi., Rom. – Pd: Sergio Bonatti, Gilberto Carbone. – F: 35 mm, Farbe (Eastmancolor). – OL: 92 min. – V: in der Bundesrepublik nicht verliehen.

1967/68 THE BELLE STARR STORY / IL MIO CORPO PER UN POKER. Mein Körper für ein Pokerspiel. – Sujet: Nathan Wich (d.i. Lina Wertmüller). – B: Nathan Wich, George Brown (auch: Giorgio Brown; d.i. Lina Wertmüller). – K: Alessandro D'Eva, Giovanni Carlo. – Sch: Renato Cinquini. – M: Charles Dumont. – D: Elsa Martinelli (Belle Starr), Robert Wood, George Eastman (d.i. Luigi Montefiori), Francesca Righini, Dan Harrison, Vladimir Medar, Eugene Walter, Remo De Angelis, Bruno Corazzari, Orso Maria Guerrini. – P: Mercur Film Italiana, Mailand. – F: 35 mm, Farbe. – OL: 103 min. – DL: 100 min. – DE: 11.10. 1968. – V: –.
Lina Wertmüller hat den Film unter dem Pseudonym ›Nathan Wich‹ realisiert; auffällig ist, daß sie für das Drehbuch mit zweifachem Pseudonym – Wich und George/Giorgio Brown – zeichnet.

1971/72 MIMI METALLURGICO FERITO NELL'ONORE. Die Versuchungen des Mimi. (Mimi, Metallarbeiter, in seiner Ehre gekränkt). – Sujet, B: Lina Wertmüller. – K: Dario Di Palma. – K-F: Blasco Giurato. – K-Ass: Giancarlo Martella. – Sch: Franco Fraticelli. – Sch-Ass: Pierluigi Mastronardi, Luigi Zita. – T: Mario Bramonti, Giulio Viggiani. – T-M: Franco Bassi. – M: Piero Piccioni. – Ba: Amedeo Fago, Enrico Job. – A: Emilio Baldelli. – Ko: Emilio Baldelli, Gino Persico, Efi Kounellis; Ko für Mariangela Melato: Enrico Job. – R-Ass: Giovanni Arduini, Sergio Mazio. – D: Giancarlo Giannini (Carmelo Mardocheo, »Mimi«), Mariangela Melato (Fiore), Turi Ferro (Tricarico), Agostina Belli (Rosalia), Luigi Diberti (Pippino), Elena Fiore (Signora Amalia Finocchiaro), Tuccio Musumeci (Pasquale), Ignazio Pappalardo (Massaro 'Ntoni), Rosaria

Rapisarda, Umberto Lentini, Salvatore Savasta, Andrea Maugeri, Salvatore Centamore, Sara Micalizzi, Antonia Micalizzi, Ottorino Russo, Francesco Pellegrino, Gianfranco Barra, Giovanni Cori, Giovanni Pulone, Claudio Trionfi. - P: Euro International Film, Rom. - Pd: Daniele Senatore, Romano Cardarelli. - Pl: Paolo Gargano, Hermes Gallippi. - Do: Turin, Catania (Sizilien). - F: 35 mm, Farbe (Eastmancolor). - OL, DL: 115 min. - U: 21.3. 1972, Rom. - TV: 3.12. 1977 (S3). - V: in der Bundesrepublik nicht verliehen.

1972/73 FILM D'AMORE E D'ANARCHIA OVVERO »STAMATTINA ALLE 10 IN VIA DEI FIORI NELLA NOTA CASA DI TOLLERANZA . . .«. Liebe und Anarchie. (Film über Liebe und Anarchie, oder heute morgen um zehn in einem bekannten Bordell in der Via dei Fiori). - Sujet, B: Lina Wertmüller. - K: Giuseppe Rotunno. - K-F: Giuseppe Maccari, Michele Cristiani. - K-Ass: Roberto Aristarco, Vasco Benucci, Filippo Neroni. - Sch: Franco Fraticelli. - Sch-Ass: Pierluigi Leonardi, Luigi Zita. - T: Mario Bramonti. - T-M: Venanzio Biraschi. - M-L, M-Zusammenstellung: Carlo Savina. - Lieder: »Canzone arrabiata« (gesungen von Anna Melato), »Paseggiata«, »Antonio Soffiantini detto Tunin« von Nino Rota; andere Lieder: »Ninna Nanna« (gesungen von Isa Danieli), »A Tripoli« (C. Arona), »Bomba c'è« (Pietro Capanna), »Canzone appassionata« (E. A. Mario), »Giovinezza« (G. Blanc), »La petite Tonkinoise« (V. Scotta, G. Villard Christini), »Marzo« (Di Giacomo-Costa), »La canzone dell' amore«, »L'amore è un pizzicor«, »Lucciole vagabonde«, »Violino tzigano«, »Tango delle capinere« (alle von B. Cherubini, G. A. Bixio), »Portami tante rose« (M. Galdieri, G. A. Bixio), »Cantate di legionari« (A. D'Alba, E. Pellegrino). - Ba, Ko: Enrico Job. - A: Emilio Baldelli. - Zusätzliche Ko: Benito Persico. - Ma: Michele Trimarchi. - R-Ass: Giovanni Arduini, Luisa Amatucci, Donatella Luttazzi, Alain Katz. - D: Giancarlo Giannini (Antonio Soffiantini, »Tunin«), Mariangela Melato (Salomé), Lina Polito (Tripolina), Eros Pagni (Spatoletti), Pina Cei (Madame Aida), Elena Fiore (Donna Carmela), Isa Danieli, Anna Bonaiuto, Maria Sciacca, Gea Linchi, Josianne Tanzilli, Enrica Bonaccorti, Anita Branzanti, Anna Melato, Anna Stivala, Valeria Piaggio (Mädchen im Bordell), Giuliana Calandra, Isa Bellini, Franca Salerno, Anna Maria Dossena, Maria Capparelli, Luigi Antonio Guerra, Roberto Herlitzka, Mario Nandi, Gianfranco Barra, Lorenzo Piani. - P: Euro International Film, Rome / Labrador Films, Paris. - Pd: Romano Cardarelli. - Pl: Paolo Gargano, Hermes Gallippi, Fernando Rossi. - Do: Rom. - F: 35 mm, Farbe (Technicolor). - OL: 129 min. - DL: 125 min. (gekürzte Originalfassung mit deutschen Untertiteln; vermutlich identisch mit der in Cannes gezeigten Version). - U: 20.5. 1973, Filmfestspiele Cannes. - Italienische Erstaufführung: 22.2.

1973, Rom. – DE: Juni 1984, Münchner Filmfest; Kinostart: 6.4.
1985. – TV: 19.11. 1977 (S3); 14.10. 1987 (NDR III, SFB III,
RB III). – V: Prokino (35 mm, Originalfassung mit deutschen Untertiteln).

1973 TUTTO A POSTO E NIENTE IN ORDINE. Operation
gelungen, Patient tot. (Alles in Ordnung, aber nichts funktioniert). –
Sujet, B: Lina Wertmüller. – K: Giuseppe Rotunno. – Sch: Franco
Fraticelli. – M: Piero Piccioni. – T: Mario Bramonti. – Ba: Enrico
Job. – D: Luigi Diberti (Gigi), Lina Polito (Mariuccia), Nino Bigna-
mini (Carletto), Sara Rapisardo (Adelina), Giuliana Calandra (Biki),
Isa Danieli (Isotta), Eros Pagni (Bagonghi), Claudio Volonté (Sante),
Renato Rotondo (Walter), Maria Sciacca, Loredano Martinez, Maria
Teresa Albani. – P: Euro International Film, Rom. – Pd: Romano
Cardarelli. – Do: Mailand. – F: 35 mm, Farbe (Technicolor). – OL,
DL: 105 min. – U: 21.2. 1974, Mailand. – DE: Oktober 1976. – TV:
2.11.1977 (NDR III, S3); 17.1. 1978 (HR III); 23.9. 1981 (NDR III).
– V: –. In Berlin lief der Film auch unter dem Titel »Alles da und
nichts in Ordnung«.

**1974 TRAVOLTI DA UN INSOLITO DESTINO NELL'AZ-
ZURRO MARE D'AGOSTO.** (Verdrehte Verhältnisse durch ein
eigenartiges Schicksal im blauen Meer des August). – Sujet, B: Lina
Wertmüller. – K: Ennio Guarnieri. – K-F: Giulio Battiferri, Giu-
seppe Fornari, Stefano Ricciotti. – Sch: Franco Fraticelli. – T: Mario
Bramonti. – M: Piero Piccioni (unter Verwendung eines Motivs von
Henry Purcell). – A, Ko: Enrico Job. – R-Ass: Giovanni Arduini. –
D: Giancarlo Giannini (Gennarino), Mariangela Melato (Raffaella),
Ricardo Salvino, Isa Danieli, Aldo Puglisi, Anna Melita, Giuseppe
Durini, Lucrezia De Domizio, Luis Suarez, Vittorio Fanfoni,
Lorenzo Piani, Eros Pagni. – P: Medusa Cinematografica, Rom. –
Pd: Romano Cardarelli. – F: 35 mm (Cinemascope), Farbe (Techni-
color). – OL: 116 min. – U: 19.12. 1974, Mailand. – V: in der Bun-
desrepublik nicht verliehen.

1975 PASQUALINO SETTEBELLEZZE. Sieben Schönheiten
(Pasqualino Siebenschönheiten). – Sujet, B: Lina Wertmüller. – K:
Tonino delli Colli. – K-F: Carlo Tafani. – K-Ass: Giancarlo Grana-
telli, Sandro Battaglia, Enzo Tosi. – Sch: Franco Fraticelli. – Sch-
Ass: Pierluigi Leonardi, Luigi Zita. – T: Mario Bramonti. – T-M:
Venanzio Biraschi. – M: Enzo Janacci. – M-L: Nando de Luca. –
Ba, A, Ko: Enrico Job. – Zusätzliche Ko: Benito Persico. – Ma:
Michele Trimarchi. – R-Ass: Alessandro dal Sasso. – D: Giancarlo
Giannini (Pasqualino Frafuso), Fernando Rey (Pedro), Shirley Stoler
(Kommandantin Hilde), Elena Fiore (Concettina), Piero di Iorio

(Francesco), Enzo Vitale (Don Raffaele), Roberto Herlitzka (Alter Sozialist), Luci Amelio (Anwalt Cangemini), Ermelinda de Felice (Pasqualinos Mutter), Bianca d'Origlia (Ärztin im Irrenhaus), Francesca Marciani (Carolina, die Braut), Mario Conti (Totonno), Barbara Valmorin, Emilio Salvatore, Aristide Caporali, Pasquale Vitiello. - P: Medusa Cinematografica, Rom. - Pd: Lina Wertmüller, Giancarlo Giannini, Arrigo Colombo. - Pl: Fausto Grisi, Enzo Nigro, Tonino Sarno. - P-Ü: Gino Milozza. - Do: Neapel. - F: 35 mm, Farbe (Eastmancolor). - OL, DL: 116 min. - U: 22.12.1975, Rom. - DE: Juni 1984, Münchner Filmfest; Kinostart: 26.9.1985. - V: Prokino (35 mm, Originalfassung mit deutschen Untertiteln).

1977 THE END OF THE WORLD IN OUR USUAL BED IN A NIGHT FULL OF RAIN / LA FINE DEL MONDO NEL NOSTRO SOLITO LETTO IN UNA NOTTE PIENA DI PIOGGIA. In einer Regennacht. (Das Ende der Welt in unserem üblichen Bett in einer Regennacht). - Sujet, B: Lina Wertmüller. - K: Giuseppe Rotunno. - K-F: Mario Cimini, Massimo Di Venanzo. - K-Ass: Gianni Giovagnoni, Giuseppe Alberti, Bruno Garbuglia. - Sch: Franco Fraticelli. - Sch-Ass: Pierluigi Leonardi, Luigi Zita. - T: Mario Bramonti. - T-M: Venanzio Biraschi. - M: Giovanni Battista Pergolesi, Roberto de Simone; Ausführende: Umberto Leonardo (Gitarre), Alfredo Golino (Schlagzeug); »Secondo coro delle lavandaie« gesungen von Isa Danieli, begleitet vom Orchester »Il cerchio« unter der Leitung von Antonio Sinagra; Jazz-Version von »Dies Irae«. - A, Ko: Enrico Job. - Zusätzliche Ko: Benito Persico. - Ma: Michele Trimarchi, Cesare Paciotti. - R-Ass: Gianni Arduini, Gabriella Archilao. - D: Giancarlo Giannini (Paolo), Candice Bergen (Lizzy), Michael Tucker (Einstein), Mario Scarpetta, Anita Paltrinieri, Flora Carabella, Lucio Amelio, Giuliana Carnesecchi, Massimo Wertmüller, Alice Colombo Oxman, Anna Papa (Die Freunde), Vincenzo Vitale (Paolos Vater), Paola Ojetti (Paolos Tante), Paola Silvia Rotunno (Rosinella), Ileana Caravati, Marco Stefanelli, Allison Tucker (Lizzys Tochter), Ennio Girolami (Zimmermann), West Buchanan (Jack), Joan Colin (Lizzys Mutter), David Colin (Lizzys Vater), Ruggero Guarini (Paolos Freund in der Bücherei), Anne Byrne, Lilly Carati, Giuliana Davidson, Agnese De Danato, Jill Eikenberry, Nadia Gambacorta, Paolo Panelli. - P: Liberty Film, Rom, für Warner Brothers. - Pd: Guglielmo del Vecchio. - Pl: Gino Santarelli. - P-Ü: Jone Tuzi. - Do: Kloster in Padula (Kalabrien), Rom, San Francisco. - F: 35 mm, Farbe (Technicolor). - OL, DL: 104 min. - U: 17.1.1978, Mailand. - Amerikanische Erstaufführung: Januar 1978, New York. - DE: 26.2.1978, Filmfestspiele Berlin; Kinostart: 7.4.1978. -V: Warner (35 mm).
Der Film wurde in englischer Sprache gedreht.

1978/79 FATTO DI SANGUE FRA DUE UOMINI PER CAUSA DI UNA VEDOVA - SI SOSPETTANO MOVENTI POLITICI. (Blutbad zwischen zwei Männern wegen einer Witwe - man vermutet politische Motive). - Sujet, B: Lina Wertmüller. - K: Tonino delli Colli. - K-F: Carlo Tafani. - K-Ass: Giuseppe Buonaurio, Sandro Battaglia. - Sch: Franco Fraticelli. - Sch-Ass: Pierluigi Leonardi, Luigi Zita. - T: Mario Bramonti. - T-M: Venanzio Biraschi. - M: Dangiò, Nando de Luca. - M-L: Nando de Luca. - Ba: Enrico Job. - A: Gianni Giovagnoni. - Ko: Benito Persico. - Ma: Michele Trimarchi, Cesare Paciotti. - R-Ass: Gianni Arduini, Mario Scarpetta, Salvatore Palma. - D: Sophia Loren (Concetta Paternò, »Titina«), Marcello Mastroianni (Rosario Maria Spallone), Giancarlo Giannini (Nicuzzo Sammichele, »Nick«), Turi Ferro (Vito Acicatena), Mario Scarpetta (Gennaro), Antonella Murgia (Schwangere Frau), Lucio Amelio (Crisafulli), Maria Carrara (Donna), Isa Danieli (Frau am Hafen), Guido Cerniglia (Sekretär), Vittorio Baratti, Oreste Radi, Toti Palma. - P: Liberty Film, Rom. - Pd: Harry Colombo. - Pl: Gino Millozza. - Do: Sizilien. - Dz: 24.7.-8.10 1978. - F: 35 mm, Farbe (Eastmancolor). - OL: 124 min. - U: 21.12. 1978, Rom. - V: in der Bundesrepublik nicht verliehen.

1980/81 È UNA DOMENICA SERA DI NOVEMBRE. (An einem Sonntagabend im November). - P: RAI.
Dokumentarfilm über das Erdbeben in Irpinia.

1983 SCHERZO DEL DESTINO IN AGGUATO DIETRO L'ANGOLO COME UN BRIGANTE DA STRADA. (Scherz über das Schicksal, wenn man wie ein Straßendieb in der Falle sitzt). - Sujet: Lina Wertmüller. - B: Lina Wertmüller, Age (d.i. Angenore Incrocci); B-Mitarbeit: Silvia d'Amico Bendicó. - K: Camillo Bazzoni. - K-Ass: Franco Sterpa. Giorgio Urbinelli. - Sch: Franco Fraticelli. - Sch-Ass: Luigi Zita, Roberto Priori, Fabrizio Fraticelli. - T: Mario Bramonti. - T-M: Fausto Ancillai. - Elektronische Effekte: Italo Bonfanti. - M: Paolo Conte. - M-L, Arrangements: Tommaso Vittorini. - Ba, Ko: Enrico Job. - A: Franco Velchi, Mauro Passi. - Zusätzliche Ko: Gino Persico, Cristiana Lafayette. - Ma: Pietro Tenoglio. - R-Ass: Antonio Gabrielli, Lydia Lundry. - D: Ugo Tognazzi (Vincenzo De Andreiis), Piera Degli Esposti (Maria Theresa), Renzo Montagnani (Polizeikapitän), Enzo Janacci (Terrorist), Pina Cei (Marias Schwester), Gianfranco Mari, Sergio Solli, Marco Balbi Rodolfo Laganà, Pierluigi Misasi (Fahrer), Antonella d'Agostino (Frau des Ministers), Massimo Wertmüller (Junger Carabinieri), Valeria Golino (Adalgisa), Roberto Herlitzka (Assistent des Ministers), Gastone Moschin (Innenminister), Livia Cerini (Haschrauchende Großmutter). - P: Radiovideoservice, Rom. - Pd: Giuseppe

Giovannini. - Ausführender Pd: Manolo Bolognini. - Pl: Guglielmo del Vecchio, Eutizio di Salvatore. - P-Ü: Gilberto Scarpellini. - Do: Cinecittà, Rom. - F: 35 mm, Farbe (Eastmancolor). - OL: 105 min. - U: 26.9. 1983, Bologna. - V: in der Bundesrepublik nicht verliehen.

1984 SOTTO ... SOTTO ... STRAPAZZATO DA ANOMALE PASSIONE. (Runter mit Dir - mit ungewöhnlicher Leidenschaft gestraft). - Sujet: Lina Wertmüller. - B: Lina Wertmüller, Enrico Oldoini. - K: Dante Spinotti. - Sch: Luigi Zita. - T: Fabio Ancillai. - M: Paolo Conte. - Ba, Ko: Enrico Job. - D: Enrico Montesano (Oscar), Veronica Lario (Ester), Luisa de Santis (Adele), Massimo Wertmüller (Ginetto), Mario Scarpetta (Amilcare), Isa Danieli (Rosa), Elena Fabrizi (Sora Ines), Antonia dell' Atte (Bellissima), Alfredo Bianchini, Renato D'Amore, Simone Giannitti, Jole Silvani, Dario Cantarelli, Sergio Solli. - P: Intercapital, Rom. - Pd: Mario & Vittorio Cecchi Gori. - Pl: Vivien Boden. - F: 35 mm, Farbe (Cinecittà). - OL: 100 min. - U: 1.3. 1984, Rom. - DE: Juni 1984, Filmfest München. - V: in der Bundesrepublik nicht verliehen.

1985 UN COMPLICATO INTRIGO DI DONNE, VICOLI E DELITTI. Camorra. (Eine verwickelte Intrige über Frauen, Straßen und Verbrechen). - Sujet, B: Lina Wertmüller; B-Mitarbeit: Elvio Porta. - K: Giuseppe Lanci. - K-F: Fabio Conversi. - K-Ass: Daniele Cimini, Fabrizio Vicari. - Sch: Luigi Zita. - Sch-Ass: Mario d' Ambrosio, Paola Kuveiller, Stefano Quaglia. - T: Fabio Ancillai. - T-M: Fausto Ancillai. - M: Tony Esposito. - Lieder: »Misto mare«, »Tapis roulant«, gesungen von Paolo Conte. - Choreografie: Daniel Ezrolow. - Ba, A: Enrico Job; Mitarbeit: Gianni Giovagnoni, Raffaele Vincenti. - Ko: Benito Persico. - Ma: Cesare Paciotti. - R-Ass: Antonio Gabrielli, Bruno Nappi. - D: Angela Molina (Annunziata), Harvey Keitel (Frankie), Isa Danieli (Carmela), Paolo Bonacelli (Tango), Elvio Porta (Kommissar), Vittorio Squillante (Tony), Muzzi Loffredo (Maria), Mario Scarpetta (Rosa), Tommaso Bianco (Babà), Raffaele Verità (Pummururella), Franco Angrisano (Terremoto), Sebastiano Nardone (Lo Conte), Pino Ammendola (O'Dimonio), Anni Papa (Elena), Francisco Rabal (Guaglione), Daniel Ezrolow (Totô), Roberto Marafante (Nicolino Cammel), Gino Carcione (Rotunno), P.L.Cuomo (Gangster), Lucio Amelio (Rechtsanwalt), Rosario Campese (Cammarano), Ricardo Parisio Perrotti (Polizeidiener), Amelia Albertini, Oriana Baciardi, Gennaro Castaldo, Gigliola Crippa, Luigi Curcione, Maria d'Alberti, Erminia Garofano, Girolamo Marzano, Rosa Mezzina, Cecilia Miniucchi, Silvia Nebbia, Antonio Oliva, Elvira Peretta, Mario Porfito, Anna Maria Porta Masturzo, Elio Steiner, Maria Jole Villevieille. - P: Italian International Film, Rom, in Co-Production mit Cannon Tu-schinski. – Pd: Fulvio Lucisano (Italian International Film), Mena-hem Golan, Yoram Globus (Cannon). – Co-Pd: John Thompson. – Pl: Giandomenico Stellitano, Cosimo Barbera. – P-Ü: Roberto Gius-sani. – Do: Neapel. – F: 35 mm, Farbe (Eastmancolor), Dolby. – OL: 118 min. – DL: 106 min. – U: 23.1. 1986, Neapel. – DE: 24.2. 1986, Filmfestspiele Berlin (Wettbewerb). – Kinostart: 3.4. 1986. – V: Scotia (35 mm).

1986   NOTTE D'ESTATE CON PROFILO GRECO, OCCHI, A MANDORLA E ODORE DI BASILICO. Reich und gnadenlos. (Sommernacht mit griechischem Profil, Mandelaugen und dem Duft von Basilikum). – Sujet, B: Lina Wertmüller. – K: Camillo Bazzoni. – K-F: Roberto Brega, Idelmo Simonelli. – K-Ass: Maurizio Piani, Giorgio Urbinelli, Roberto Luzi, Sandro Grossi. – Sch: Luigi Zita. – Sch-Ass: Ernesto Triunveri, Raffaella Zita, Vito Tetro. – T: Mario Bramonti. – M: Dangiò-Greco. – Ba, A: Enrico Job; Mitarbeit: Raf-faele Vincenti. – Ko: Benito Persico. – Ma: Cesare Paciotti. – R-Ass: Bruno Nappi, Maria Jole Villevieille. – D: Mariangela Melato (Ful-via), Michele Placido (Beppe), Roberto Herlitzka (Turi), Massimo Wertmüller (Miki), John Steiner, Arnaldo Ninchi, Marta Marzotto, Livia de Stefani, Piero Vivarelli, Giorgio Pavone, Roby Ruberti, Alessandro Bertoletti. – P: A.M.A. Film, Rom / Leone Film, Rom / Medusa Cinematografica, Rom unter Mitarbeit von RAI. – Pd: Gianni Minervini. – Co-Pd: Elio Scardamaglia. – Pl: Viero Spadoni, Alessandro Vivarelli. – P-Ü: Gino Millozza. – Do: Sardinien. – F: 35 mm, Farbe (Eastmancolor). – OL, DL: 101 min. – DE: 24.9. 1987. – V: Tobis (35 mm).

Als Drehbuchautorin

1969   *Katmandu / Les chemins de Kathmandu.* Katmandu. – R: André Cayatte. – B: Lina Wertmüller, René Barjavel, Mario Forni.

1970   *Città violenta / Cité de la violence.* Brutale Stadt. – R: Sergio Sollima. – B: Sergio Sollima, Lina Wertmüller, Sauro Scavolini, Gianfranco Calligarich, nach einer Story von Dino Maiuri, Massimo de Rita.

1970   *Quando le donne avevano la coda.* Als die Frauen noch Schwänze hatten. – R: Pasquale Festa Campanile. – B: Pasquale Festa Campanile, Lina Wertmüller, Marcello Coscia, Ottavio Jemma.

1972   *Fratello sole sorella luna.* Bruder Sonne, Schwester Mond. –
R: Franco Zeffirelli. – B: Lina Wertmüller.

1973   *Cari genitori.* – R: Enrico Maria Salerno. – B: Enrico Maria
Salerno, Lina Wertmüller, Bruno Di Geronimo, Marco Leto.

Als Regieassistentin

1963   *Otto e mezzo.* 8 ½. – R: Federico Fellini.

Andere Arbeiten

1959   *Canzonissima.* – Mitarbeit.

1961   *Piccolo concerto.* – Mitarbeit.

1966   *Studio uno.* – Textbearbeitung.

Theater- und Operninszenierungen

1968   DUE PIU DUE FA PIU QUATTRO. (Zwei und zwei sind nicht
mehr vier). – Musikkomödie von Lina Wertmüller. – R: Franco Zeffirelli. – D: Giancarlo Giannini.

1969   AMORE E MAGIA NELLA CUCINA DI MAMMA. (Liebe und Magie
aus Mutters Küche). – R: Lina Wertmüller. – Bühnenbild: Enrico
Job. – M: Muzzi Loffredo. – D: Isa Danieli (Leonarda Cianciulli). –
U: 1979, Festival von Spoleto.

1969   *The Kitchen.* – Schauspiel in 2 Teilen von Arnold Wesker. –
R: Lina Wertmüller. – D: Compagnia del Teatro Libero. – Premiere:
1969, Teatro Valle, Rom.

1980   LOVE AND MAGIC IN MAMMA'S KITCHEN. – Englische Fassung.
– R: Lina Wertmüller. – Bühnenbild: Enrico Job. – M: Muzzi Lof-
fredo. – Premiere: April 1980, La Mama E.T.C., Off Off Broadway,
New York.

1986   *Carmen.* – Oper von Georges Bizet. – R: Lina Wertmüller. –
Bühnenbild, Ko: Enrico Job. – Choreografie: Trisha Brown. – D:
Martha Senn (Carmen), Luis Lima (Don José), Boris Martinivich
(Escamillo), Alina Ferrini (Micaela), Trisha Brown (Schwarzer Geist,

der Carmen begleitet), Trisha Brown Dance Company, Ballett des Teatro San Carlo. - Premiere: 10.12. 1986, Teatro San Carlo, Neapel.
Die Premiere wurde direkt vom italienischen Fernsehen (RAI) übertragen.

1987 LIEBE UND MAGIE IN MAMMAS KÜCHE. - Deutsche Fassung von Peter O. Chotjewitz. - R: Peter Palitzsch. - Bühnenbild, Kostüme: Herbert Kapplmüller. - M: Jean Martin, Muzzi Loffredo. - Choreografie: Dieter Heitkamp, Roberto Calván. - D: Elisabeth Trissenaar (Leonarda Cianciulli), Irm Hermann (Faustina Setti), Katja Teichmann (Francesca Soavi), Hanna Köhler (Virginia Cacioppo Bassi), Uta Prelle (Ardilia Diacci), Gabriele Buch (Curradi, Schulleiterin), Iris von Kluge (Ida Codeluppi, Lehrerin), Barbara Morawiecz (Santina Secci), Heide Simon (Ero Mironi), Doina Weber (Adelina Incerti), Johanna Karl-Lory (Annina Anna Bonazzi), Inka Friedrich (Katherina Fanti), Lydia Schöner (Olga Reverberi), Henriette Cejpek (Gevatterin Tripolina), Christiane Bruhn (Nonne), Sylvester Schmidt (Stimme des Gerichtsvorsitzenden, des Gutachters, des Wachtmeisters), Kindergruppe des Berliner Mozartchors. - Premiere: 21.11. 1987, Theater der Freien Volksbühne, Berlin.

Hörfunkarbeiten

1959 UN OLIMPO POCO TRANQUILLO. - Co-Autorin.

Lina Wertmüller hat außerdem für den Hörfunk Stücke von Tschechow adaptiert und an Musik-Shows mitgearbeitet.

Bibliografie

Die Bibliografie enthält zunächst Angaben zu den wenigen Veröffentlichungen von Lina Wertmüller. Es folgen Hinweise zu einem Buch und einer Broschüre über Wertmüller, ausgewählte Aufsätze und Buchkapitel sowie allgemeine Interviews. Es schließen sich die bibliografischen Daten zu den einzelnen Filmen an. Genannt werden Drehbuchveröffentlichungen, Materialien, spezielle Interviews, Aufsätze/Analysen und Kritiken. Soweit es recherchiert werden konnte, wird auf Nachdrucke und Übersetzungen verwiesen. Bei den Interviews und Aufsätzen kann es zu Doppelnennungen kommen, wenn allgemeine Interviews bzw. Aufsätze ausführliche Passagen zu einzelnen Filmen enthalten. Festivalkritiken sind durch Nennung des Festivalorts besonders gekennzeichnet. Wegen der spezifischen Rezeption der Wertmüller-Filme während der siebziger Jahre in den

USA sind amerikanische Veröffentlichungen verstärkt berücksichtigt, vor allem wurden new yorker Zeitschriften und Zeitungen aufgeführt, aber auch einige essayistische Arbeiten, die in Universitäts-Periodika erschienen sind. Die Bibliografie wird abgeschlossen durch Daten zu den Theaterarbeiten, Rezensionen ihres Romans sowie Angaben zu einem Fernsehporträt über Lina Wertmüller. - Die bibliografischen Angaben sind in die Sprachbereiche italienisch, französisch, englisch, deutsch unterteilt; innerhalb dieser Kategorien sind die Texte chronologisch nach dem Erscheinungsdatum geordnet.

Quellen: Mel Schuster: Motion Picture Directors: A Bibliography of Magazine and Periodical Articles, 1900-1972. Metuchen, N.J.: Scarecrow Press 1973. - FIAF: International Index of Film Periodicals 1972ff. New York and London 1973ff. (Micro-Fiche). - Stephen E.Bowles: Index to Critical Film Reviews in British and American Film Periodicals. New York: Burt Franklin & Co. 1974. - John C.Gerlach, Lana Gerlach: The Critical Index. A Bibliography of Articles on Film in English, 1946-1973, Arranged by Names and Topics. New York, London: Teachers College Press, Columbia University 1974. - Film Literature Index. Albany, New York: Filmindex 1973ff. - Linda Batty: Retrospective Index to Film Periodicals 1930-71. New York, London: R.R.Bowker 1975. - The New York Times Film Reviews. New York: The New York Times & Arno Press 1970ff. - Variety Film Reviews 1907-1980. New York, London: Garland Publ. 1983. - Ferner wurden ausgewertet die bibliografischen Angaben in Buchkapiteln und Aufsätzen; die Sammlungen von Zeitungskritiken der Bibliothek der Deutschen Film- und Fernsehakademie, Berlin, und der Landesbildstelle Berlin. Amerikanische Veröffentlichungen wurden in der Bibliothek des John F.Kennedy-Instituts der Freien Universität Berlin recherchiert.

Für Hilfeleistungen danke ich: den Mitarbeitern der Bibliothek der Deutschen Film- und Fernsehakademie, der Bibliothek der Landesbildstelle Berlin und der Bibliothek des John F.Kennedy Instituts sowie Hans Helmut Prinzler (Privatarchiv) und Giovanni Spagnoletti.

Fast alle genannten Materialien können im Original oder als Fotokopie in der DFFB eingesehen werden.

Texte von Lina Wertmüller

La storia dei BASILISCHI. in: Franca Faldini, Goffredo Fofi (Hrsg.): L'avventurosa storia del cinema italiano. Raccontata dai suoi protagonisti. 1960-1969. Milano: Feltrinelli 1981. S.83. - Otto e mezzo. in: a.a.O. S.275f., 278f. - QUESTA VOLTA PARLIAMO DI UOMINI. in:

a. a. O. S. 367 f. – Essere o avere ma per essere devo avere la testa di Alvise su un piatto d'argento. Milano: Rizzoli Editore 1981 (Roman); englische Ausgabe: The Head of Alvise. New York: Morrow 1982; deutsche Ausgabe: Alvises Kopf. Wiesbaden, München: Limes 1986. 315 S. (Aus dem Italienischen von Dagmar Türck-Wagner).

The Screenplays of Lina Wertmüller. New York: Quadrangle / The New York Times Book Co. 1977 (The Seduction of Mimi / Love and Anarchy /Swept Away / Seven Beauties; aus dem Italienischen von Steven Wagner; Einführung von John Simon).

Über Gianni Di Venanzo. in: Film (Velber), Nr. 5, Mai 1966 (Statement).

Über Lina Wertmüller

Buch/Broschüre

Ernest Ferlita, John R. May: The Parables of Lina Wertmüller. New York: Paulist Press 1977.

Lina Wertmüller, Martin Scorsese. Dokumentation. Zürich: Filmstelle VSETH/VSU. März 1986 (Texte von Sabina Brändli, Lorenz Belser, Christoph Müller, Antonio Gattoni, Alice Bachner, Matthias Bürcher, Christian Faivre).

Buchkapitel/Aufsätze

Franca Faldini, Goffredo Fofi: Grottesco e crudeltà. in: F. F., G. F.: Il cinema italiano d'oggi 1970–1984. Raccontato dai suoi protagonisti. Milano: Arnoldo Mondadori 1984.

Freddy Buache: Wertmuller, Cavani, Montaldo. in: F. B.: Le cinéma italien 1945–1979. Lausanne: Editions l'Age d'Homme o. J.

Peter Biskind: Lina Wertmüller: The Politics of Private Life. in: Film Quarterly, Vol. 28, Nr. 2, Winter 1974/75. – Molly Haskell: Are Women Directors Different? Cavani and Wertmuller. in: The Village Voice, Vol. 20, Nr. 5, 3. 2. 1975. – Judy Klemesrud: Wertmuller: The Foremost Woman Movie Director. in: The New York Times, 9. 2. 1975. – Gian Carlo Castelli: Women in Cinema. Liliana Cavani: The Dawn of a Tormented Coherence; Lina Wertmuller & Entertainment. in: Framework, Nr. 2, Herbst 1975. – Henry A. Giroux: The Paradox of Lina Wertmuller: Film and Dialectic of Alienation. in: Film Criticism, Vol. 1, Nr. 1, 1976. – William S. Pechter: Watching Lina Wertmuller. in: Commentary (New York), Vol. 61, Nr. 1, Januar 1976. – W. Goodman: Politics vs. Art in Costa-Gavras and Wertmuller. in: The New York Times, 4. 1. 1976. – Richard Eder: Lina Wertmuller, Torrent of Paradox. in: The New York Times, 23. 1. 1976. – Maureen Orth: ›Look this Way. Breathe. Brava!‹. in: Newsweek,

Vol. 87, Nr. 4, 26.1. 1976. – John Simon: Portrait of the Artist as Workhorse. in: New York, 2.2. 1976. – Tom Allen: Announcing – Lina Wertmuller, Daredevil Aerialist. in: America (New York), Vol. 134, Nr. 5, 7.2. 1976. – Stanley Kauffmann: Wertmüller. in: The New Republic, Vol. 174, Nr. 7, 14.2. 1976. – anon.: The Irresistible Force and the Immutable Object. in: Time, Vol. 107, Nr. 7, 16.2. 1976. – Gina Blumenfeld: The (Next to) Last Word of Lina Wertmuller. in: Cineaste (New York), Vol. 7, Nr. 2, Frühjahr 1976. – Ellen Willis: Is Lina Wertmüller Just One of the Boys? in: Rolling Stone (San Francisco), 25.3. 1976; erweitert in: Karyn Kay, Gerald Peary (Hrsg.): Woman and the Cinema: A Critical Anthology. New York: Dutton 1977. – Diane Jacobs: Lina Wertmuller: The Italian Aristophanes. in: Film Comment, Vol. 12, Nr. 2, März/April 1976 (gekürzt in International Film Guide 1977). – Brooks Riley: Lina Wertmuller: the Sophists' Norman Lear? in: Film Comment, Vol. 12, Nr. 2, März/April 1976. – Lillian Gerard: The Ascendance of Lina Wertmüller. in: American Film, Vol. 1, Nr. 7, Mai 1976. – Lucy Quacinella: How Left is Lina? in: Cineaste (New York), Vol. 7, Nr. 3, Herbst 1976. – Diane Jacobs: Lina Wertmuller. in: Peter Cowie (Hrsg.): International Film Guide 1977. London: The Tantivy Press; South Brunswick & New York: A. S. Barnes & Co 1977 (gekürzte Fassung aus Film Comment, Vol. 12, Nr. 2, März/April 1976; Filmografie). – David Grossvogel: Lina Wertmüller and the Failures of Criticism. in: Yale Italian Studies, Nr. 1, Frühjahr 1977. – Melton S. Davis: I Get Along Well With Wild Personalities. in: The New York Times, 6.3. 1977. – Molly Haskell: Swept Away on a Wave of Sexism. in: Patricia Erens (Hrsg.): Sexual Stratagems. The World of Women in Film. New York: Horizon Press 1979. – William & Joan Magretta: Lina Wertmüller and the Tradition of Italian Carnivalesque Comedy. in: Genre, Nr. 12, Dezember 1979. – Neil P. Hurley: Lina Wertmüller. in: John R. May, Michael Bird: Religion in Film. Knoxville: The University of Tennessee Press 1982. – R. T. Witcombe: Terminus and Tantrum: Visconti and Wertmuller. in: R. T. W.: The New Italian Cinema. London: Secker & Warburg 1982. – Peter Bondanella: The Contemporary Scene and New Italian Comedy. in: P. B.: Italian Cinema from Neorealism to the Present. New York: Frederick Ungar 1983. (besonders die Seiten 354–66). – Rob Edelman: Lina Wertmüller. in: Christopher Lyon (Hrsg.): The Macmillan Dictionary of Films and Filmmakers. London: Macmillan 1984. Vol. 2: Directors. – Mira Liehm: Liliana Cavani and Lina Wertmüller / The Case of Lina Wertmüller. in: M. L.: Passion and Defiance. Film in Italy from 1942 to the Present. Berkely, Los Angeles, London: University of California Press 1984. – John J. Michalczyk: Lina Wertmüller: The Politics of Sexuality, in: J. J. M.: The Italian Political Filmmakers. Rutherford, Madison, Teaneck: Fairleigh Dickinson

University Press; London, Toronto: Associated University Press 1986.
Deena Boyer: Die 200 Tage von 8 ½ oder Wie ein Film von Federico Fellini entsteht. Reinbek b. Hamburg: Rowohlt 1963. rororo 590 (Kurze Passagen über Wertmüller als Fellinis Regieassistentin). – Ruth Kromer: Meister Fellini stand Pate. in: Stuttgarter Nachrichten, 3.4. 1964. – Franz Manolo: Regie: Lina Wertmüller. in: Die Presse (Wien), 18.1. 1975. – Friedrich Geyrhofer: Von der Kritik zum Kommerz. in: Süddeutsche Zeitung, 10.3. 1975. – Werner Thomas: Wirbel um ein Regie-Genie. in: Welt am Sonntag, 15.2. 1976. – Hans C(hristoph) Blumenberg: Italiens Kino in der Krise: Neue Filme von Bertolucci, Bellocchio und Lina Wertmüller. in: Die Zeit, 29.10. 1976; nachgedruckt in: H.C.B.: Kinozeit. Aufsätze und Kritiken zum modernen Film 1976–1980. Frankfurt/M: Fischer 1980. Cinema 3664. – Gideon Bachmann: Italiens einträglichster Exportartikel. in: Stuttgarter Zeitung, 18.2. 1977. – Gideon Bachmann: Eine Italienerin in New York. in: Der Tagesspiegel, 3.4. 1977. – Gideon Bachmann: Die heilige Lina von New York macht Filme. in: Frankfurter Allgemeine Zeitung, 13.8. 1977. – Uschi Reich: Lina Wertmüller. Werkschau. in: Karl Beckers, Bodo Fründt, Rolf Thissen (Red.): Katalog Europäisches Filmfestival / Filmfest München. 23.6.–1.7. 1984 (Interviewauszüge von Nora Hoppe; Filmografie). – Peter Buchka: Der Hahn und die Wölfin. in: Süddeutsche Zeitung, 23.6. 1984. – Anke Sterneborg: Alles permanent in Bewegung. in: Der Tagesspiegel, 8.7. 1984. – He.: Arcangela Assunta Felice Wertmüller. in: Neue Zürcher Zeitung, 20.12. 1984. – Wolf Donner: Die Masochistin. in: Frankfurter Allgemeine Zeitung, 23.3. 1985. – Roland Mischke: Lina Wertmüller. in: Frankfurter Allgemeine Zeitung, Magazin, Nr.323, 10.5. 1985. – Josef Schnelle: Filme um Liebe und Anarchie. in: Film-Korrespondenz, Nr.9, 29.4. 1986. – Christoph Klimke: Weder Apokalypsengejammer noch Kulturakademismus: Lina Wertmüller. in: Helene Harth, Titus Heydenreich (Hrsg.): Zibaldone, Nr.3, Mai 1987. München, Zürich: Piper 1987.

Interviews

E. Servi Burgess: Toward a Popular Feminist Cinema. in: Women and Film (Santa Monica), Vol.1, Nr.5/6, 1974. – Nora Sayre: Lina Wertmuller Defines Free-Wheeling Politics. in: The New York Times, 5.2. 1975. – Delfina Ratazzi: Lina Wertmuller. in: Interview, Vol.5, Nr.3, März 1975 (mit Wertmüller und Giancarlo Giannini). – Molly Haskell: Lina Wertmuller Is a Radical Chick With an Eye for the Rooster. in: The Village Voice, Vol.21, Nr.4, 26.1. 1976. – Gina Blumenfeld, Paul McIsaac: You Cannot Make the Revolution on Film. in: Cineaste (New York), Vol.7, Nr.2, Frühjahr 1976; nachgedruckt in: Dan Georgakas, Lenny Rubenstein (Hrsg.): The Cineaste

Interviews on the Art and Politics of the Cinema. Chicago: Lake View Press 1983. – Evelyn Renold: My Films Are Addressed to the Masses. in: LJ Newsday Magazin, 28.3. 1976. – Barbara Garson: The Wertmuller Ethic. in: Ms. Magazin (New York), Vol.4, Nr.5, Mai 1976. – J.Zito: Just like she was before she was. in: Movietone News, Nr.50, Juni 1976. – Gideon Bachmann: Look, Gideon – Gideon Bachmann Talks With Lina Wertmüller. in: Film Quarterly, Vol.30, Nr.3, Frühjahr 1977. – M.Gussow: Lina Wertmuller in Plain English. in: The New York Times, 27.1. 1978. – Eric Anderson: Letter from Indiana. What on Earth Was Lina Wertmüller Doing in Bloomington? in: American Film, Vol.3, Nr.10, September 1978. – Cesar J.Rotondi: Lina Wertmüller. An Interview. in: Films in Review, Vol.35, Nr.9, November 1984. – anon.: Lina Wertmuller on art, sex, politics, mystery, and the some. in: Savvy, Januar 1985.

Frauke Hanck: »Film ist meine große Liebe«. in: Stuttgarter Zeitung, 6.7. 1984. – Robert Fischer: Fellinis Spielgefährtin. in: Zitty (Berlin), 6.7. 1984. – Jan van Dieken: »Im Kopf kann ich Sadistin sein.« in: die tageszeitung (Berlin), 17.10. 1985. – Anne Rokowski: Lina Wertmüller: Ich bin ein offenes Auge. in: Vorwärts, 26.10. 1985. – Marlet Schaake: Ein Vulkan mit kalten Füßen. in: Cosmopolitan, Nr.12, Dezember 1985. – Gertrud Koch, Heide Schlüpmann: Der Mensch in Unordnung. in: Frauen und Film, Nr.39, Dezember 1985. – Jutta Kamke: Der Tod interessiert mich nicht. in: tip (Berlin), Nr.22, 17.10. 1985; nachgedruckt in: tip Filmjahrbuch Nr.2, Frankfurt/M: Eichborn 1986. – Bion Steinborn: Lina Wertmüller. in: Filmfaust, Nr.52, April/Mai 1986. – Günter Lampe: Gute Filme sind immer sozial. in: Sonntag (Berlin/DDR), 24.8. 1986. – Udo Gümpel, Maria Morhart: Schwert und Rose im Wappen. in: Deutsches Allgemeines Sonntagsblatt, 8.2. 1987. – Udo Gümpel, Maria Morhart: Im Dampf des Zeitgeistes. in: Deutsches Allgemeines Sonntagsblatt, 15.2. 1987.

Zu einzelnen Filmen

I BASILISCHI. Die Basilisken
Material: Luigi Locatelli: I BASILISCHI. in: 22 Dicembre: Sei film. Milano: Società editoriale cinematografica italiana. o.J. – Lina Wertmüller: La storia dei BASILISCHI. in: Franca Faldini, Goffredo Fofi (Hrsg.): L'avventurosa storia del cinema italiano. Raccontata dai suoi protagonisti. 1960–1969. Milano: Feltrinelli 1981. S.83.
Ingeborg Weber: Damen sind auf Regiestühlen eine Rarität. Porträt der Italienerin Lina Wertmüller. Die einstige Assistentin Fellinis inszenierte ihren ersten Film. in: Der Tagesspiegel, 1.3. 1964; nachgedruckt in: Abendzeitung (München), 7.6. 1964. – Die Basilisken.

in: Spielfilme im Deutschen Fernsehen 1968/69. ARD-Filmredaktion Frankfurt/M Oktober 1968 (Texte von Franz Everschor, Heinz Ungureit).

Aufsatz/Analyse: Ettore Zocaro: Lina Wertmüller e Franco Brusati. in: Filmcritica, Nr. 130, Februar 1963.

Kritiken: Morando Morandini in: Bianco e nero, Nr. 7/8, Juli/August 1963.

J.-L.C. (Jean-Louis Comolli) in: Cahiers du Cinéma, Nr. 147, September 1963 (Locarno). – J.-P.B. (Jean-Pierre Biesse) in: Cahiers du Cinéma, Nr. 160, November 1964 (Valladolid; Petit journal). – Tullio Kezich in: Cahiers du Cinéma, Nr. 164, März 1965 (u. a. über I BASILISCHI).

Mosk. (Gene Moskowitz) in: Variety, Vol. 231, Nr. 10, 31.7. 1963. – Elizabeth Sussex in: Sight and Sound, Vol. 33, Nr. 2, Frühjahr 1964. – B.D. in: Monthly Film Bulletin, Vol. 31, Nr. 368, September 1964. – Raymond Durgnat in: Films and Filming, Vol. 11, Nr. 1, Oktober 1964. – Roger Greenspun in: The New York Times, 19.6. 1972.

Th. K. (Theodor Kotulla) in: Filmkritik, Nr. 8, August 1964. – Peter F.Gallasch in: Film-Dienst, Nr. 51, 17.12. 1968 (FD-Nr. 15862). – anon. in: Der Spiegel, Nr. 52, 23.12. 1968. – ok. in: Evang. Film-Beobachter, Nr. 1, 4.1. 1969.

QUESTA VOLTA PARLIAMO DI UOMINI

Material: Lina Wertmüller: QUESTA VOLTA PARLIAMO DI UOMINI. in: Franca Faldini, Goffredo Fofi (Hrsg.): L'avventurosa storia del cinema italiano. Raccontata dai suoi protagonisti. 1960–1969. Milano: Feltrinelli 1981. S. 367 f.

Kritiken: Giacomo Gambetti in: Bianco e nero, Nr. 7/8, Juli/August 1965.

Hawk. (Robert F. Hawkins) in: Variety, Vol. 238, Nr. 10, 28.4. 1965. – Richard Eder in: The New York Times, 5.8. 1976. – Penelope Gilliatt in: The New Yorker, Vol. 52, Nr. 26, 16.8. 1976. – anon. in: New York, 23.8. 1976. – Stanley Kauffmann in: The New Republic, Vol. 175, Nr. 12, 18.9. 1976. – David Bartholomew in: Cineaste (New York), Vol. 7, Nr. 4, Winter 1976/77.

RITA LA ZANZARA

Material: Rita Pavone, Giancarlo Giannini, Gianni Amelio: RITA LA ZANZARA. in: Franca Faldini, Goffredo Fofi (Hrsg.): L'avventurosa storia del cinema italiano. Raccontata dai suoi protagonisti. 1960–1969. Milano: Feltrinelli 1981. S. 198 f.

Kritik: Ermanno Comuzio in: Bianco e nero, Nr. 5, Mai 1967.

NON STUZZICATE LA ZANZARA

Kritik: Ermanno Comuzio in: Bianco e nero, Nr. 5, Mai 1967.

THE BELLE STARR STORY / IL MIO CORPO PER UN POKER
Kritiken: lä in: Süddeutsche Zeitung, 21.10. 1968. – tho. in: Evang. Film-Beobachter, Nr.43, 26.10. 1968. – Volker Holt in: Film-Dienst, Nr.47, 19.11. 1968. (FD-Nr. 15806). – J.A. in: Der Abend (Berlin), 29.1. 1969. – I.K. in: Telegraf (Berlin), 30.1. 1969.

MIMI METALLURGICO FERITO NELL'ONORE. Die Versuchungen des Mimi
Drehbuch: The Seduction of Mimi. in: The Screenplays of Lina Wertmüller. New York: Quadrangle / The New York Times Book Co. 1977.
Aufsatz/Analyse: Peter Biskind: Lina Wertmüller: The Politics of Private Life. in: Film Quarterly, Vol.28, Nr.2, Winter 1974/75.
Kritiken: Ermanno Comuzio in: Cineforum, Nr.115/116, Juli/August 1972. – r.a. (Roberto Aristarco) in: Cinema Nuovo, Nr.218, Juli/August 1972.
F.G. (Frantz Gévaudan) in: Cinéma (Paris), Nr.167, Juni 1972. – Colette Godard in: Le Monde, 29.6. 1972. – M.C. (Michel Ciment) in: Positif, Nr.140, Juli/August 1972. – D.S. (Daniel Sauvaget) in: Image et Son/La Revue du Cinéma, Nr.265, November 1972. – J.L. (Jacqueline Lajeunesse) in: La saison cinématographique, Nr.263/64, September/Oktober 1972.
Werb. (Hank Werba) in: Variety, Vol.266, Nr.10, 19.4. 1972. – Catherine Plumb in: Take One, Vol.4, Nr.5, März/April 1973. – Nora Sayre in: The New York Times, 19.6. 1974. – Penelope Gilliatt in: The New Yorker, Vol.50, Nr.18, 24.6. 1974; nachgedruckt in: P.G.: Three-Quarter Face. London: Secker & Warburg 1980. – Judith Crist in: New York, 24.6. 1974. – Paul D.Zimmerman in: Newsweek, Vol.84, Nr.2, 8.7. 1974. – Jay Cocks in: Time, Vol.104, Nr.4, 22.7. 1974. – Stanley Kauffmann in: The New Republic, Vol.171, Nr.4/5, 27.7./3.8. 1974; nachgedruckt in: S.K.: Before My Eyes. New York: Harper & Row 1980. – Colin L.Westerbeck, Jr. in: Commonweal (Ann Arbor, Mich.), Vol.100, Nr.18, 9.8. 1974. – Michael Buckley in: Films in Review, Vol.25, Nr.10, Dezember 1974.
liv. (Balts Livio) in: Neue Zürcher Zeitung, 24.1. 1978. – Claude Richard Stange in: Basler Zeitung, 11.2. 1978. – Edgar Wettstein in: Zoom, Nr.4, 15.2. 1978.

FILM D'AMORE E D'ANARCHIA OVVERO »STAMMATINA ALLE 10 IN VIA DEI FIORI NELLA NOTA CASA DI TOLLERANZA . . .«. Liebe und Anarchie
Drehbuch: Love and Anarchy. in: The Screenplays of Lina Wertmüller. New York: Quadrangle / The New York Times Book Co. 1977.
Aufsätze/Analysen: Lino Miccichè: FILM D'AMORE E D'ANARCHIA di

Lina Wertmüller. in: L.M.: Cinema italiano degli anni '70. Venezia: Marsilio 1980.

Hans Koning: That Rarest of Birds, a Succesful Political Movie. in: The New York Times, 23.6. 1974. – Patricia Erens: Love and Anarchy: Passion and Pity. in: Jump Cut, Nr.4, Juli/August 1974. – William Van Wert: Love, Anarchy, and the Whole Damned Thing. in: Jump Cut, Nr.4, Juli/August 1974. – Peter Biskind: Lina Wertmüller: The Politics of Private Life. in: Film Quarterly, Vol.28, Nr.2, Winter 1974/75. – Frank Burke: Death-By-Abstraction: A Discussion of the Opening Sequence and Tunin's Demise in Wertmüller's ›Love and Anarchy‹. in: Film Studies Annual 1976. West Lafayette, Indiana: Purdue University Press 1976. – Janet Staiger: Love and Anarchy: An Unresolvable Paradox. a.a.O. – Patricia Erens: FILM D'AMORE E D'ANARCHIA. in: Christopher Lyon (Hrsg.): The Macmillan Dictionary of Films and Filmmakers. London: Macmillan 1984. Vol.1: Films. – Millicent Marcus: Wertmuller's ›Love and Anarchy‹: The High Price of Commitment. in: M.M.: Italian Film in the Light of Neorealism. Princeton, New Jersey: Princeton University Press 1986.

Bion Steinborn: Beiträge zur Filmsprache. 5.Teil: Ideologie der Bilder. in: Filmfaust, Nr.45, April/Mai 1985.

Kritiken: Frantz Gévaudan in: Cinéma (Paris), Nr.178/79, Juli/August 1973. – Jean Delmas in: jeune cinéma, Nr.72, Juli/August 1973. – J.-C.G. (Jean-Claude Guignet) in: La saison cinématographique, Nr.276/77, Oktober 1973.

Werb. (Hank Werba) in: Variety, Vol.271, Nr.3, 30.5. 1973. – Lenny Rubenstein in: Cineaste (New York), Vol.6, Nr.3, 1974. – A.H. Weiler in: The New York Times, 15.4. 1974. – Judith Crist in: New York, 22.4. 1974. – Paul D.Zimmerman in: Newsweek, Vol.83, Nr.17, 29.4. 1974. – Robert Hatch in: Nation (New York), Vol.218, Nr.18, 4.5. 1974. – J.C. (Jay Cocks) in: Time, Vol.103, Nr.20, 20.5. 1974. – Marjorie Rosen in: Ms. Magazin (New York), Vol.2, Nr.6, Juni 1974. – Colin L.Westerbeck, Jr. in: Commonweal (Ann Arbor, Mich.), Vol.100, Nr.18, 9.8. 1974. – M.-K.Gamel Orlandi in: Jump Cut, Nr.6, März/April 1975. – Marjorie Rosen in: New Times (New York), 5.3. 1976.

anon. in: Tages-Anzeiger (Zürich), 4.12. 1974. – Rudolf von Hospenthal in: Zoom, Nr.24, 18.12. 1974. – C(laude) R(ichard) Stange in: Basler Zeitung, 15.9. 1975. – wg (Gerhart Waeger) in: Neue Zürcher Zeitung, 3.11. 1977. – bel. in: Tages-Anzeiger (Zürich), 9.1. 1981. – Karsten Witte in: Die Zeit, 15.2. 1985. – Bodo Fründt in: Süddeutsche Zeitung, 22.2. 1985. – Elke Kummer in: epd Film, Nr.3, März 1985. – Florian Hopf in: tip (Berlin), Nr.6, 8.3.–21.3. 1985; nachgedruckt in: tip Filmjahrbuch Nr.1. Frankfurt/M: Eichborn 1985. – Michael Koetz in: Frankfurter Rundschau, 8.3.

1985. – Angelika Kaps in: Der Tagesspiegel, 8.3. 1985. – Michael Fischer in: Der Spiegel, Nr.11, 11.3. 1985. – lehr (Lutz Ehrlich) in: die tageszeitung (Berlin), 14.3. 1985. – Hubert Haslberger in: Film-Dienst, Nr.6, 19.3. 1985 (FD-Nr.24993). – Christian Winterfeldt in: Kölner Stadt-Anzeiger, 1.6. 1985. – Udo Barske in: Stuttgarter Zeitung, 1.6. 1985.

TUTTO A POSTO E NIENTE IN ORDINE. Operation gelungen, Patient tot

Kritiken: Werb. (Hank Werba) in: Variety, Vol.276, Nr.1, 14.8. 1974. – Ernest Callenbach in: Film Quarterly, Vol.28, Nr.2, Winter 1974/75. – Vincent Canby in: The New York Times, 15.1. 1976. – Jack Kroll in: Newsweek, Vol.87, Nr.4, 26.1. 1976. – Robert Hatch in: Nation (New York), Vol.222, Nr.1, 31.1. 1976. – Stanley Kauffmann in: The New Republic, Vol.174, Nr.7, 14.2. 1976; nachgedruckt in: S.K.: Before My Eyes. New York: Harper & Row 1980. – John Simon in: New York, 16.2. 1976; nachgedruckt in: J.S.: Something to Declare. New York: Clarkson N.Potter 1983.
Rolf Wiest in: Kölner Stadt-Anzeiger, 16./17.10. 1976. – L.L. (Lothar Lambert) in: Der Abend (Berlin), 4.11. 1976. – Norbert Jochum in: Der Tagesspiegel, 4.11. 1976. – Manfred Hobsch in: Filmbeobachter, Nr.3, 1.2. 1977. – Claudia Lenssen in: Frauen und Film, Nr.11, März 1977. – Gesine Strempel in: Frauen und Film, Nr.11, März 1977. – Thomas Petz in: Süddeutsche Zeitung, 28.11. 1977.

TRAVOLTI DA UN INSOLITO DESTINO NELL'AZZURRO MARE D'AGOSTO

Drehbuch: Swept Away. in: The Screenplays of Lina Wertmüller. New York: Quadrangle/The New York Times Book Co. 1977.
Aufsätze/Analysen: Lino Micciché: TRAVOLTI DA UN INSOLITO DESTINO NELL'AZZURRO MARE D'AGOSTO di Lina Wertmüller. in: L.M.: Cinema italiano degli anni '70. Venezia: Marsilio 1980.
Vincent Canby: Epic Battle of the Sexes. in: The New York Times, 21.9. 1975. – Molly Haskell: Swept Away on a Wave of Sexism. in: The Village Voice, Vol.20, Nr.39, 29.9. 1975; nachgedruckt in: Patricia Erens (Hrsg.): Sexual Stratagems. The World of Women in Film. New York: Horizon Press 1979. – Joel Oppenheimer: Lina Wertmuller is a Realist. in: The Village Voice, Vol.20, Nr.39, 29.9. 1975. – Marjorie Rosen: Women, Sex and Power. in: Millimeter, Vol.4, Nr.1, Januar 1976. – Tania Modleski: Wertmuller's Women: Swept Away by the Usual Destiny. in: Jump Cut, Nr.10, Juni 1976.
Kritiken: Louis Marcorelles in: Le Monde, 9./10.5. 1976. – Tristan Renaud in: Cinéma (Paris), Nr.210, Juni 1976. – P.J.M. (Philippe J.Maarek) in: Cinématographe, Nr.19, Juni 1976. – G.L. (Gérard

Lenne) in: Ecran, Nr.48, 15.6. 1976. – Henri Béhar in: Image et Son/La Revue du Cinéma, Nr.307, Juni/Juli 1976. – H.N. (Hubert Niogret) in: Positif, Nr.185, September 1976.
Nathan Rosenstein in: Take One, Vol.4, Nr.12, Juli/August 1974. – Werb. (Hank Werba) in: Variety, Vol.277, Nr.8, 1.1. 1975. – Vincent Canby in: The New York Times, 18.9. 1975. – John Simon in: New York, 22.9. 1975; nachgedruckt in: J.S.: Something to Declare. New York: Clarkson N. Potter 1983. – Penelope Gilliatt in: The New Yorker, Vol.51, Nr.31, 22.9. 1975; nachgedruckt in: P.G.: Three-Quarter Face. London: Secker & Warburg 1980. – Robert Hatch in: Nation (New York), Vol.221, Nr.10. 4.10. 1975. – Maureen Orth in: Newsweek, Vol.86, Nr.14, 6.10. 1975. – Jay Cocks in: Time, Vol.106, Nr.14, 6.10. 1975. – Colin L. Westerbeck, Jr. in: Commonweal (Ann Arbor, Mich.), Vol.102, Nr.15, 10.10. 1975. – Stanley Kauffmann in: The New Republic, Vol.173, Nr.16, 18.10. 1975; nachgedruckt in: S.K.: Before My Eyes. New York: Harper & Row 1980. – Barbara Garson in: Ms. Magazin (New York), Vol.4, Nr.6, Dezember 1975. – Ruth McCormick in: Cineaste (New York), Vol.7, Nr.2, Frühjahr 1976. – William Gallo in: Film Heritage, Vol.11, Nr.3, Frühjahr 1976. – Carolyn Porter, Paul Thomas in: Film Quarterly, Vol.29, Nr.3, Frühjahr 1976. – Gordon Gow in: Films and Filming, Vol.23, Nr.9, Juni 1977. – John Pym in: Monthly Film Bulletin, Vol.44, Nr.521, Juni 1977.
liv. (Balts Livio) in: Neue Zürcher Zeitung, 22.8. 1978. – Paolo Spozio in: Zoom, Nr.17, 6.9. 1978. – Pia Horlacher in: Zoom, Nr.19, 4.10. 1978.

PASQUALINO SETTEBELLEZZE. Sieben Schönheiten
Drehbuch: Seven Beauties. in: The Screenplays of Lina Wertmüller. New York: Quadrangle/The New York Times Book Co. 1977.
Material: Vincent Canby: Should Movies Have Messages? in: The New York Times, 29.2. 1976.
Interviews: Molly Haskell: Lina Wertmuller Is a Radical Chick With an Eye for the Rooster. in: The Village Voice, Vol.21, Nr.4, 26.1. 1976.
Gertrud Koch, Heide Schlüpmann: Der Mensch in Unordnung. in: Frauen und Film, Nr.39, Dezember 1985; gekürzter Vorabdruck in: Frankfurter Rundschau, 10.10. 1985.
Aufsätze/Analysen: Vincent Canby: An Epic Film About Honor and Survival. in: The New York Times, 25.1. 1976. – Jerzy Kosinski: Seven Beauties – A Cartoon Trying to Be a Tragedy. in: The New York Times, 7.3. 1976. – Ellen Willis: Is Lina Wertmuller Just One of the Boys? in: Rolling Stone (San Francisco), 25.3. 1976. – Bruno Bettelheim: Surviving. Reflections. (Concentration – Camp Survival). in: The New Yorker, Vol.52, Nr.24, 2.8. 1976; deutsch in: B.B.:

Überleben in Extremsituationen. München: dtv 1982. – Robert Boyers: Politics & History: Pathways in European Film. in: Salmagundi (Saratoga Springs, N. Y., Skidmore College), Nr. 38/39, Sommer/Herbst 1977 (nimmt Bezug auf Bettelheims Artikel). – Beverle Houston, Marsha Kinder: Sex and Politics in ›Weekend‹ (1967), ›Sweet Movie‹ (1974) and ›Seven Beauties‹ (1975): The Way Out – Drawing on Marxism and Feminism. in: B. H., M. K.: Self and Cinema. A Transformalist Perspective. Pleasantville, NY: Redgrave 1980. – A. J. Prats: The Narrative Dilemma: Seven Beauties. in: A. J. P.: The Autonomous Image. Cinematic Narration & Humanism. Lexington: The University Press of Kentucky 1981. – Naomi Greene: Fascism in Recent Italian Films. in: Film Criticism, Vol. 6, Nr. 1, Herbst 1981. – E. Pfefferkorn: Bettelheim, Wertmuller and the Morality of Survival. in: Post-Script, Vol. 1, Nr. 2, Winter 1982.

Heide Schlüpmann: Das Ende der Verführung. in: Frauen und Film, Nr. 39, Dezember 1985.

Kritiken: g. cr (Giorgio Cremonini) in: Cinema Nuovo, Nr. 239, Januar/Februar 1976.

J. D. (Jacques Demeure) in: Positif, Nr. 194, Juni 1977. – M. T. (Max Tessier) in: Ecran, Nr. 59, 15. 6. 1977. – Tristan Rénaud in: Cinéma (Paris), Nr. 223, Juli 1977, – G. C. (Gilles Colpart) in: La saison cinématographique, Nr. 320/21, Oktober 1977.

Werb. (Hank Werba) in: Variety, Vol. 281, Nr. 10, 14. 1. 1976. – Vincent Canby in: The New York Times, 22. 1. 1976. – Jack Kroll in: Newsweek, Vol. 87, Nr. 4, 26. 1. 1976. – Jay Cocks in: Time, Vol. 107, Nr. 4, 26. 1. 1976. – Michael Buckley in: Films in Review, Vol. 27, Nr. 2, Februar 1976. – John Simon in: New York, 2. 2. 1976; nachgedruckt in: J. S.: Something to Declare. New York: Clarkson N. Potter 1983. – Tom Allen in: America (New York), Vol. 134, Nr. 5, 7. 2. 1976. – Robert Hatch in: Nation (New York), Vol. 222, Nr. 2, 7. 2. 1976. – Stanley Kauffmann in: The New Republic, Vol. 174, Nr. 7, 14. 2. 1976; nachgedruckt in: S. K.: Before My Eyes. New York: Harper & Row 1980. – Pauline Kael in: The New Yorker, Vol. 51, Nr. 52, 16. 2. 1976; nachgedruckt in: P. K.: When the Lights Go Down. New York: Holt, Rinehart and Winston 1980. – William S. Pechter in: Commentary (New York), Vol. 61, Nr. 5, Mai 1976. – Colin L. Westerbeck, Jr. in: Sight and Sound, Vol. 45, Nr. 3, Sommer 1976. – Larry McMurty in: American Film, Vol. 1, Nr. 9, Juli/August 1976. – Tom Milne in: Monthly Film Bulletin, Vol. 43, Nr. 515, Dezember 1976. – Gordon Gow in: Films and Filming, Vol. 23, Nr. 8, Mai 1977. – Richard Astle in: Jump Cut, Nr. 15, Juli 1977.

Beatrice Leuthold in: Tages-Anzeiger (Zürich), 14. 2. 1977. – Wolfram Knorr in: Die Weltwoche (Zürich), 16. 2. 1977. – Franz Ulrich in: Zoom, Nr. 4, 16. 2. 1977. – mw. (Martin Walder) in: Neue Zürcher Zeitung, 17. 2. 1977. – Paul Bader in: Basler Zeitung, 9. 3. 1977. –

Bodo Fründt in: Süddeutsche Zeitung, 26.9. 1985. – Gertrud Koch in: epd Film, Nr.10, Oktober 1985. – Peter O.Chotjewitz in: Der Spiegel, Nr.42, 14.10. 1985. – Rolf-Ruediger Hamacher in: Film-Dienst, Nr.21, 15.10. 1985 (FD-Nr.25307). – Jutta Kamke in: tip (Berlin), Nr.22, 17.10. 1985. – Rudolf Thome in: Der Tagesspiegel, 18.10. 1985. – Ruprecht Skasa-Weiß in: Stuttgarter Zeitung, 30.11. 1985.

THE END OF THE WORLD IN OUR USUAL BED IN A NIGHT FULL OF RAIN / LA FINE DEL MONDO NEL NOSTRO SOLITO LETTO IN UNA NOTTE PIENA DI PIOG-GIA. In einer Regennacht

Material: Melton S.Davis: I Get Along Well With Wild Personalities. in: The New York Times, 6.3. 1977. – Candice Bergen: Wertmuller in Rome, me in pic. in: New York, 24.10. 1977. – Judith Klemesrud: A Glittering Group Gathers to Toast ›The End of the World‹. in: The New York Times, 30.1. 1978.

Aufsatz/Analyse: Vincent Canby: Second Thoughts. in: The New York Times, 5.2. 1978.

Kritiken: Vincent Canby in: The New York Times, 30.1. 1978. – Hege. (P.Schreger) in: Variety, Vol.289, Nr.13, 1.2. 1978. – Jack Kroll in: Newsweek, Vol.91, Nr.6, 6.2. 1978. – Pauline Kael in: The New Yorker, Vol.53, Nr.51, 6.2. 1978; nachgedruckt in: P.K.: When the Lights Go Down. New York: Holt, Rinehart and Winston 1980. – Molly Haskell in: New York, 6.2. 1978. – Frank Rich in: Time, Vol.111, Nr.6, 6.2. 1978. – Andrew Sarris in: The Village Voice, Vol.23, Nr.6, 6.2. 1978. – Robert Hatch in: Nation (New York), Vol.226, Nr.6, 18.2. 1978. – Stanley Kauffmann in: The New Republic, Vol.178, Nr.7, 18.2. 1978; nachgedruckt in: S.K.: Before My Eyes. New York: Harper & Row 1980. – C.P.R. (C.P.Reilly) in: Films in Review, Vol.29, Nr.3, März 1978. – R.A.Blake in: America (New York), Vol.138, Nr.10, 18.3. 1978. – John Simon in: New York, 31.3. 1978; nachgedruckt in: J.S.: Something to Declare. New York: Clarkson N.Potter 1983. – Marjorie Rosen in: Ms.Magazin, Vol.6, Nr.5, Mai 1978. – John Pym in: Sight and Sound, Vol.47, Nr.3, Sommer 1978 (Berlin).

F.L. (Friedrich Luft) in: Die Welt, 27.2. 1978 (Berlin). – Volker Baer in: Der Tagesspiegel, 28.2. 1978 (Berlin). – Peter W.Jansen in: epd Kirche und Film, Nr.4, April 1978 (Kino-Notizen XXXVI). – Manfred Hobsch in: Filmbeobachter, Nr.7, 1.4. 1978. – Doris Dörrie in: Süddeutsche Zeitung, 8./9.4. 1978. – HHK in: Die Welt, 18.4. 1978. – rib (Reinhold Iblacker) in: Film-Dienst, Nr.9, 25.4. 1978 (FD-Nr.20743). – HWB (Helmut W.Banz) in: Kölner Stadt-Anzeiger, 3./4.6. 1978. – liv. (Balts Livio) in: Neue Zürcher Zeitung, 6./7.6. 1978. – cor (Corinne Schelbert) in: Tages-Anzeiger (Zürich), 9.6.

1978. – Kro in: Stuttgarter Zeitung, 24.7. 1978. – Volker Baer in: Der Tagesspiegel, 2.2. 1979. – Jochen Brunow in: tip (Berlin) Nr.3, 2.2.–15.2. 1979. – Claudia Lenssen in: Frauen und Film, Nr.19, März 1979. – Volker Kühl in: Frankfurter Rundschau, 19.6. 1985.

FATTO DI SANGUE DUE UOMINI PER CAUSA DI UNA VEDOVA – SI SOSPETTANO MOVENTI POLITICI

Material: Henning Klüver: Oben siegen oder unten liegen. in: Deutsches Allgemeines Sonntagsblatt, 18.2. 1979.

Aufsatz/Analyse: Lino Micciché: FATTO DI SANGUE di Lina Wertmüller. in: L.M.: Cinema italiano degli anni '70. Venezia: Marsilio 1980.

Kritiken: Ermanno Comuzio in: Cineforum, Nr.183, April 1979. Dominique Païni in: Cinéma (Paris), Nr.264, Dezember 1980. – Marcel Martin in: Image et Son/La Revue du Cinéma, Nr.356, Dezember 1980. – A.Cd. (André Cornand) in: La saison cinématographique, Hors série XXV, 1981. – L.P. (Laurent Perrin) in: Cahiers du Cinéma, Nr.319, Januar 1981. – G.G. (Gilles Gressard) in: Positif, Nr.241, April 1981.

Werb. (Hank Werba) in: Variety, Vol.294, Nr.1, 7.2. 1979. – Janet Maslin in: The New York Times, 22.2. 1980. – Andrew Sarris in: The Village Voice, Vol.25, Nr.8, 25.2. 1980. – Roger Angell in: The New Yorker, Vol.56, Nr.2, 3.3. 1980. – Robert Hatch in: Nation (New York), Vol.230, Nr.10, 15.3. 1980. – Stanley Kauffmann in: The New Republic, Vol.182, Nr.11, 15.3. 1980. – Dean Billanti in: Films in Review, Vol.31, Nr.4, April 1980. – John Gillett in: Monthly Film Bulletin, Vol.48, Nr.566, März 1981. – Susan Tate in: Cinema Papers, Nr.39, August 1982.

Nikolaus Loretz in: Zoom, Nr.19, 3.10. 1979. – liv. (Balts Livio) in: Neue Zürcher Zeitung, 9.10. 1979. – Klaus Baschleben in: Film und Fernsehen (Berlin/DDR), Nr.4, April 1982.

È UNA DOMENICA SERA DI NOVEMBRE

Kritik: Gérard Legrand in: Positif, Nr.252, März 1982 (Nizza).

SCHERZO DEL DESTINO IN AGGUATO DIETRO L'ANGOLO COME UN BRIGANTE DA STRADA

Kritiken: T.Masoni in: Cineforum, Nr.228, Oktober 1983. Gérard Legrand in: Positif, Nr.276, Februar 1984 (Nizza). Yung. (Deborah Young) in: Variety, Vol.312, Nr.11, 12.10. 1983. – Vincent Canby in: The New York Times, 12.9. 1984. – Diane Jacobs in: The Village Voice, Vol.29, Nr.39, 25.9. 1984. – Cesar J.Rotondi in: Films in Review, Vol.35, Nr.9, November 1984.

SOTTO ... SOTTO ... STRAPAZZATO DA ANOMALE PAS-
SIONE
Kritiken: Holl. (Ron Holloway) in: Variety, Vol. 321, Nr. 1, 30. 10.
1985. – Janet Maslin in: The New York Times, 1. 11. 1985. – Amy
Taubin in: The Village Voice, Vol. 30, Nr. 47, 19. 11. 1985.

UN COMPLICATO INTRIGO DI DONNE, VICOLI E DELITTI.
Camorra
Interviews: lehr (Lutz Ehrlich): Gegen Sodom und Camorra? in: die
tageszeitung (Berlin), 3. 4. 1986. – Bion Steinborn: Lina Wertmüller.
in: Filmfaust, Nr. 52, April/Mai 1986.
Kritiken: M. M. (Marcel Martin) in: La saison cinématographique,
Hors série XXXIII, 1986. – Eugène Minoux in: Cinéma (Paris),
Nr. 359, 18.–24. 6. 1986. – J. S. (Jacques Siclier) in: Le Monde, 26. 6.
1986.
Yung. (Deborah Young) in: Variety, Vol. 322, Nr. 2, 5. 2. 1986.
Walter Ruggle in: filmbulletin, Nr. 2, Februar 1986. – Volker Baer in:
Der Tagesspiegel, 26. 2. 1986 (Berlin). – Horst Peter Koll in: Film-
Dienst, Nr. 6, 25. 3. 1986 (FD-Nr. 25 533). – Wolfgang Limmer in: Der
Spiegel, Nr. 14, 31. 3. 1986. – he. in: Deutsches Allgemeines Sonn-
tagsblatt, 30. 3. 1986. – Wolfgang Brenner in: tip (Berlin), Nr. 8,
3. 4.–16. 4. 1986; nachgedruckt in: tip. Filmjahrbuch Nr. 2. Frank-
furt/M: Eichborn 1986. – Norbert Grob in: Die Zeit, 4. 4. 1986. –
Bodo Fründt in: Süddeutsche Zeitung, 8. 4. 1986. – Peter F. Stucki in:
Zoom, Nr. 8, 16. 4. 1986. – HS (Helmut Schmitz) in: Frankfurter
Rundschau, 17. 4. 1986. – Andreas Kilb in: Frankfurter Allgemeine
Zeitung, 23. 4. 1986. – Sibylle Penkert in: Filmfaust, Nr. 52, April/
Mai 1986. – Marli Feldvoß in: epd Film, Nr. 5, Mai 1986.

NOTTE D'ESTATE CON PROFILO GRECO, OCCHI A MAN-
DORLA E ODORE DI BASILICO. Reich und gnadenlos
Interview: Lutz Ehrlich: Die Weiße und der Neger. in: die tageszei-
tung (Berlin), 17. 9. 1987.
Kritiken: Yung. (Deborah Young) in: Variety, Vol. 325, Nr. 4, 19. 11.
1986.
Claudius Seidl in: Die Zeit, 25. 9. 1987. – Koc. (Gertrud Koch) in:
Frankfurter Rundschau, 26. 9. 1987. – Carla Rhode in: Der Tages-
spiegel, 26. 9. 1987. – Marli Feldvoss in: Frankfurter Allgemeine Zei-
tung, 29. 9. 1987. – Jutta Kamke in: tip (Berlin), Nr. 21, 1. 10.–14. 10.
1987. – J(osef) Schnelle in: Film-Dienst, Nr. 20, 6. 10. 1987 (FD-
Nr. 26 392). – Raimund Gerz in: epd Film, Nr. 11, November 1987.

Zu den Theater- und Operninszenierungen

LOVE AND MAGIC IN MAMMA'S KITCHEN
Material: Carol Lawson: Lena (!) Wertmüller Directs at La Mama. in: The New York Times, 30.1. 1980. – Melton S. Davis: Lina Wertmüller Turns to the Stage. in: The New York Times, 30.3. 1980.

CARMEN
Kritiken: Ludwig Mielke in: Frankfurter Rundschau, 12.12. 1986; auch in: Volksblatt Berlin, 12.12. 1986. – M.M. (Maria Morhart) in: Deutsches Allgemeines Sonntagsblatt, 8.2. 1987.

LIEBE UND MAGIE IN MAMMAS KÜCHE
Material: Programmheft. Theater der Freien Volksbühne, Berlin. November 1987. Redaktion: Brita Kettner.
Interview: Gabriele Riedle: Große schwarze Mutter. in: die tageszeitung (Berlin), 24.11. 1987.
Kritiken: Sibylle Wirsing in: Frankfurter Allgemeine Zeitung, 23.11. 1987. – Hellmut Kotschenreuther in: Der Tagesspiegel, 24.11. 1987. – Gabriele Riedle in: die tageszeitung (Berlin), 24.11. 1987. – Friedrich Luft in: Die Welt, 24.11. 1987. – Sabine Sütterlin in: Die Weltwoche, 26.11. 1987. – Doja Hacker in: tip (Berlin), Nr. 26, 10.12.–23.12. 1987.

Fernsehporträt

1987   *Wenn in der Liebe und im Krieg alles erlaubt ist, ist auch im Kino alles erlaubt.* – R, B: Rosemarie Stenzel-Quast. – TV: 21.7. 1987 (S 3).

Für Bildvorlagen und Hilfeleistungen danken die Herausgeber den in den Filmografien aufgeführten Produktions- und Verleihfirmen, den Fernsehanstalten, dem British Film Institute (London) sowie Lina Wertmüller (Rom). Umschlagfoto: Paul Schirnhofer. – Die Mitarbeiter des Bandes sahen eine Retrospektive der Filme von Lina Wertmüller im August 1987 bei der Stiftung Deutsche Kinemathek sowie der Deutschen Film- und Fernsehakademie in Berlin.

223